衡水学院著作出版基金资助出版

信息化 与

农村治理现代化研究

张成林 著

RESEARCH ON
INFORMATIZATION
AND MODERNIZATION OF
RURAL GOVERNANCE

知识产权出版社
全国百佳图书出版单位

图书在版编目（CIP）数据

信息化与农村治理现代化研究 / 张成林著 . —北京：知识产权出版社，2018.7
ISBN 978-7-5130-5692-2

Ⅰ. ①信… Ⅱ. ①张… Ⅲ. ①农村—社会管理—信息化—现代化研究—中国 Ⅳ. ① C912.82

中国版本图书馆 CIP 数据核字 (2018) 第 163887 号

内容提要

本书首先从农村现实出发，探讨了建设农村社区服务体系的主要机制，并从宏观层面总结了信息化对农村建设与治理影响的一般性经验，为核心案例的分析提供参照。其次，通过案例分析了当前我国农村社区信息化建设模式的缺陷并提出改进路径，结合信息化影响下的治理生态，提出适应信息化要求的治理模式。最后，提出农村治理现代化的展望。

责任编辑：李　婧　　　　　　　　　　　　责任印制：孙婷婷

信息化与农村治理现代化研究
XINXIHUA YU NONGCUN ZHILI XIANDAIHUA YANJIU

张成林　著

出版发行：知识产权出版社有限责任公司	网　　址：http：//www.ipph.cn
电　　话：010-82004826	http：//www.laichushu.com
社　　址：北京市海淀区气象路 50 号院	邮　　编：100081
责编电话：010-82000860 转 8594	责编邮箱：lijing@cnipr.com
发行电话：010-82000860 转 8101	发行传真：010-82000893
印　　刷：北京中献拓方科技发展有限公司	经　　销：各大网上书店、新华书店及相关专业书店
开　　本：720mm×1000mm　1/16	印　　张：16
版　　次：2018 年 7 月第 1 版	印　　次：2018 年 7 月第 1 次印刷
字　　数：260 千字	定　　价：58.00 元

ISBN 978-7-5130-5692-2

前言

21世纪之初,中国政府提出了建设新农村的战略构想,这既承接了20世纪初力图以改造乡村挽救中国于衰微的先贤未竟之志,又是当下中国社会发展急需破解之难题,更是面向未来的必然之选,但如何将千年未大变之传统农村改造为充满现代意蕴的新农村仍需继续探讨。近年来,学界和政府提出将农村改造为现代生活共同体,也就是把社区作为新农村建设的具体方案,应该说是可行之选。这既体现了中国历史发展的必然要求,又契合当下国家和农民的双重需求。建设农村社区毫无疑问是建设新农村战略构想的明晰化,但农村社区建设仍是一个复杂的社会工程,需要进一步破题求解。党的十八大报告提出实现国家治理体系和治理能力的现代化,这无疑也为农村社区建设指明了方向。农村社区治理体系和治理能力的现代化是整个国家治理现代化的有机组成部分和重要基础,也是建设现代农村社区共同体的必然要求。

信息化是在世界各国的经济、社会现代化过程中得到确证的重要力量,因此,我国也应充分重视信息化在农村社区建设中的作用，探索如何将信息技术应用到社区建设的各个层面。这种想法在世界范围内来看似乎不具有创新意义，因为美国、韩国、印度等国家已践行农村信息化多年，且在农村社会发展中信息化已显露出较为明显的推动作用；国内各省在农村信息化方面也不是无所作为，如处于不同发展水平的广东、宁夏、云南等省区在农村信息化建设方面也已进行了积极的实践，并取得了一定的成效。但就上述地区的农村信息化建设内容而言，更多的是指向农业信息化而非农村信息化，更不具有明确的现代共同体建设意识，无论从理论还是实践层面都需要进一步研究如何利用信息技术服务于农村社区建设。

农村社区建设也就是通过全方位增加和提高社区基本结构要素，为农村社区共同体提供物质载体。但由于社区建设过程总是由相关社会主体参与完成的，如何处理主体间的关系，能否调动其参与积极性并约束其有损于农村社区建设本质要求的不当行为，就成为农村社区建设必须面对的问题，否则就难以从相关主体那里聚集到必要的社区建设资源，也无法实现资源效益。在治理理论的语境下，可以理解为农村社区建设需要建构合理的制度化机制去处理社区建设主体间的关系以配置社区要素，形成合理的要素结构；否则，社区共同体就无法达成建设所需要的秩序并最终实现要素效率与效果的优化。我国农村发展历史也已充分证明，没有合理的治理模式无法有效地建设农村、推动农村发展、让农民过上好日子。面对为农民建设现代生活共同体的历史性要求，必须要探索和建构合理的社区治理机制以保障农村社区建设的进行。

治理模式实质是一种制度结构，而有效的制度必须具有社会环境的适应性。当我们通过信息化来推动国家及农村社区建设时，当信息技术渐渐进入农村、融入农民日常生活时，当利用信息技术成为农民的生活方式时，也就意味着信息技术正在改变农村社区内外的社会环境。这种改变对于既存于农村的某种治理模式而言是其治理生态的改变，而治理生态的变化会导致旧治理模式的不适应乃至失败。为此，需要对原有的治理模式进行适应性调整乃至彻底地推动其转型为新型治理模式。当然，治理模式的调整或转型也是农村社区建设的需要。

通过对美国、韩国、印度及我国广东、宁夏、云南等国内外不同发展水平的国家或地区农村信息化建设情况进行宏观梳理，深入 J 镇农村社区，对那里的信息化建设情况进行实证考察，发现：第一，信息技术在农村社区经济发展、村政管理改进、社会服务提供、社区文化建设、农民主体性提升等诸方面都具有促进作用；第二，各地农村社区建设的技术模式虽有所不同，但基本都遵循了"政府扶持、市场运作、社会参与、资源整合"的运作机制；第三，相较于美国、韩国等农村信息化先进国家，包括 J 镇在内的国内各地的农村信息化建设中存在共性问题，主要有：政府投入不足、市场主体存在信息化"市场失灵"现象、社会主体参与不足、信息服务内容单一、信息系统应用水平低。针对发现的问题，需要提升农村社区信息化在政府战略中的地位，完善促进农村社区信息化建设的制度保障机制，培育规模化信息消费主体，推动政府管理服务系统由镇下延进村，探索农民信息化培训的新模式以提高应用水平。

通过考察信息化对 J 镇农村社区治理生态带来的影响，发现信息化正深刻地改变着农村社区的治理生态。从外部看，信息化正在建构一个具有开放特质、互动功能的网络社会，而偏远的农村社区也可以融入其中，分享网络资源。同时，信息化推动了政府电子政务的发展，开启了网络问政，这便利了农民和政府双向交流与互动。从内部看，信息化改变着农民的观念、改变着农村的社会关系与行动结构。从农村社区内外行动者的互动方式与博弈机制看，信息系统为多元主体之间搭建起了去中介化、扁平化的非线性连接通道，乡村政治平台上的博弈结构正在由过去封闭环境下的基层政府和社区的二元博弈趋向开放环境下的多元主体博弈转变。从总体看，信息化正在将农村社区带进一个由社区—社会—基层政府—高层政府所组成的三层四维政治空间。相对于过去封闭的、等级化的农村政治空间，这一新政治空间具有开放性、话语权的平等性、互动的多维性。结合农村治理生态中呈现出的新特点及建设现代生活共同体的终极目标，农村社区治理模式需要在三个向度上进行适应性转型，即：封闭型治理转向开放型治理、生产型治理转向生活型治理、管控型治理转向合作型治理。第一方面主要是指治理环境的转变；第二方面主要是指治理标的物的转变；第三个方面主要是指核心治理机制的转变。

张成林

2018 年 5 月 5 日

目录

第一章 导　　论

一、研究背景：理论意义和实践意义

就直接动因来看，政府和学界关注农村社区建设是由当前的农村问题引发的，目的在于为农村问题求解，而中国的农村问题是现代性语境下的问题。在前现代时期，"把乡村看成问题，进而要求改造农民，实现与城市生活的贯通，这样的事情根本没有发生过，更别谈什么实现了。从这个意义而言，在那样的社会中，乡村从来就不构成一个问题，根本的问题是如何恢复原有的、可能是建立在礼教基础之上的乡村社会秩序。"[①] 近代以来，由于诱致和建构现代性的因素非平衡地进入城市和农村，导致中国的乡村和城市之间出现了越来越大的差距，直至 21 世纪的今日，中国仍是一个典型的二元结构社会，即现代性因素相当累积的城市和现代性因素相当贫瘠的农村共存。城市和农村的差距是当今中国社会两极分化的最突出表现和最为基础性的根源，是大量社会矛盾产生的基础性诱因，由此，农村问题引起学者和决策者的关注。从最宏观的视野观之，解决农村问题不外乎两个途径：一是推动城市化进程，通过城市的扩容把农民吸纳进城市。二是以温铁军为代表的学者认为，由于中国农村人口数量庞大，城市不可能全部吸纳人数庞大的农村人口，农民进城不是解决农村问题的唯一途径，解决农村问题需要农村自身的发展，即非城市化的途径，国家提出的建设社会主义新农村就是

---

① 赵旭东．乡村成为问题与成为问题的中国乡村研究——围绕"晏阳初模式"的知识社会学反思 [J]．中国社会科学，2008（3）．

沿着此路径展开的。在现代性视角下，非城市化途径的实现需要做两个方面的努力：一方面，自外部为农村注入现代性因素；另一方面，通过乡村改造建构起农村吸纳、生长和利用现代性因素的机制。

《21世纪大英汉词典》将"modernity"解释为：①现代性；②现代化的东西。在哲学层面，现代性可以被抽象为现代社会的特征，它是社会在工业化推动下发生的全面变革而形成的一种属性。这一属性体现在社会生活的各个方面，具体表现为民主化、法制化、工业化、都市化、均富化、福利化、社会阶层流动化、宗教世俗化、教育普及化、知识科学化、信息传播化、人口控制化等。① 基于其他学科层面对"modernity"的理解更接近于"现代化的东西"，也就是人们常用的"现代性因素"一词。在社会学语境里，吉登斯将现代性概括为：①指大约从17世纪的欧洲起源的一种行为制度与模式，或称为社会生活或组织的模式；②指资本主义，包括其竞争性的产品市场和劳动力商品化过程中的商品生产体系。更为具体的现代性因素包括诸如：民主政治制度、自由市场制度、公民社会、多元文化等。②

现代性、现代性因素和现代化有着密切的联系。现代性因素发育和生长并替代非现代性因素的过程是现代化的过程，是传统性消解和现代性显现的过程，现代性特征显性化是现代性因素生长、累积的结果，现代性的显著程度则是一个社会现代化水平的指征。因此，一个传统社会向现代社会的变迁就是通过增加现代性因素获得现代性的过程。

参照杨春时的分析，笔者认为现代性因素的总体构成包含三个层面的内容，即感性层面、理性层面和反思—超越层面。感性层面主要是指人基于生存和享乐需要的物质欲望；理性层面包括科学技术和人文社会科学；反思—超越层面主要是指哲学、审美、艺术以及宗教。③ 三个层面的现代性因素作为整体共同构成了推动社会现代化进程的力量。就目前的中国农村而言，随着市场经济的发展，消

---

① 杨国枢. 现代化的心理适应 [M]. 台北：台北巨流图书公司，1978：24.

② 吉登斯. 现代性与自我认同 [M]. 北京：读书·生活·新知三联书店，1998：5-6.

③ 杨春时. 现代性与中国现代性的总体构成 [J]. 求是学刊，2003（1）.

费主义及享乐主义观念的流布，感性层面的现代性因素被较充分地唤醒，实现了较充分的发育，但理性和反思—超越层面现代性因素缺失。因此，当前解决农村问题的主要途径就是为农村增加理性层面和反思—超越层面的现代性因素。具体来讲，理性层面主要涉及两类现代性因素：一是现代科学常识、科学理念、科学思维方式以及现代生活、生产技术；二是现代政治知识、法律知识、社会知识、市场经济观念及相应的制度设施等。反思—超越层面的现代性因素主要包括正确的人生观、价值观、世界观，高尚的审美情趣和艺术鉴赏能力，现代宗教知识等。

人类社会在进入现代以来，现代性因素在持续地解构、替代着传统因素，这表现在自然历史过程中。但现代性因素的扩张又是一个社会历史进程，其中，相关社会主体的行动意愿和行动能力影响着现代性因素在各地传播、接纳、发育的程度。为此，培育农村理性层面和反思—超越层面的现代性因素可以从以下几个方面着手：一是政府主体、市场主体及各种非政府主体应积极推动现代性因素向农村流动，如各种"送书下乡"即是这种要求的体现；二是教育和引导农民使其由现代性因素的被动接纳者转变为主动吸纳者；三是提供必要的手段以克服农村封闭性与地域偏僻的不利因素，为农民更经常、更普遍、更方便地接触现代性因素创造社会技术条件。

信息技术作为现代技术理性的代表性成就，不仅其本身就是重要的现代性因素，而且以其广泛的社会渗透力、独特的技术功能，几乎可以在社会生活各领域为各种现代性因素的传播、发育起到推动作用，世界各国的信息化实践已充分地证明了这一点。正因为如此，世界各国政府纷纷把信息化建设作为推动本国现代化进程的重要途径。基于此，我国农村社区建设中也不应忽视信息化的重要作用。然而，就目前来看，我国农村的信息化虽已有所进展，但无论就政府推动的信息化实践来看，还是就学界对农村信息化建设的研究状况而言，都存在比较明显的片面性，即更多地关注了农业的信息化，而忽视信息化在农村其他领域的作用。比如，对农村信息化的关注者主要局限在农业研究领域的一些信息技术专家和农业经济学者，较具代表性的如中国农业大学的李道亮、农业部信息中心的郭作玉、中国农业科学院农业信息研究所的王文生等，他们的研究主要着眼于信息技术在农村和农业的应用开发。因此，在农村社区建设这一主题下，从更广泛的领域把信息化作为社区建设的工作路径和技术手段，探索如何利用信息技术加快建设农村社区服务体系、改进农村社会管理方式、促进农村文化建设、提升农民的主体性等，使社区成为满足农民全方位现代生活需要的共同体，就具有重要的理论和现实意义。

此外，目前在治理意义上，学界也缺乏对农村信息技术的关注。[①] 以徐勇为代表的华中派学者为例，其最初的理论聚焦于村民自治研究，后来提出农村治理研究这一主题，近年又提出农村社区重建的理论主张。其理论抱负由对民主的宏大关怀经由探寻乡村秩序与发展的路径，发展到为农村问题提供完整的解决方案。随着农村治理研究学者理论旨趣的发展和理论任务向整体性、系统性、复杂性的演进，在农村治理研究这一平台上吸纳了多学科的知识，除政治学外，社会学、人类学、管理学、法学、历史学、经济学，乃至地理学、心理学和宗教学等学科都纳入了农村治理研究的工具箱，多学科的知识丰富了研究者的方法和视角，越来越多的既存于村庄内外的结构—功能和发生于村庄内外的事件—过程进入研究者的视野，并以各种理性对其加以解读。在现代性的语境里，多学科介入下的农村治理研究，其理论目的是以各种现代性精神系统检视农村现代性因素的结构现状与缺失，并寻求输入、培育和整合各种现代性因素，进而对如何建构农村现代化社会格局给出答案。

目前，在人文社会科学各学科的支持下，村治研究学者几乎已关照到了人文社科理性层面和反思超越层面的各种现代性因素。但参照对现代性因素总体构成的分析，又发现目前的村治研究有所疏漏。农村治理研究学者对信息技术现象及其所蕴含的技术理性缺乏关注，是目前村治研究中的一个缺口。

一方面，从农村的社会运动实践来看，信息化已成为重要趋势之一。自

---

① 本书把建设与治理做了相对区分。一方面，农村社区建设需要基本结构要素的完善，否则社区共同体就无所依托，本书主要在这种意义上分析社区建设；另一方面，农村社区建设需要建构合理的制度化机制以配置社区要素，形成合理的要素结构，否则社区共同体就无法达成建设所需的秩序，并最终实现要素效率与效果优化的目的，本书主要在这种意义上理解社区治理。

2006 年以来，中共中央办公厅、国务院办公厅先后制定并发布了《2006—2020 年国家信息化发展战略》《国民经济和社会发展信息化"十一五"规划》等一系列政策，农村信息化建设成为其中的重要内容，并确定了 2010 年基本实现全国"村村通电话，乡乡能上网"的目标。近几年，农村信息化呈加速发展之势，已达到了一定的水准，在农村、农业、农民生活中有了较为广泛和深入的应用。以互联网这一最具代表性、普遍性、社会渗透性的信息技术为例，据中国互联网络信息中心（CNNIC）发布的《2014 年中国农村互联网发展状况调查报告》显示：截至 2014 年 12 月，中国农村网民规模达 1.78 亿，年增长率为 1%。其中，手机上网的比例最高，为 81.9%，农村手机网民规模为 1.46 亿。同时，农村网民上网时长明显增加，农村网民人均周上网时长为 24.1 小时，比 2013 年年底增加了 2.5 小时。中国农村搜索引擎用户规模为 1.3 亿，年增长率为 4.3%，农村网民搜索引擎使用率为 72.8%。即时通信是农村网民使用率最高的应用，农村网民即时通信用户规模为 1.56 亿，较 2013 年年底增加了 372 万，年增长率为 2.4%，农村网民即时通信使用率为 87.2%，比 2013 年增加了 1.2 个百分点。农村网民网络视频用户规模为 1.09 亿，较 2013 年年底增加了 1161 万，年增长率为 12%，农村网民网络视频使用率比去年提高了 5.9 个百分点，升至 60.9%。农村网民网络游戏用户规模为 9637 万，较 2013 年年底大幅提升了 16.8 个百分点，农村网民网络游戏使用率为 54%。农村网民网络购物用户规模为 7714 万，农村网民网络购物使用率为 43.2%，使用率较 2013 年增加了 12.1 个百分点。农村网民网上支付用户规模为 6276 万，较 2013 年 38.1% 的增长率，农村网民中网上支付使用率为 35.2%。[①]CNNIC 的报告表明以互联网为代表的信息技术正迅速进入农村和农民生活，信息技术已由过去外在于农村的背景性因素，变为当下农村社会的内部结构性因素。

另一方面，通过爬梳已有关于农村问题的研究成果发现，对农村信息化的关注主要局限在农业研究领域的一些信息技术专家和农业经济学者，代表性的学者

---

① 中国互联网络信息中心（CNNIC）.2014 年中国农村互联网发展状况调查报告 [EB/OL].（2015-4-15）[2018-1-22].http：//research.cnnic.cn/html/1271381826d2072.html.

如中国农业大学的李道亮、农业部信息中心的郭作玉、中国农业科学院农业信息研究中心的王文生，他们的研究主要着眼于信息技术在农村和农业的应用开发。但国内以政治学、社会学、人类学等人文社科学者为主力的农村治理研究群体对农村信息化运动，特别是农民生活中的信息技术应用对农村政治生态、社会关系结构、文化构成，以及对农民的价值观念、行为模式等方面的影响缺乏关注，相应研究成果寥寥（具体研究现状可以参见下文的相关综述，在此不作具体分析）。

在农村治理研究中必须关注诸如互联网等信息技术现象，对其代表的技术理性做出回应，这是由技术理性的巨大基础性社会影响力决定的。在避免技术决定论的偏颇的同时，我们必须承认，在一定意义上，现代技术的运行在规定、塑造和改变着人类社会的基本状况。阿格尼丝·赫勒（Agnes Heller）认为，现代性有三种逻辑结构，即技术的逻辑、社会地位的功能性分配的逻辑以及政治权力的逻辑（统治与支配的制度）。[①]并且这三种逻辑"不仅是相互支持的，而且是相互限制的，有时甚至达到了相互冲突的地步。现代性的动力通常在所有这三个层面上运作；否则，功能上的困难和缺陷将会在一个或更多的层面上发生"。[②]杜威在论及民主和科学的关系时，要求人们根据由科学的技术化运用而产生的情境来改进政治民主，并强调科学作为复杂机制的技术化应用已经使群体生活赖以进行的条件发生了根本性的转变。[③]无论是杜威还是阿格尼丝·赫勒都看到了科学技术对人类社会、政治生活逻辑的影响和改变的不可避免性。我国学者张以明指出："政治世界是一个言和行的世界。纯粹的政治世界并不足以维持自身的存在，更不能维持人类的存在。除了政治世界以外，人类还需要其他的生存条件，由人类自己创造的器具世界就是人类生存的基本条件之一。"[④]当然，看到技术逻辑的力量，并不是说技术成为规约人类政治图景的唯一或是决定性的因素，但综观人类社会，特别是近代以降的社会发展史，无疑会发现技术与文化、心理、制度、

① 赫勒.现代性理论[M].李瑞华，译.北京：商务印书馆，2005：85，88，122.

② 赫勒.现代性理论[M].李瑞华，译.北京：商务印书馆，2005：88.

③ DEWEY J.The Philosophy of John Deway[M]. Chicago and Lodon：The University of Chicago Press，1981：632.

④ 张以明，张英.作为现代性基本现象的技术主义[J].学习与探索，2007（5）.

组织等诸多社会因素始终相互交织在一起，相互支撑、相互影响、相互塑造，技术理性的广泛影响几乎是不容置疑的，可以说"技术理性是现代性的突出特征，现代性所体现出来的各种理性特征都在不同程度上隐含着技术理性的内在逻辑，都是现代技术理性的投影和折射。"①

　　具体到信息技术，卡普拉（Capra）认为，通信技术是当今时代的核心技术，它关系到人类特征的核心：有意识、有意义的信息传递。②而卡斯特（Castells）进一步指出："信息和通信是人类活动和组织中最根本的方面，其性能的物质条件上的革命会影响人类活动的整个领域。""技术被理解为物质文化，是社会结构和社会变化的一个基本方面。"③对于村治理研究，贺雪峰认为应在宏观、中观和微观三个层面展开，宏观层面主要关注乡村治理发生的背景、历史条件及其现实处境，微观层面关注乡村社会内生基础。④当各种信息技术系统未进入村庄场域之前，它是一个村庄的背景性因素，当其进入村庄场域，进入农民生产、生活之后，就成为村落社会系统的内部结构性因素。互联网及各种信息系统在农村、农民生活中得到越来越广泛的应用，信息技术渐渐成为改变农村社会的重要社会技术力量，而且渐渐成为重要的社会构成要素。此外，对农村社会进行人类学观察是农村治理研究的重要学术传统，村治研究的代表性人物徐勇提出了日常生活的政治研究维度，主张从普通村民的日常生活入手发现底层社会的政治逻辑，其主持下的华中师范大学农村问题研究中心的学者从养鸡、养猪、厕所、头发、镜子、耕作方式等日常生活、生产视角研究政治产生了一些理论成果。⑤在农村渐为生活化、普遍化、经常化的信息技术应用现象（如上网），应得到村治研究者的关注并作出理论回应，以揭示其蕴含的政治与社会逻辑。

---

① 李国俊.现代性的技术理性批判 [D].长春：吉林大学，2007.

② CAPRA，FRITJof.The Web of Life [M].New York：Random House，1996.

③ 曼纽尔·卡斯特.信息论、网络和网络社会：理论蓝图[M]//网络社会——跨文化的视角.周凯，译.北京：社会科学文献出版社，2009：10.

④ 贺雪峰，董磊明，陈柏峰.乡村治理研究的现状与前瞻 [J].学习与实践，2007（8）.

⑤ 徐勇，邓大才.政治学研究：从殿堂到田野——实证方法进入中国政治学研究的历程 [M]//邓正来，郝雨凡.中国人文社会科学三十年：回顾与前瞻.上海：复旦大学出版社，2008：283–284.

综上所述，现代性语境为观察当代中国农村社会提供了最基本、最宏大的视角，实现农村的现代化是所有致力于农村研究学者的终极旨趣，在现代性视角下，解决农村问题的基本路径是为农村注入现代性因素。近代以来，特别是 20 世纪 80 年代以来，大量的现代性因素非平衡地进入非现代的中国农村，在改造着传统的农村社会，各种现代性因素之间相互影响、支撑，作为系统而存在，作为整体在发挥着功能，认识中国农村社会及谋划农村发展的路径需要对各种现代性因素进行全面的考量。20 多年来，在乡村治理研究这个平台上汇集了多学科的学者，对农村社会进行多视角、多层面的研究，关注到了既存于农村社会生活中的各种现代与非现代因素，但现实永远比人的想象力要丰富，以及研究者研究旨趣的局限，理论永远只能关照到现实社会的一部分，因此，学者的一个重要工作就是对照现实的社会生活发现和填补理论的空白。就目前的研究而言，村治研究学者对已广泛存在于农村社会及农民生活的诸如信息技术等技术理性因素缺乏应有的关注，需要进行治理语境下的解读。

由于理论和实践的缺失，使得在信息化视角下去研究农村社区建设和治理既有理论价值又具有实践指导意义。

二、研究现状

（一）农村社区认识论和农村社区建设论研究

1. 农村社区的概念与特征

在德国社会学家滕尼斯提出社区（Community）概念之后，为社会学、人类学、人文地理学等学科广为应用，但由于社会现实的多样性、理论视角的多元性，人们对社区概念的理解歧义横生，1981 年，美籍华人学者杨庆堃统计发现有关"社区"概念有 140 多种。[①] 为了从总体上把握社区，学界基于不同的观察视角和标准对现实中社区形态及其属性进行了类型学的划分，主要分类标准有：按社区的主要功能、按社区的规模大小、按社区的形成方式、按社区结构的完整性程度、

---

① 徐永祥.社区发展论[M].上海：华东理工大学出版社，2000：30–31.

按综合性标准。其中按综合性标准的划分，"主要是指同时按照经济结构、人口密度、规模大小、组织特征、文化模式等标准进行分类，其结果是将社区分为农村社区和城市社区"。①

　　社会学界一般认为系统的农村社区研究最先开始于美国，如美国学者盖尔平（C.E.Galpin）在 1915 年出版的《农业社区的社会分析》（*The Social Anatomy of Agricultural Community*）一书研究了农村社区的农民生活及社会关系特征。但以笔者的思考，关注农村社区的"肇事者"还是应追溯到滕尼斯，他在 1887 年出版《社区与社会》（*Community and Society*）一书时，正处在欧洲从传统的农业社会向工业社会转型的过程之中，他所理解的作为共同体的社区是由传统的血缘、地缘和文化等自然因素造成的，亲密无间、守望相助，服从权威，是基于共同的信仰和风俗、价值观念、习惯等为基础的礼俗社会。他对社区的认识是符合传统农业社会特征的，其外延主要是农村社区。美国社会学家雷德菲尔德（Redfield）受 F.滕尼斯、É.迪尔凯姆的影响，致力于农村社区的研究，著有《小社区》（1955）、《农民社会和文化》（1956）等。在 20 世纪 30 年代，他在对农村文化向城市文化变迁的研究中区分了民俗社会（农村）与都市社会，认为前者是小的、封闭的、不开化的、同质性的，是受习俗支配、强调组织化客体的神圣性的社会。后来，美国学者埃弗里特·M.罗吉斯和拉伯尔·J.伯德格合著的《乡村社会变迁》一书中虽然没有专门界定农村社区的概念，但认为：社区是一个群体，它由彼此联系具有共同利益或纽带、具有共同地域的一群人所组成；他们并进一步指出了社区群体具有简单性、地域性、自足性、社区认同性，社区群体中内含着主要的社会制度。②作为一个专注于农村社区的学者，其对社区的理解应主要来源于对农村社区的观察和研究。

　　国内学者自 20 世纪初至 40 年代有不少关于农村社区的研究，代表性的学者是费孝通，以农村社区研究取得了世界声誉，其《乡土中国》一书认为中国社会的基层是乡土性的，而农村社区是一个由"习"出来的规矩约束的礼俗社会。他

① 韦克难.社区管理[M].成都：四川人民出版社，2004：30.
② 罗吉斯，伯德格.乡村社会变迁[M].杭州：浙江人民出版社，1988：164.

把这个礼俗社会的社会关系结构概括为以"己"为中心的"差序格局","在差序格局中,社会关系是逐渐从一个一个人推出去的,是私人联系的增加,社会范围是一根根私人联系所构成的网络,因此,我们传统社会里所有的社会道德也只在私人联系中发生意义。"[①]出生在中国大陆后到中国台湾的台湾大学的著名乡村社会学教授杨懋春认为:"乡村社区,应是生活在一特定地方上的一群人,有其共同的归属意识,并透过组织与制度共享或同参与一些共同兴趣或共同利益之活动。"[②]作为改革开放后的新生代学者,费孝通的学生丁元竹认为:"乡村社区是指以农业为基本经济活动形式下的地区性社会,它具有人口较为稀少,社会交往和流动频率低,经济活动比较简单,传统习俗惯性较大,家族和血缘群体作用明显等特征。"[③]以上学者主要从乡村的社会关系、组织方式、意义结构等方面定义了乡村社区。

此外,中国台湾学者何庭瑜从乡村社区在经济社会可持续发展中的功能出发,认为:"乡村社区除了具有农业生产功能,可以提供所居住地区食物的供给外,也具有提供都市地区生活所需食物的功能,更具有水质过滤与涵养功能,景观与自然是支持都市地区维持正常营运和功能的基础,且能提供休闲等多样性的功能,具有以上功能及条件的社区称之为乡村社区。"[④]而社区的人文地理学研究者则认为:"乡村社区是指一定乡村地域上具有相对稳定和完整的结构、功能、动态演化特征以及一定认同感的社会空间,是乡村社会的基本构成单元和空间缩影。"[⑤]

2. 农村社区的类型研究

由于农村社区的形态丰富性,为了便于进一步认识和分析多样化的农村社区,在界定农村社区概念的基础上,国内外学者从不同的视角出发对社区进行了分类研究。

美国学者埃弗里特·M.罗吉斯和拉伯尔·J.伯德格将社区作了农村社区和

① 费孝通.乡土中国生育制度 [M].北京:北京大学出版社,1998:30.
② 杨懋春.中国乡村文化的特点 [J].社会学刊(中国台湾),1968(4).
③ 丁元竹.社区的基本理论与方法 [M].北京:北京师范大学出版社,2009:30.
④ 何庭瑜.乡村社区永续发展指标的建构 [J].贵州师范大学学报(自然科学版),2008:8(26).
⑤ 冯健,张小林.苏南小城镇发展与现代乡村社区变迁研究 [J].地理科学进展,1999(9).

城市社区的划分，并建立一个由典型农村社区到典型城市社区的连续谱。他们认为大多数实际的社区既不是完全的农村也非完全的城市（基于美国国情的分析）。他们还依据农村社区人口及设施的布局特征将农村社区划分为三种主要类型：散居型社区、集居型社区和条状形社区。① 还有不少美国社会学家把农村社区分为乡镇社区（Town-Country Community）、开放的乡村社区（Open Country Community）、乡村社区（Village Community）、线型村（Line Village）和庄园村（Plantation）五种。其中乡村社区根据其经济特征又可以分为农村、共同村、渔村、矿村和产业村。② 英国的学者则根据乡村性、社会组织结构等把乡村分为保护的乡村（the preserved countryside）、竞争的乡村（the contested countryside）、家长范式的乡村（the patemalistic countryside）、委托的乡村（the clientelist countryside）四种类型。③

国内一些学者采用了比较简单直观的方法对农村社区进行了类型划分，如谷中原提出农村社区的三个分类标准，依地理位置将农村社区分为平原社区、高原社区、山地社区、丘陵社区，依经济功能将社区分为农业社区、牧业社区、渔业社区、林业社区，依住区形态将农村社区分为散村社区、集村社区、集镇社区。④ 这种简单的分类方法对深入研究复杂的乡村社会，进而提出治理之道的意义不是很大。更多的是关注农村的社会学者，特别是致力于乡村治理研究的学者主要依据村庄内部的经济、政治、文化、社会等综合性因素对农村社区（主要以行政村为分析单位）进行了分类研究。王汉生从农村工业化水平和集体化程度两个维度把中国农村社区分为高集体化、低工业化，低集体化、低工业化，高工业化、低集体化，高工业化、高集体化四个类型。⑤ 王晓毅依据经济发展水平和农村组织

① 罗吉斯，伯德格 . 乡村社会变迁 [M]. 杭州：浙江人民出版社，1988：167-170.

② 丁元竹 . 社区的基本理论与方法 [M]. 北京：北京师范大学出版社，2009：33.

③ CATER J, JONES T. Social Geography.An Introduction to Contemporary Issues[M].London Edw and A Mold .1989：194-221，转引自陈晓华，张小林 . 国外乡村社区变迁研究概述 [M]. 皖西学院学报，2007（5）.

④ 谷中原 . 农村社会学新论 [M]. 武汉：武汉大学出版社，2010：109-110.

⑤ 北京大学《社会分化》课题组 . 工业化与社会分化——改革以来中国农村的社会结构变迁 [J]. 农村经济与社会，1990（4）.

化水平将当时中国农村分为集中的同质社会; 集中的异质社会; 分权的同质社会; 分权的异质社会。① 全志辉和贺雪峰依据村庄的社区记忆和经济社会的分化程度将村庄分为 A、B、C、D 四种理想类型，A 类指社区记忆强，经济社会分化程度低的村庄; B 类指社区记忆弱，经济社会分化程度低的村庄; C 类指社区记忆弱，经济社会分化程度高的村庄; D 类指社区记忆强，经济社会分化程度高的村庄。② 李国庆以行政村为单位的村落社区分类具有很强的代表性和概括力，他进行了两组类型分析，一是从村落内部组织的结合关系分类，主要关注村落中家庭和家族集团两种组织结构的发育状况及影响力，将村落分为族村合一村落、集体村落、家庭村落、宗族村落。二是从村落与地方市场的结合关系分类，主要关注市场因素和行政权力因素对村落的影响，将村落分为集团性强、开放的村落，集团性强、对外孤立的村落，内部分散且对外孤立的村落，个体性强、开放的村落。③

3. 农村社区建设理论研究

（1）指导社区建设的一般性理论。在国外发展起来的分析社区、指导社区发展的一般性理论主要有社区的社会体系论、社区的结构功能理论、社区的社会行动理论、社区的人文区位理论。直接研究农村社区建设的理论主要有农村社区变迁理论，农村社区规划理论，其中，农村社区变迁理论又包含农村社区演化理论、农村社区可持续发展理论、农村社区城市化理论等分支流派。

社会体系论的代表性人物主要有沃伦（R.L.Warren）和桑德斯（I.T.Sanders）。沃伦在其著作《美国社区》与《美国社区展望》中认为社区存在横向和纵向两个系统。横向系统是指地区水平上的单位联系，社区各社会单位和子系统以地缘关系为纽带，互相联系、互相依存于同一社区之内。纵向系统是指社区内部的社会单位和社区之上各种体系之间的结构功能关联。桑德斯的《社区论》一书中提出

---

① 王晓毅.血缘与地缘 [M]. 杭州：浙江人民出版社，1993.

② 仝志辉，贺雪峰.村庄权力结构的三层分析——兼论选举后村级权力的合法性 [J]. 中国社会科学，2002（1）.

③ 李国庆.中国村落类型分析视角 [M]// 陆学艺.内发的村庄——中国百村调查丛书·行仁庄.北京：社会科学文献出版社，2001.

了社会体系的概念，并认为社区实质是一个互动的社会体系，是更大的社会体系的一个次级体系。

社会行动理论主要关注社区冲突研究和社区行动研究。冲突研究的代表性人物有 J.S. 科尔曼，其出版的《社区冲突》中认为经济、政治、价值观等三个方面的对立与分歧是引起社区冲突的根源。桑德斯在《社区论》中也分析了引起社区冲突的原因，他把社区行动分为三个基本类型，即偶发性社区行动、习惯性社区行动和创始性社区行动。成功的社区行动需要草根领袖、制度性领袖和权力优异分子三类领袖型人物的参与，此外，他们认为社区行动不是指发生于社区内的所有行为，并就此对社区内的行动现象进行了分类：一类是和社区有实实在在联系的行为；另一类是与社区只有间接联系或对社区影响很小的行为。

结构功能理论对社区研究有很大的影响，结构功能理论侧重于研究社区内不同组织之间发生关系的原因及后果，进而说明不同组织结构存在的重要性和必要性，强调充分发挥不同社区组织的功能。该理论认为社区的整体功能不是一个独立、封闭的运行过程，而是一个多种功能单位或部门在各自领域内共同发挥作用的功能体系。①

此外，人文区位理论也是研究社区的重要理论流派，但以城市社区为研究对象。该流派从时间上又分为古典人文区位理论和现代人文区位理论，古典时期代表人物及其理论有：帕克提出生物及社会层次说；麦肯齐提出区位过程说；伯吉斯提出同心圈带说。现代区位理论的代表人物有奎恩、哈雷、邓肯等。总体来看，这一派的理论注重时间和空间环境因素对人的组织方式和行为方式的影响；认为人口是研究问题的出发点；将社区视为完整和自足的整体看待；社区内部区域位置及各部分之间的相互关系经常处于非平衡到平衡的变动之中。

（2）农村社区建设相关的主要理论流派。国内的农村社区建设研究起步于20世纪初，虽然由于诸多社会条件的缺失导致农村社会建设以失败而告终，但一时期的学者们提出了诸多建设乡村社会的理论主张，时至今日，仍有相当的现实借鉴意义。王鸿一的"村本政治派"认为国家建设"以村为本位之政治"，期

---

① 刘君德 . 中国社区地理 [M]. 北京：中国科学出版社，2004：71–72.

望以农村为组织生产、基本行政、文化建设的单位，逐级实行乡治、县治，进而达到国治来解决中国的问题。乡村建设要从政、治、教、养四个方面展开："政"就是民事，不外乎精神生活、物质生活、社会生活种种日用行常的问题；"治"就是解决这些问题，使之各得其所；"教"就是"明人伦、济民物"；"养"即"厚民生、兴民利，所以补不足，非以积有余。①晏阳初的"平民教育派"认为中国农村问题基本可以概括为"愚、贫、弱、私"，同时提出通过文艺、生计、卫生、公民四大教育解决这四大问题。其中，以文艺教育治"愚"、以生计教育攻"贫"，以卫生教育扶"弱"、以公民教育治"私"。②梁漱溟、晏阳初为代表的"乡村建设派"提出从"政、教、富、卫"四个方面改变衰败的中国农村。也就是：①增进乡村人民的生产力；②改进乡村人民的生活状况；③提高乡村人民的知识程度；④利用乡村环境以实施教育。建设内容涉及农村社会的政治、经济、文化、社会诸方面。③其中，晏阳初博士在河北定县开展各项平民教育活动及乡村建设实验更是体现了一代知识分子的忧国情怀，也为当代知识分子树立了楷模，即乡村建设需要知识分子从书斋走向田野。卢作孚则提出了"以经济建设为中心"的乡村现代化建设理论。与前述学者不同，他主张实业救国，认为："第一，任何建设，政治的或文化的，皆应以经济建设为基础；第二，必须增进人民的富力；第三，经济生活为国家最大多数人所必须参加的活动。"④其实质是力图通过经济发展推动农村全面的现代化，这一目标与路径非常契合当前中央提出的把农村建设成现代生活共同体的政策主张。此外，较有影响的还有陶行知的"教育改进派"、黄炎培的"职业教育派"、阎锡山的"村本政治派"。

中华人民共和国成立后至改革开放前，农村建设的主张及实践是在政府主导下展开的，先后经历了土地改革和人民公社两个阶段，学术界基本没有发声和提出理论主张。改革开放后，政府主导下实施了家庭承包制，其基本的着眼点是发

① 蔡应坤，邵瑞.王鸿一的"村本政治"思想及其对梁漱溟的影响[J].山东师范大学学报（人文社会科学版），2001（2）.

② 何莉宏，冷伟.晏阳初平民教育方法论思想对当代农村职业教育的启示[J].农业考古，2011（4）.

③ 古梅.乡村教育运动与国家主义[J].中华教育界，1925，15（1）.

④ 卢作孚.论中国战后建设[M]//卢作孚文集.北京：北京大学出版社，1999：603–604.

展农村经济，解决农民的温饱问题，改善农民生活。20 世纪 90 年代至今，随着整个学术界的复兴及"三农问题"的日益凸显，农村建设研究重新受到学界的重视。新时期的乡村建设研究的代表人物有温铁军、陆学艺、陈锡文等学者。温铁军认为："当代新乡村建设是工业化加速时期为了缓解城乡对立和农村衰败、进而危及国家的可持续发展而进行的、以知识分子和青年学生为先导的、社会各个阶层自觉参与的、与基层农民及乡土文化结合的、实践性的改良试验；也包括在理论研究层面和国际交流等方面的相关工作。"[1] 其基本主张是乡村建设应以经济建设为先，同时，以加快城市化来舒缓农村人地紧张的基本矛盾，走以城带乡的路子。[2] 此外，以农村治理研究获得声誉的华中派学者随着研究旨趣的扩展，在农村建设研究上也颇有建树，例如，2005 年前后提出了农村的发展方向是重建农村社区，并在这一框架下提出了一系列"送 XX 下乡"的具体措施，目的是重建农村社区共同体的活力。

（二）多学科视野中的农村治理研究

近 30 年来，农村治理研究成果颇丰，一度成为政治学领域的显学，因农村治理研究造就了一批在国内乃至在国际都具知名度和影响力的学者，形成了一些颇具理论水准的学术团队，呈百花齐放、百家争鸣之势，彰显了农村治理研究的繁荣与"时尚"。由于名家众多，成果不胜枚举，且视角各有不同，观点各异，想从总体上条理清晰地概括真实的农村治理研究全貌实在不是一件易为之事。由于相关综述性文章已经很多，且多出自名家之笔，条分缕析，细致、全面、深刻，自感再做类似工作实属无益的重复，难有超越、创新。[3] 本书从目前农村治理研

---

① 温铁军. 中国新乡村建设问答 [EB/OL]. (2005-9-25) [2018-1-22]. http://www.xschina.org/show. ph?id=7856.

② 温铁军. 半个世纪的农村制度变迁 [J]. 战略与管理, 1999 (6).

③ 相关综述性文章可参见：贺雪峰, 董磊明, 陈柏峰. 乡村治理研究的现状与前瞻 [J]. 学习与实践, 2007 (8)；吴毅, 李德瑞. 二十年农村政治研究的演进与转向——兼论一段公共学术运动的兴起与终结 [J]. 开放时代, 2007 (2)；贺雪峰. 乡村治理研究的进展 [J]. 贵州社会科学, 2007 (6)；郭正林. 当代中国农村政治研究的理论视界 [J]. 中共福建省委党校学报, 2003(7)；陈潭, 罗晓俊. 乡村治理研究十年观察——以 CSSCI 检索论文与主要著作为研究对象 [J]. 公共管理学报, 2008 (4)；徐勇. 当前中国农村研究方法论问题的反思 [J] 河北学刊, 2006 (2).

究涉及的学科理论的视角对改革开放以来农村治理研究的主要著作成果进行简要梳理和分析。

农村治理研究是在 20 世纪 90 年代特殊的时代背景之下为政治学找到的新聚焦点，农村治理最初有点像政治学的"独舞"。1987 年，《村民委员会组织法（试行）》颁布后，在政治学视野中产生了关于农村治理的最初一批理论成果，代表性的有张厚安的《中国农村基层政权》《中国农村政治稳定与发展》《中国农村村级治理——22 个村的调查与比较》，徐勇的《中国农村村民自治》，徐勇、徐增阳的《乡土民主的成长——村民自治 20 年研究集萃》，贺雪峰的《乡村治理的社会基础》《村治模式》《村治逻辑》。应该说以张厚安和徐勇为代表的华中派学者，在政治学的话语下，为以后的农村治理研究奠定了最基本的学术视野，并完成了核心概念的创设。以此为开端，农村治理研究因其关注最广大农村现实问题的学术品性，产生了广泛的学术引力，吸引了多学科知识的进入。

追溯 20 世纪的学术发展史，即可看到对农村问题的关注开始于社会学、人类学学者，代表学者有李景汉、费孝通等，他们在 20 世纪三四十年代出版了一批具有广泛影响力的著作，其中李景汉 1929 年出版了《北平郊外之乡村家庭》，费孝通更是以其《江村经济》《乡土中国》等著作而享誉世界。中华人民共和国成立后研究虽有中断，但在费孝通先生的影响之下，20 世纪 90 年代后，一些后来的学者重新以人类学、社会学的视角和知识观察和分析农村治理问题，代表性的成果有陆学艺主编的《内发的村庄——中国百村调查丛书》，曹锦清的《当代浙北乡村的社会文化变迁》、《黄河边的中国》，王铭铭的《社区的历程——溪村汉人家族的个案研究》、《乡土社会的秩序、公正与权威》、《村落视野中的文化与权力——闽台三村五论》，于建嵘的《岳村政治——转型期中国乡村政治结构的变迁》，吴毅的《村治变迁中的权威与秩序——20 世纪川东双村的表达》，贺雪峰的《新乡土中国》，肖唐镖主编的《宗族、乡村权力与选举——对江西省 12 个村委会选举的观察研究》、《当代中国农村宗族与乡村治理》。社会学、人类学知识的介入开拓和改变了农村治理研者究的视角，使其有了更多的底层关怀，深入研究对象的内部，获取了大量的地方性知识，农村治理论研究由此获得了更深厚的土壤。

与此同时，一批具有经济学知识背景的学者也参与了农村治理问题的研究，并产生了独具特色的新成果，如：温铁军的《中国农村基本经营制度研究》、罗兴佐的《治水：国家介入与农民合作》、郭正林的《中国农村权力结构》、项继权的《集体经济背景下的乡村治理》、党国英的《中国农业、农村、农民》、陈锡文的《中国农村公共财政制度：理论·政策·实证研究》和《中国农村制度变迁 60 年》等。经济学者关注了农业政策、经营模式、土地制度、公共产品供给、农民消费等农村经济问题并提出了有利于农业、农村发展、农民生活改善的治理路径。

历史学的研究范式对很多农村问题研究学者也有很大的影响，上面提及的王铭铭的《社区的历程——溪村汉人家族的个案研究》、于建嵘的《岳村政治——转型期中国乡村政治结构的变迁》、吴毅的《村治变迁中的权威与秩序——20世纪川东双村的表达》以及黄宗智的《华北的小农经济与社会变迁》都是选取一个较长的历史时间段，对研究对象进行历史性考察。

受制度主义的影响，国内很多学者从国家以及乡村制度的视角探究乡村治理问题，代表性的有徐勇的《中国农村村民自治》、张静的《基层政权：乡村制度诸问题》和《现代公共规则与乡村社会》、项继权的《集体经济背景下的乡村治理》等。

此外，还有学者运用法学、地理学和心理学的知识，从不同的视角切入农村治理研究领域。总体来看，在农村治理研究这一平台上吸纳了多学科的知识，除政治学外，社会学、人类学、管理学、法学、历史学、经济学，乃至地理学、心理学和宗教学等学科都纳入了农村治理研究的工具箱。

（三）信息化视野中的农村研究

1. 信息化对治理影响的基础理论研究

信息技术、信息系统首先在企业组织，进而在政府组织得到普遍性的推广和应用，关于信息技术的相关研究首先在这两个领域展开，分别形成了企业管理信息系统理论和电子政府理论。目前，相关的研究资料很多，但内容基本大同小异，不再一一介绍。综览企业管理信息系统和电子政府理论，形成一个基本的观点：信息技术系统对组织的结构、制度规则、运行程序、员工素质都会产生新要求；信息系统的效用主要取决于组织内的政治而不是技术本身。这两个领域的理论基本是在管理学的范畴里展开的，而管理学的研究主要是秉持内向视角，探讨组织系统内部的效率和效用的改进。公共管理学的治理理论则以开放的视角，探讨组织间系统的效率和效用的改进。治理的改进离不开相关治理主体（组织）内部管理的改进，组织内部在应用信息技术、信息系统后必然影响组织间的结构方式，因此，信息化对治理的影响得到了越来越多的关注。

从信息技术的视角研究治理，国外学者已经出版少量的专门性、基础性的研究著作。其中，最具代表性的是美国哈佛大学教授简·芳汀的《构建虚拟政府——信息技术与制度创新》一书，该书深入地探讨了信息处理及其传播技术的重大变化所带来的第二级、第三级的影响，以及更长远的内涵，它既肯定了信息技术、管理信息系统是组织和制度创新的有力杠杆和"赋能者"（Enabler），又注意克服技术决定论的倾向，并试图在信息技术和制度、组织、行动者之间建立一种复杂、平衡的关系，分析了信息技术和政府的组织、制度、政府工作人员之间的复杂作用机制，并建立了一个"技术执行"（Echnology Tenactment）的研究框架。在此基础上还探讨了跨政府部门、政府和企业、政府和第三部门、政府和公民间信息技术系统的建设问题。[①] 简·芳汀虽然是基于电子（信息技术系统）政务（政府管理）的应用情况对政府治理的研究，但其关于信息技术与组织、制度、行动者之间关系的深入分析对理解信息化进程中的农村社区治理还是有基础性理论意义的。

此外，国外信息社会学、政治学方面已有不少著作问世，代表性的有美国社会学家曼纽尔·卡斯特的信息时代三部曲：《网络社会的崛起》《认同的力量》《千年的终结》，以及他主编的《网络社会——跨文化的视角》；德鲁克的《未来社

---

① 简·芳汀.构建虚拟政府——信息技术与制度创新 [M].邵国松，译.北京：中国人民大学出版社，2004.

区》。国内的相关研究成果主要有：戚功、邓新民的《网络社会学》、刘文富的
《网络政治——网络社会与国家治理》、李斌的《网络政治学导论》、金太军的
《电子政务与政府管理》、蔡文之的《网络：21世纪的权力与挑战》、杨雄的《网
络时代的行为与社会管理》（2007）、汪向东和姜奇平的《电子政务生态学》、
张继真等的《网络社会生态学》。

　　2. 对农村信息技术现象的社会学研究

　　社会学界对信息技术的研究始于前互联网时代的信息技术产品——电视。英
国学者罗杰·西尔佛斯通（Roger Silverstone）的《电视与日常生活》一书分析了
电视这一现代传媒对人们日常生活的深入影响，并阐述了电视对观众的情感和认
知意义的型塑作用，指出"电视既是日常生活中的权力意义的中介，也是施加给
日常生活的权力与意义的中介……我们要把电视看作是一种心理形式、社会形式
和文化形式，同时它也是一种经济形式和政治形式"。[①]相对于电视，应该说，
作为最新的信息技术的电脑、互联网对人们的日常生活更具有渗透力，对社会具
有更全面、更深入的影响。还有一本必须提及的著作是美国西太平洋关岛大学的
社会学助理教授柯克·约翰逊关于印度农村社区研究的人类学著作《电视与乡村
社会变迁——对印度两个村庄的民族志调查》，该书运用民族志的研究方法系统
地分析了电视传媒对印度农村社会生活的影响，探究了电视在乡村社会变迁中所
起的作用。涉及电视进入农村后对各种社会过程如消费观念的变换、人际关系的
重构、话语权的转移等所产生的影响。[②]

　　在国内也有少量的相关研究。吴毅在《村治变迁中的权威与秩序——20世
纪川东双村的表达》一书中就注意到了农村的技术现象，并认为："无论是现代
教育和科技对村庄的进入，还是现代性的权力话语对地方性知识的批判，都表现
出了极强的政治性。正是在这一过程中，双村的经济与人文面貌发生了巨大的变

　　① 西尔佛斯通. 电视与日常生活 [M]. 南京：江苏人民出版社，2004.

　　② 约翰. 电视与乡村社会变迁——对印度两个村庄的民族志调查 [M]. 北京：中国人民大学出版社，
2005.

化，各种民间信仰也遭遇到了前所未有的挑战。"①吴毅看到了现代科学技术对农村的影响，但他主要是从科技的经济效用角度进行描述和分析，而对科技给农民的观念、行为及村庄治理生态带来的变化并没有作深度剖析。还有一点就是他触及到了电视这一当时的新兴信息技术媒体，并就其对农民生活的影响进行了简要描述，只是用墨很少，一带而过。②由于时代的局限性，对于互联网、手机等新兴信息技术现象未加提及。另外，一些学者基于传播学视角，也有少量相关研究成果，如：方晓红的《大众传媒与农村》以江苏特别是苏南农村为考察对象，在较大规模问卷调查的基础上，描述和分析了报纸、广播、电视三大传媒对农村政治、经济、文化和农民生活的影响；③李春霞的博士论文《电视与中国彝民生活——对一个彝族社区电视与生活关系的跨学科研究》和尤游的博士论文《社会转型期大众传媒在农村社区的角色分析——关于湘中三甲村的个案阐释》则以某个农村为个案研究对象，专门讨论了电视媒体对农村社会、农民生活的影响进行了人类学的描述；④谭英的《农村公民人文科学素养的电视信息传播导向研究——从农民的视角》利用暑期回乡学生调查问卷的资料就电视对农民的生活、观念、行为方式等方面的影响进行了一般性归纳分析。⑤但总体观之，他们的研究对象还都不是互联网笼罩之下的农村，当今一些新兴的信息技术现象还基本没有进入他们的分析视野或不是主要考察对象。今天看来，已有相关研究已落后于农村快速发展的信息技术实践，原有的结论已很难解释现实了，正如英国学者罗杰·西尔佛斯通（Roger Silverstone）在《电视与日常生活》一书中指出："但我也自知本书讨论的议题可能很快就会变成历史的遗物：在电视技术与它的规则内外出现

---

① 吴毅.村治变迁中的权威与秩序——20世纪川东双村的表达[M].北京：中国社会科学出版社，2002：151.

② 吴毅.村治变迁中的权威与秩序——20世纪川东双村的表达[M].北京：中国社会科学出版社，2002：339.

③ 方晓红.大众传媒与农村[M].北京：中华书局，2002：6.

④ 李春霞.电视与中国彝民生活——对一个彝族社区电视与生活关系的跨学科研究[D].成都：四川大学，2005；尤游.社会转型期大众传媒在农村社区的角色分析——关于湘中三甲村的个案阐释[D].上海：上海大学，2006.

⑤ 谭英.农村公民人文科学素养的电视信息传播导向研究——从农民的视角[J].科普研究，2007（1）.

的巨大变化，将让我所说的变得离题万里而且很不准确。这是可能的。"①总体来看，国内学者在关注和持续跟进发生在我国农村和农民生活中的新信息技术实践方面还很欠缺，还没有出现系统的政治学、社会学、人类学的解读成果。

当然，从最新的现代信息技术视角研究农村也并非完全空白。通过谷歌检索可以看到少量的相关文章，例如，国外学者关于印度农村电脑亭的研究。国内的中国互联网中心从2008年起每年都发布两期《中国互联网络发展状况统计报告》，其中2007年和2009年专门就农村互联网的发展情况发布了两期《中国农村互联网发展情况调查报告》，这两个报告在较大规模调查问卷的基础上就互联网在农村的应用情况进行了宏观描述，并就互联网对农村的经济、政治、社会、文化及农民生活的影响作了简要分析。

3. 农村信息化建设研究

国内学者对农村信息化的关注始于20世纪90年代，研究人员主要集中在农业部信息中心、中国农业科学院、中国农业大学等涉农机构；研究者的知识背景主要是技术专家，关注的主题主要涉及信息化对农业发展的战略意义、如何利用信息技术加快农业发展等方面。较具代表性的研究成果有：农业部信息中心的董振江在《农业信息探索》上发表的《运用信息资源管理理论加快农业信息化的进程》，中国农业科学院的梅芳权在《农业图书情报学刊》上发表的《从农业现代化走向农业信息化——迎接新的技术革命和信息社会的到来》，中国科学院的徐可英在《农业现代化》上发表的《21世纪农业现代化的发展趋势——农业信息化》。直到目前，农村信息化的研究队伍主要还是技术专家，研究的重点仍是农业信息化技术，但在研究旨趣上还是有所变化的。进入21世纪后，随着中央对农村问题的持续关注，特别是党的十六届五中全会通过的《中共中央关于制定国民经济和社会发展第十一个五年规划的建议》中把建设社会主义新农村作为重要历史任务提出，以及农业信息技术的快速发展，农村的信息化研究出现了两个趋势：一是对农业信息化的研究进一步深入，对农村信息技术进入了系统化研究阶段；二

---

① 西尔佛斯通．电视与日常生活 [M]．陶庆梅，译．南京：江苏人民出版社，2004：4．

是从农业信息化研究拓展为农村信息化研究。特别是在第二个方向上出现了越来越多的研究成果，主要有：中国农业科学院农业信息化研究所组织编写的《农业新技术与信息管理》及陈良玉、卢友兵主编的《农村信息化探索与实践》两本文集中选取的论文涉及国外农业、农村信息化经验的介绍、农业信息技术系统研究、信息化组织管理模式研究等诸多内容；赵春江的《农业信息技术》探讨了农村信息化的内涵、农村信息化的内容、农村信息化的结构要素、农业管理信息系统的构成等内容；王文生的《中国农村信息化服务模式与机制》介绍了国外经验、探讨了农村信息化发展的机制与理想模式；崔岩的《农业信息化组织体系研究》探讨了如何建构有利于农业信息化建设的组织体系；2007 年 8 月在福建武夷山召开的"第一届国际电脑及电脑技术在农业中的应用研讨会"暨"第一届中国农村信息化发展论坛"上征集到的农业信息化的论文涉及 3S 技术、虚拟技术、图像处理技术、信息技术等在农业中的应用，农业专家系统、决策支持以及信息管理系统的开发，农村信息化技术、农村信息化发展战略、农村信息化解决方案等方面。此外，该文集收录的韩瑞贞等的文章《农村信息化建设的人力资本研究》分析了农村人力资本的状况与农村信息化建设关系，指出要重视人力资本投资以推动农村信息化。[①] 随着农业和农村信息化的迅速发展，农业和农村的信息化已达到了一定水平，相应地出现了一些评价、概括性的研究，如王艳霞的《中国农业信息服务系统建构与评价研究》。李道亮则在 2007 年、2008 年、2009 年先后出版了三个《中国农村信息化发展报告》，较全面地反映了农村信息化的发展现状、分析了存在的问题、提出了发展策略。而王珂主编的《农村信息化技术》介绍了农村事务管理信息化技术、农村文化生活信息化技术、农村信息服务体系建设、数字村镇建设等内容，显示研究者已关注到了信息技术在农村经济、政治、社会、文化等各方面的应用，初步提出了农村全面信息化的技术构想与方案。成都市信息化办公室、成都市经济信息中心联合课题组编著的《城乡一体化信息服务体系建设与发展战略研究》则从城乡统筹发展的视角研究了农村信息化问题。对农村

---

① 李道亮 ."第一届国际电脑及电脑技术在农业中的应用研讨会"暨"第一届中国农村信息化发展论坛"论文集 [M]. 北京：中国农业科学技术出版社，2007：1.

信息化内容研究横向扩展的同时，关于信息技术在农村应用的纵向研究也有所展开，如李瑞芬的《新时期农村财务理论与实践》研究了农村财务管理信息化问题。

同时，由于中国的农业、农村信息化起步较晚，在发展过程中需要借鉴发达国家的经验，以及水平相近国家信息化的成功经验，国内学者对此一直比较关注，相关研究除了散见于各种信息化研究的书籍外，在一些农业或信息化研究期刊上也发表了不少文章，内容主要是介绍研究欧美发达国家和韩国、印度等发展中国家的农业和农村信息化的经验、模式、问题以及对中国的启示和借鉴意义。

三、研究设计

研究设计是开展理论研究的基础性工作，犹如建筑设计对于建筑施工的重要性一样，没有预先细致的、严密的、合理的、科学的研究设计，理论的发展就会陷入盲目，理论体系的完整性、逻辑的严密性、可行性都会大打折扣，甚至会偏离研究的主题和方向。反之，好的研究设计能为理论研究的展开提供明确的研究主题、进路、理论工具、技术方法，就像一个按图索骥的依据，为理论的层层展开、研究目的的实现提供全程指导，大大提高研究的效率和效果。国内学者赵康认为一个好的研究设计至少应包括三个方面的内容："其一，分解主要研究问题，形成问题网络（逻辑树），以便理清思路，按照自简至繁、由易到难的程序循序渐进，依次解决问题，直至最终解决主要研究问题。其二，针对分解形成的问题网络，斟酌酝酿解决问题的理论工具，即从哪些科学领域应用哪些相关的理论、方法、技术来解决这些问题，遇到理论不敷应用的情况还需要筹划发展新的理论。当然，新理论的建立是难度极高的工作，但也提供了做出贡献的绝好机会。其三，确定研究履行的方法论，包括以下要素：指导哲学、推理逻辑、研究战略、数据获取方法等。"[①]美国麻省理工学院政治学教授斯蒂芬·范埃佛拉（Stephen Van Evera）指出"论文研究计划应该说明你要回答的问题，并解释你将怎样回答这些问题。它还应该说服读者，使他们认识到你提出的问题不仅十分重要，而且你

---

① 赵康.管理咨询在中国：现状、专业水准、存在问题和发展战略 [M].北京：中国社会科学出版社，2009：64.

的研究计划切实可行。"① 可以说两位学者对论文研究设计有相同的观点和态度，只是前者提出了更系统且具体的要求，便于把握。依据上面的分析，就本文的研究设计的相关内容分述如下。

（一）主要问题和问题网络

赵康在《管理咨询在中国：现状、专业水准、存在问题和发展战略》一书中介绍和发展了一种通过分解主要研究问题、形成问题网络的研究方法，其要义是：依据主要研究问题分解出次级子问题，且次级子问题必须既有依存关系，又相互独立，没有重复；同时，有关解决主要问题及其各级子问题的所有问题都被充分考虑和包容在建立起来的问题网络中。② 下面，将运用这一方法，从题目"信息化视野中的农村社区建设和治理研究"所昭示的主要研究问题出发，以及理论展开紧紧围绕的三个关键词"信息化、农村社区、建设和治理"展开，并力求每一章节都体现三者的紧密结合并探求其逻辑关系，分解和发展本研究的问题网络。首先得到如下几个一级状态子问题：

A. 农村社区建设和治理的基本内容是什么？

B. 如何利用信息技术推进农村社区建设？

C. 信息化对农村社区治理产生了什么影响？

D. 信息化背景下如何治理农村社区？

在以上 4 个子问题中第四个已基本达到了独立的要求，第一、二、三个问题需要进一步探讨，分解形成如下几个二级状态子问题。

A1. 为什么要进行农村社区建设？

A2. 如何进行农村社区建设？包括内涵、主体、目标、内容、路径等。

A3. 当前农村社区建设需要什么样的治理机制？

B1. 当前我国农村社区信息化建设是如何进行的，存在哪些不足？

B2. 如何改进农村社区信息化建设？

① 范埃佛拉. 政治学研究方法指南 [M]. 陈琪，译. 北京：北京大学出版社，2006：109.

② 赵康. 管理咨询在中国：现状、专业水准、存在问题和发展战略 [M]. 北京：中国社会科学出版社，2009：117.

C1. 信息化对农村社区治理的外部环境带来那些影响？主要分析政府和社会。

C2. 信息化对农村社区的内部基础结构带来哪些影响和变化？

C3. 信息化对农村社区与社会、政府间的互动机制产了什么影响？

在上述二级状态子问题中，B1需要进一步分解为如下三级状态子问题：

B1.1. 发达地区农村社区如何进行信息化建设？

B1.2. 中等发展水平地区农村社区如何进行信息化建设？

B1.3. 落后地区农村社区如何进行信息化建设？

B1.4. 当前农村社区信息化建设的一般经验有哪些？存在哪些不足？

（二）研究的理论视角

理论视角也就是分析问题所遵循的理论路线和使用的理论工具，本书总体的理论定位有三个方面：第一，它是一项政治学及公共管理学视野下的治理研究；第二，它是一项社会学视野下社区研究；第三，它是一项融合社会技术设施和制度设施建设的应用性研究。根据具体问题的需要将涉及和运用到不同学科的理论，分述如下。

（1）社区的结构功能理论。结构功能主义（Structural Functionalism）是现代西方社会学中的一个理论流派。孔德、斯宾塞、涂尔干、马克思等西方社会学导师对社会结构都有过经典的论述。20世纪50年代，美国哈佛大学教授帕森斯（Parsons T.）系统地阐述了结构功能主义理论，至20世纪60年代，他的结构功能主义一直在西方社会学界处于非常重要的地位。其结构功能主义的一个基本假设认为，社会是由诸多相互依存的单元组成的一个统一的系统，其内部存在结构上的分工，每个单元都发挥着特定的功能，它们相互依存又相互制约，维系着社会作为一个整合系统而存在。倘若一个部分发生变化，势必影响到其他部分乃至整体发生变化。[①]美国社会学家K.默顿是结构功能主义的另一个主要代表人物之一，他认为在功能分析上，应该注意文化对个人、社会群体所造成的客观后果。并认为结构具有外显功能和潜在功能之分。

---

① 吴亦明. 现代社区工作 [M]. 上海：上海人民出版社，2003：24.

把结构功能主义理论引入社区研究后，形成了社区研究的结构功能理论。结构功能理论学派认为，社区的整体功能不是一个独立、封闭的运作过程，而是一个由多种功能单元或部门在各自领域发挥作用的功能体系。一方面把社区作为一个体系研究其整体功能，另一方面，认为社区中的次体系（包括政府、经济、教育、文化、宗教、家庭等）的功能对整个社区的发展具有重要的支撑作用。①

（2）治理理论。治理（governance）概念自20世纪90年代开始流行，目前，虽然学者们对于治理的概念还存在不同的表述，但在理论的价值取向上还是取得了相当的共识，格里·斯托克总结了关于治理的五点理论主张：第一，治理是指一套出自政府但又不限于政府的社会机构和行为者；第二，治理断定在求解经济社会问题时，各方的界限和责任是模糊的；第三，治理断定涉及集体行动的各机构之间存在权力依赖；第四，治理是关于自治、自主的行动者网络；第五，治理认识到办事的能力不在于政府下命令的权力或者政府权威的使用，政府可以使用新工具和技术来掌舵与指导，以增强自己的能力。②

治理理论的研究是在价值和工具两个维度展开的。就价值层面而言，治理理论是以对代议制民主、政治与行政二分法的批判开始的。治理理论在不否定代议制民主的前提下，提出了参与式民主、协商民主等新民主主张，力图让公民在更多的水平、范围与层次上参与国家与社会的管理，从而克服传统官僚的弊端，得以建构更灵活、更有效率、更富创新性与适应性的社会管理机制。在工具层面，治理研究主要沿着三个途径展开，即："政府管理"途径、"公民社会"途径和"合作网络"途径。"政府管理"途径将治理等同于政府管理，侧重于从政府的角度来理解市场化条件下的公共管理改革，主要包括"最小国家的治理""新公共管理"和"善治"等用法。"公民社会"途径认为治理是公民社会的"自组织网络"，是公民社会部门在自主追求共同利益的过程中创造的秩序，在公共资源管理、社区服务与发展、同业协会和跨国性的问题网络中普遍存在。"自组织网络"主要

① 刘君德. 中国社区地理学 [M]. 北京：科学出版社，2018.

② 斯托克. 作为理论的治理：五个论点 [M]// 俞可平：治理与善治. 北京：社会科学文献出版社，2000：31–51.

从公民社会部门的角度来分析治理，将治理看成是横向的"公民参与网络"，是一种"社会中心论"的治理观。"合作网络"途径则是试图在"网络管理"的框架整合上述两种途径。一方面它吸收了"自组织网络"的主要观点，将治理看作是相互依存状态下的管理，将公民社会部门看作是治理的主体，并用它来解释公私部门分享权力、合作治理的新型关系，确立了多中心的公共行动体系论；另一方面，它也吸收了"政府管理"的重要观点，承认一个负责、高效、法制的政府对有效治理的意义，认为在网络中政府与其他主体是平等、对话、协作的伙伴关系。① 可以认为"合作网络"途径既符合治理的价值取向，又更具现实主义的色彩，在三种途径中最具有生命力和可实施性。目前的治理研究中，"合作网络"途径受到学术界越来越多的重视，也面临着较少的争议。"从某种意义上说，社会网络体系可以当作治理的代名词，它最外在化地体现了治理的本质与特征。"②

（3）管理信息系统理论。管理信息系统是指用于管理的信息进行采集、处理、加工、传输、保存的人—机系统，它是以数字（统计理论、计算方法）、管理科学、应用技术（电脑技术、通信技术）为基础而发展起来的。③ 可以说，一个信息系统是一个基于信息技术，针对环境挑战而形成的组织和管理解决方案。目前，对管理信息系统的研究涉及电脑科学、经营研究、管理科学、社会学、政治学、心理学等多学科领域，而且对管理信息系统的研究已渐渐显露出从以技术科学为主转向以社会科学为主的态势。

随着信息技术的发展，管理信息系统在企业组织、政府组织、非政府组织得到越来越广泛的应用，而且和组织的核心活动的关系越来越密切。管理信息系统在组织中的开发和运用，可以帮助组织结构趋于扁平化从而减少运行环节、提高效率、降低成本；它有利于培育出更人性化、自我激励、自我控制的管理哲学；它可以使人突破空间的限制扩大自身的关系网络从而提高其核心竞争力；它可以帮助小型组织获得大型组织的优势，而又使大型组织具有小型组织的灵活性；它

---

① 陈振明. 公共管理学 [M]. 北京：中国人民大学出版社，2005：77–82.

② 孙柏瑛. 当代地方治理：面向 21 世纪的挑战 [M]. 北京：中国人民大学出版社，2004：26.

③ 徐毅. 管理信息系统建立的一般原则 [J]. 行政管理研究，1998（1）.

可以帮助组织重建和优化工作流程，提高组织的管理水平。

（4）政治（行政）生态学理论。政治生态学是运用生态学的研究观点研究社会政治现象及其环境关系，从政治与其环境的相互关系中研究政治现象的产生与发展的一种理论和方法。其主要理论任务，一是探求某种政治现象之所以具有某种特性的环境原因；二是探求如何实现政治系统的生态化，也就是政治系统的良性运行。[①] 弗雷德·W. 里格斯（Fred W.Riggs）认为行政生态学是研究自然以及人类文化环境与公共政策运行之间的相互影响情形的科学。其有两个基本的研究方向，一是探讨各种特定的环境因素如何影响公共行政；二是研究公共行政如何在特定的环境中发挥作用，影响该国或地区的发展。[②]

（三）研究方法和方法论

衡量一门社会科学理论发育成熟与否的标准之一就是考察其有无成熟的研究方法和方法论，而且科学的研究方法和方法论能进一步指导和推动相关学科沿着正确的发展路径达到更成熟的发育状态。西方社会科学发达的特征之一就是方法论理论的相对成熟，而方法论理论的发展又成为西方社会科学研究得以持续在世界人文社会科学研究领域处于领先地位的重要支撑性因素。就目前而言，在社会科学方法论领域，国内学者要做的主要工作应是学习、借鉴和运用西方发育较成熟的方法论理论而不是中国化的问题，当然我们在一定的舶来方法论指导下发展出的理论一定是立足国情的中国化产品，理论所要解决的问题更应符合中国国情。本书为了在研究方法和方法论上有一个系统、周全的考虑，借鉴了英国学者马克·桑德斯的"洋葱"式研究过程理论，他把整个研究过程形象地比喻成层层剥去"洋葱"外壳的过程。另外，借鉴了国内学者赵康曾根据研究的需要而加以改制的桑德斯的原图中的研究战略。综合两位学者的观点，基于本研究的需要，笔者增加了人类学的研究战略，具体方法论见图1-1。图1-1形象而直观地表明了社会科学研究所应遵循的方法论的理论结构和思考的路径，即先确定研究指导

---

① 刘京希. 政治生态论 [M]. 济南：山东大学出版社，2007：7-8.

② 姜奇平. 电子政务行政生态学 [M]. 北京：清华大学出版社，2007：65.

哲学，然后思考研究方法、研究战略到数据收集的逐次展开的全过程，是一个方法抽象到方法具体的过程。笔者认为，马克·桑德斯的研究方法理论虽然是针对管理学研究，但其在社会科学研究中的诸领域还是具有普遍的指导意义，该理论较全面和深入地考虑到了社会科学研究方法论所应涉及的各个层面，指出了一项科学研究应遵循的科学思维过程，参考桑德斯的理论，结合本书的具体情况，作出了如下安排。

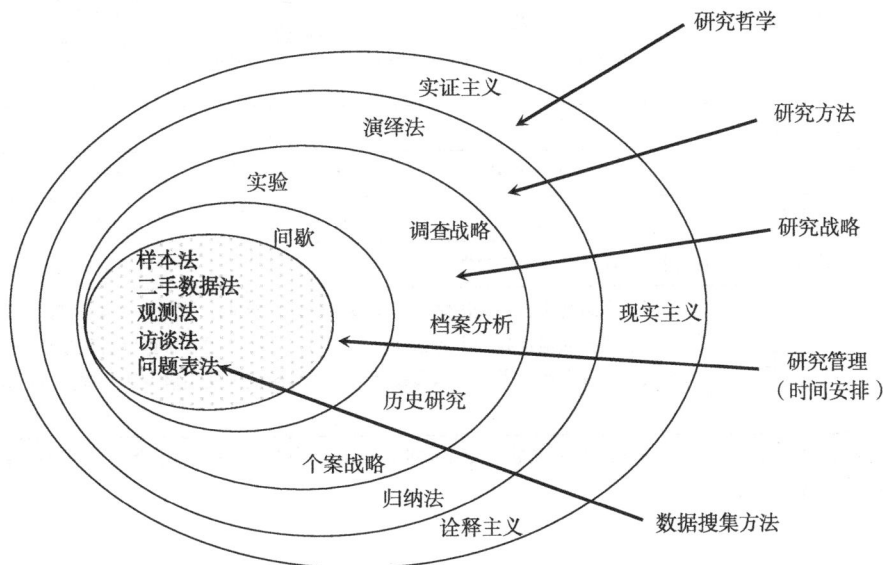

图 1-1 "洋葱"式研究过程

注：图 1-1 是在赵康对桑德斯原图改进的基础上综合二人的研究战略而成。①

（1）本书的主要目的聚焦于信息化背景下农村社区建设和治理模式的理论分析，同时还有要对发展的理论进行验证，为此在指导哲学上主用诠释主义，兼用实证主义，分别用于指导理论的建构和理论的验证。在研究方法上的，理论建构部分主要是归纳法，实证部分主要是演绎法。

（2）研究战略（方法）。罗伯特·K.殷认为任何一种研究方法都有其长处

---

① 桑德斯.研究方法教程——管理学专业学生用书[M].北京：中国商务出版社，2004：81；赵康.管理咨询在中国：现状、专业水准、存在问题和发展战略[M].北京：中国社会科学出版社，2009：124.

与不足，具体研究战略（方法）的选择要考虑三个条件：①该研究所要回答的问题的类型是什么；②研究者对研究对象及事件的控制程度如何；③研究的重心是当前发生的事，还是过去发生的事。① 图 1-1 中的具体研究战略和问题条件的对应性关系可以见表 1-1。

表 1-1　社会科学领域主要研究战略适用性状况

战　　略	研究问题涉及	是否需对行为 事件加以控制	是否聚焦于 当代事件
实　　验	如何，为什么	是	是
调　　查	谁，什么，何处有多少	不	是
档案分析	谁，什么，何处有多少	不	是或不
历史研究	如何，为什么	不	不
个案研究	如何，为什么什么（探索性）	不	是
多角度会聚	多角度会聚最初出自于美国海军的军事战略，意指使用不同的视角来定位一个目标的位置能极大地提高命中的精确度。作为一个收敛的方法论以实现多角度会聚的有效性，许多研究者极力倡议在社会科学的研究中使用该方法来提高判断和结论的准确度		

资料来源：赵康. 管理咨询在中国：现状、专业水准、存在问题和发展战略 [M]. 北京：中国社会科学出版社，2009：126.

本书主要聚焦于当代事件（即信息化）对当下农村社区治理带来了哪些影响以及如何利用信息技术推动农村社区建设和治理，同时又要对不同技术时代的治理模式进行必要的回顾，但又无法控制研究对象，还要回答谁（治理主体），什么（信息化给农村社区治理的内外环境带来了什么影响），何处（农村社区），有多少（农村社区的信息化程度如何，比如网民的数量），为什么（信息化时代农村社区治理内外环境、治理机制发生变化的原因），如何（农村社区治理如何适应信息化时代的要求，如何调整，如何利用信息技术促进农村社区的公共事业建设），什么探索性（什么是信息时代理想的农村社区建设和治理模式）等问题。基于上述分析，本研究将综合运用表 1-1 中所列除实验以外的"调查""档案分

① K. 殷 . 案例研究——设计与方法 [M]. 重庆：重庆大学出版社，2009：7.

析" "历史研究" "个案研究" "多角度会聚"等研究战略，此外还结合人类学的参与式观察战略①。同时，从本研究所具备的现实条件和研究内含的各问题在整个研究中的权重差异出发，不可能平衡使用以上几种研究战略，为此，需要有进一步的权衡安排。第一，鉴于笔者的财力、精力和能力，大规模的调查战略将被排除，只能在具体的个案研究范围内进行小规模的调查。第二，本研究主要关注当代事件，偶尔关注历史事件的着眼点也在于分析当代事件，为此历史研究只能作为辅助战略使用。第三，档案分析是主要战略之一。笔者有幸参与了导师主持的一个横向研究课题，以此为契机，深入江苏南部 J 镇，进行了历时数月的调查，期间，在该镇政府及十几个行政村获得了数百万字的档案资料，这为回答谁、什么、何处、有多少等问题提供较权威的数据来源和分析依据。第四，个案研究是另一个主要的战略。个案研究虽然一直面临种种质疑，但是客观地讲，个案研究在社会科学领域一直是应用最广的研究方法之一，是进行实证研究，检验理论的主要途径，正如罗伯特·K. 殷所言："尽管存在有关案例研究的种种说法，但事实证明，案例研究被广泛用于社会科学领域（包括传统学科和面向实践的学科领域）……"②为此，在承认其局限性的同时，也必须看到案例研究毋庸置疑的作用和优势。蒂芬·范埃佛拉（Stephen Van Evera）认为案例研究可服务于检验理论，又可用于创造理论等五种目的。③在本书中将通过农村社区的个案研究，归纳分析，验证理论，并提炼出带有普遍性的结论，发现带普遍性的问题，并以此为依据寻求问题的解决策略。此外，个案研究具有很大的包容性，在个案研究中可以同时运用小范围调查、人类学的参与式观察等获取资料的手段。综合以上分析，最终确定了主用个案研究和档案分析，兼用调查、历史研究、多角度会聚的研究战略组合。

---

① 人类学的观察法强调研究者真正融入研究对象的社会关系和生活情境中，这样才能真正地实现和研究对象的无障碍交流，观察到无掩饰的生活状态，了解到研究对象的内心世界，进而获得可靠的一手感性材料。鉴于笔者特有农村的生活和社会关系背景，为人类学式的观察提供了便利条件。

② K. 殷. 案例研究——设计与方法 [M]. 重庆：重庆大学出版社，2009：11.

③ 范埃佛拉. 政治学研究方法指南 [M]. 北京：北京大学出版社，2006：53.

（四）个案研究对象和研究资料收集

1. 个案研究对象

本书的个案研究对象，选取了宏观和微观两个层面的案例。

对宏观层面案例考察的目的是发现信息化在农村社区建设与治理中作用与影响的一般性规律，以及为微观个案提供参照。主要选取了美国、韩国、印度三个不同发展水平国家的农村，以及我国广东、宁夏、云南三个不同发展水平的省区的农村作为案例分析对象。选取不同发展水平的国家或省区基于两个方面的考虑：一是为了发现共同性的规律与经验；二是为了发现差异化的规律与经验。宏观层面涉及的六个案例材料主要通过查阅、整理二手文献资料获得。

微观层面的案例是本书实证部分的核心案例，选取的个案是 J 镇农村。J 镇农民以种植中高端苗木、花卉为主，其经济发达。该镇有 29 个行政村，4 个镇区居委会，常住人口 7 万余人，2010 年人均国内生产总值超 3 万元，农民人均纯收入达万元以上，财政收入超 1 亿元。但由于工业规模较小，就其经济总量而言，村集体和镇政府财政收入并不高，据当地干部讲是"老百姓富，政府穷"。以发达的经济为基础，J 镇的信息化建设达到了较高的水平。就 J 镇政府来看，各个行政科室、事业部门都配备了一台以上的电脑和打印机，其中一些较重要的事业部门还配备了复印机，镇政府的大型会议室安装了多媒体会议系统，具备接收远程视频会议信号的功能。还有，为保证各部门能高速登录互联网，早在 2003 年，镇政府就接入了专门的光纤。而各农村社区村委会也都配备有电脑、打印机、复印机、远程教育系统等信息化设备，具备登录国际互联网的功能。除镇村办公机构外，各自然村都实现了通电话、通有线数字电视、通互联网，农村家庭数字电视、个人电脑普及率很高，且呈快速增加之势。

J 镇农村信息化的普及程度较高，信息技术得到广泛应用，信息化对农村的影响得到比较充分的显现。笔者以该镇农村为研究对象进行了田野调查，通过文献查阅、半结构访谈、参与观察等途径较充分地了解了该镇的信息化发展情况及其影响。关于该镇个案的资料来源主要分为三个部分：一是笔者同镇村干部、村民代表的访谈记录；二是笔者对观察现象的描述；三是笔者通过镇志、村民会议记录、镇村年度统计资料、互联网对 J 镇的报道以及地方政府网站等搜集到的关于该镇的二手资料。

得益于导师的一项横向研究课题，笔者与同门的几位硕士研究生师弟、师妹有机会进入 J 镇进行实地调查，整个调查过程历时数月。我们的调查工作得到了该镇政府有关领导的大力支持，他们给予了很多帮助，镇政府办公室专门给各有关部门和村委会印发了协助调研的通知，为我们专门印制了调研员证，分管农村工作的副镇长还专门打电话给各村委干部要求给予我们调研提供支持。

整个调研过程可以分为两个大的阶段：第一阶段是在 J 镇政府机关的调研。我们先后对党政办、宣传办、民政办、建管所、计生站、经管站、统计站、党校、兽医站、农林站、环保办、农机站、国土所、政务信息办、旅游办、团委、综治办、信访办、司法所、妇联、人事办、派出所、农村环境综合治理办公室等 30 多个部门进行了调研，得到了绝大多数部门负责人的支持和配合。期间，先后对几十位部门负责人和一般工作人员进行了半结构或开放式访谈，交流短则半个小时，长则一个多小时。除访谈外，还通过拍照、观察等方式获取了大量的一手资料。另外，我们还在各部门收集到大量文件档案类二手资料。第二个阶段是到该镇村庄社区的调研。我们骑自行车先后深入到 12 个行政村（包括几十个自然村）进行了调研，笔者负责对其中的 6 个行政村进行了调研。每个村庄的调查时间为2~3 天。每到一个村庄社区我们先到村委会与村干部进行交流、访谈、搜集资料，然后走街串巷，或是在街头，或是入户与村民进行面对面的交流，涉及的对象有村支部书记、村主任、村会计、普通村民、做花木生意的个体户、农村小超市店主、家庭妇女、在外打工临时回家的青年人、毕业后回村发展的大学生等。每村访谈对象都在 10 人以上。此外，调研期间，笔者还拍摄了数百张照片，记录下了许多有价值的画面。

2. 其他资料的收集

通过图书馆的数据库搜索、查阅、下载有关的中外文论文书籍，通过登录相关研究机构的网站，如国家互联网信息中心的网站获取其公开发布的一些权威报告、数据资料。

通过到一些大型图书馆、书店查阅、复印、购买有关的书籍资料。

通过国际、国内互联网站，特别是涉农网站搜索典型涉农网络案例、了解有关专业涉农网站的登录使用情况，通过一些网络电子公告牌系统、博客等途径了解农民的网络言论，还力争与一些农民互联网用户取得联系，通过 QQ、微信等即时通信工具进行网络交流和访谈。

（五）研究的难点和可能的创新点

1. 研究难点

本书研究的难点主要有两个方面：第一，就全国来看，农村社区公共事业发展水平较低，在农村社区的建设中利用管理信息技术系统更是没有成熟的典型模式，如何结合国外的经验和国内农村社区零散的实践，总结、梳理、探索出一条适合我国农村社区并能有效利用信息技术系统的农村社区建设途径；第二，我国农村社区的信息化程度总体较低且发展很不平衡，信息化在农村政治、社会生活中的作用处于刚刚显露阶段，信息化实践的素材较少，这对于深入分析、准确把握信息技术要素在农村社区的种种影响十分不利，加之这一研究视角下的理论成果较少，这对准确分析信息化给农村社区治理带来的影响并建构适应信息时代要求的村治模式是较大的挑战。本书大概只能是抛砖引玉。

2. 可能的创新点

第一，研究视角的创新。经过利用 CSSCI（中文社科索引文索引）、中国期刊网、人大报刊复印资料以及北京图书馆、上海图书馆以及国内其他著名高校馆藏目录的搜索结果来看，国内专门从信息化的角度切入，较深入、全面地研究农村社区建设和治理的成果还很少，特别是专著未曾发现。

第二，关于农村治理研究分析框架的创新。在国家—社会的研究框架下，农村治理研究领域产生了丰富的研究成果，归纳起来存在以下几个方面的共性与局限：一是同质化的国家与同质化的小社会互动。无论黄宗智（Philip Huang）提出的国家与社会混合成的"第三领域"、①萧凤霞（Helen F. Sui）提出的国家控制下的"细胞化社区"②，还是华中派学者的"乡政村治"都把基层政权作为忠实于国家的全权代表③，一方面暗含着国家从上到下是同质化主体的假设；另一方面隐喻着国家面对的是整体性的小社区。邓正来曾对这种简单的二元论框架提出质疑，指出"国家并不是一个同质性的实体，社会亦非简单相对于国家的一个同质性实体"。④后来，于建嵘一方面把基层政府与国家分开，另一方面也注意到了农村社区内存在多种利益分化的主体。⑤但其论下的国家与基层政府面对的依然是村域范围的小社会，没有看到村域社区外的大社会。二是国家在过程—事件层面不参与农村治理。如贺雪峰认为农村治理在中观层面的研究主要是理解自上而下的政策、制度和法律在农村实践的过程、机制及后果，并为理解农村政策的实践提供理论解释。⑥这也就是假定国家主要是在制度层面参与农村治理，政策的执行行为全部是由基层政府实施，执行结果则取决于农村社会状况及农村主体的博弈结构。大量的村民自治制度、农村土地制度、税费政策的研究都是这种认识的体现。在行动层面没有看到国家对农村治理的参与。三是社会仅仅是社区的背景性存在，在事件—行动层面，社会和社区是分离的，社区外的社会主体被忽视。杜赞奇（Prasenjit Duara）依托"权力的文化网络"形成的跨村落民间社会组织的行动，⑦以及吴毅的国家权威与社区权威的互动基本都是在村庄场域（Village Fields or Arena）内完成的。⑧无论社区精英还是普通村民都无法突破舒

① 黄宗智 . 国家与社会之间的第三领域 [M]// 哈贝马斯 . 社会主义：后冷战时代的思索 . 中国香港：牛津大学出版社，1995：94.

② Sui.H elen F. Agents and Victims in South China：Accom plices in Rural revolution[M]. New Haven：Yale University Press，1989.

③ 徐勇 . 中国农村村民自治 [M]. 武汉：华中师范大学出版社，1997.

④ 邓正来 . "国家与社会"研究框架的建构与限度 [M]// 国际与社会：中国市民社会研究 . 北京：北京大学出版社，2008：163-170.

⑤ 于建嵘 . 岳村政治 [M]. 北京：商务印书馆，2001：24-25.

⑥ 贺雪峰，董磊明，陈柏峰 . 乡村治理研究的现状与前瞻 [J]. 学习与实践，2007（8）.

⑦ 杜赞奇 . 文化、权力与国家——1900—1942 年的华北农村 [M]. 杭州：浙江人民出版社，1996..

⑧ 吴毅 . 村治变迁中的权威与秩序——20 世纪川东双村的表达 [M]. 北京：中国社会科学出版社，2002.

绣文（Vivienne Shue）的"蜂窝状结构"到社区外寻求支援 ①，外面的社会主体也无法了解和参与"蜂室"的内部事务，二者是无法进行互动的。四是没有意识到农村社区外的大社会与国家之间直接进行互动的可能，社会只是作为持续性的、起渐变作用的存在，社会在具体事件上不干预国家，也无法干预基层政府的行为。正是在这种认识局限下，农村治理研究关注的只是国家、基层政府、地方精英、村民等主体在纵向链条上的博弈，外面的社会主体被忽略了。

上述认识及其局限的形成既受时代的局限又受视角的局限。进入 21 世纪以来，以互联网为代表的信息化实践通过改变农村社区内外的社会技术构成在重新形塑着社区内外的国家与社会，也为农村治理研究提供了新的理论视角。

在互联网的中介下，社区与社会、社区与国家、国家与社会的联系和作用方式发生着根本性的改变。一是农村社区实现了和外部社会的相互开放，在需要时，社区可以把地方性事件告知社会并寻求外部社会的支持，社会也可就此作出回应。二是农村社区可以不经过基层政府把要求性信息及时上传给国家的高层政府，位于基层政府之上的各级政府也可以直接把给予性信息传达给底层社区，而基层政府则不再是国家和底层社区之间上传、下达的唯一性中介环节。三是基层政府所要面对的不仅是自身管理范围内的、对其来讲具有相当可控性的小范围社会，还不得不面对一个自有行政权力作用范围之外的、根本无力控制的大范围社会；四是借助互联网的时空压缩功能，一方面，农村事件可以即时社会化；另一方面，远离底层的国家和过去被区隔于外的社会主体也可以参与到发生于地方的事件过程中来。

第三，研究结论的创新。一是本书总结探索了如何利用信息技术系统为农村社区建设服务，并指出了具体的路径、措施。二是本书分析了信息化背景下农村治理生态的变化，并指出了适应信息化背景要求的农村社区治理模式。

---

① VIVIENNE SHUE. The Reach of the State：Sketchs of the Chese Body Politic[M].Stanford： Stanford University Press，1988.

（六）本书结构和主要内容

本书分为五个部分：第一部分为导论，第二部分是研究理论框架的建构（第六章至第五章）；第三部分为实证分析（第六章至第九章）；第四部分是战略和政策建议（第十章）；第五部分是结论，总结全书，指出需要进一步研究的问题。

第一章导论主要介绍选题背景和意义，研究现状、主要问题和问题网络、研究的方法和方法论、理论视角、研究的难点和创新点等内容。第二章主要分析农村社区、农村社区建设和治理的基本概念、目标、内容、路径等，为以后的理论展开奠定基本的概念和话语体系。第三章主要基于中国当下的农村现实，探讨了建设农村社区服务体系的主要机制，指出为推进农村社区服务体系的建设，不能照搬西方的治理理论，而应首先在政府、企业、社会组织等多元服务主体间建立协同共建机制。第四章主要在"工具—效果"途径下建立了以政府角色—物品分类—工具选择为核心要素的执行分析框架，回答了在农村社区建设中和治理中，基层政府在执行农村基本公共服务政策中"该做什么"及"如何做"的问题。第五章主要从信息化的视角梳理农村社区信息化建设的目标、内容、路径，并从一般的意义上分析信息化和治理之间的历史和逻辑关系，建立信息化和治理之间的理论联系。第六章在信息化视角下总结、分析了国内外农村社区建设与治理的典型案例，在宏观层面总结了信息化对农村建设与治理影响的一般性经验，为核心案例的分析提供参照。第七章主要考察J镇农村社区建设的基本情况，为从信息化视角观察J镇提供总体的社会背景。第八章主要考察J镇信息化的区域背景、信息化建设情况、信息化在农村社区管理、服务、经济、社会、文化发展中的作用、总结其信息化建设的经验与不足。第九章考察、分析了信息化给农村社区治理生态带来的影响。第十章指出当前我国农村社区信息化建设模式的缺陷并提出改进路径。结合信息化影响下的治理生态，提出适应信息化要求的治理模式。最后是本书的结论，总结全文，提出进一步的研究展望（本书的建构逻辑见图1-2）。

研究假设：信息化对社区建设具有重要的推动作用

研究主题：信息化视角下的农村治理现代化

| 理论意义 | 现实意义 | 文献综述 | 研究设计 |

农村社区建设的理论：要素建构 ⟷ 提供治理对象 / 提供建构机制 ⟷ 农村社区治理理论：要素配置

信息化维度的农村社区建设 ⟷ 提供治理对象 / 提供建构机制 ⟷ 信息化条件下的农村社区治理

信息化应用于农村社区建设与治理的国内外典型案例分析：宏观层面检验

信息化维度下对 J 镇的考察：微观层面检验

J镇社区建设现状：信息化建设的社会背景 ⟷ 基础 / 促进 ⟷ 信息技术在 J 镇社区建设中的作用考察 ⟷ 基础 / 促进 ⟷ 信息化背景下 J 镇的农村社区治理生态

总结我国农村社区信息化建设的模式缺陷、提出信息化建设改进路径；从信息化影响下形成的新治理生态出发提出新的农村社区治理模式

研究结论：信息化对现代农村社区建设具有重要的推动作用；信息化改变了农村社区治理生态，农村社区治理模式需要进行适应性转型

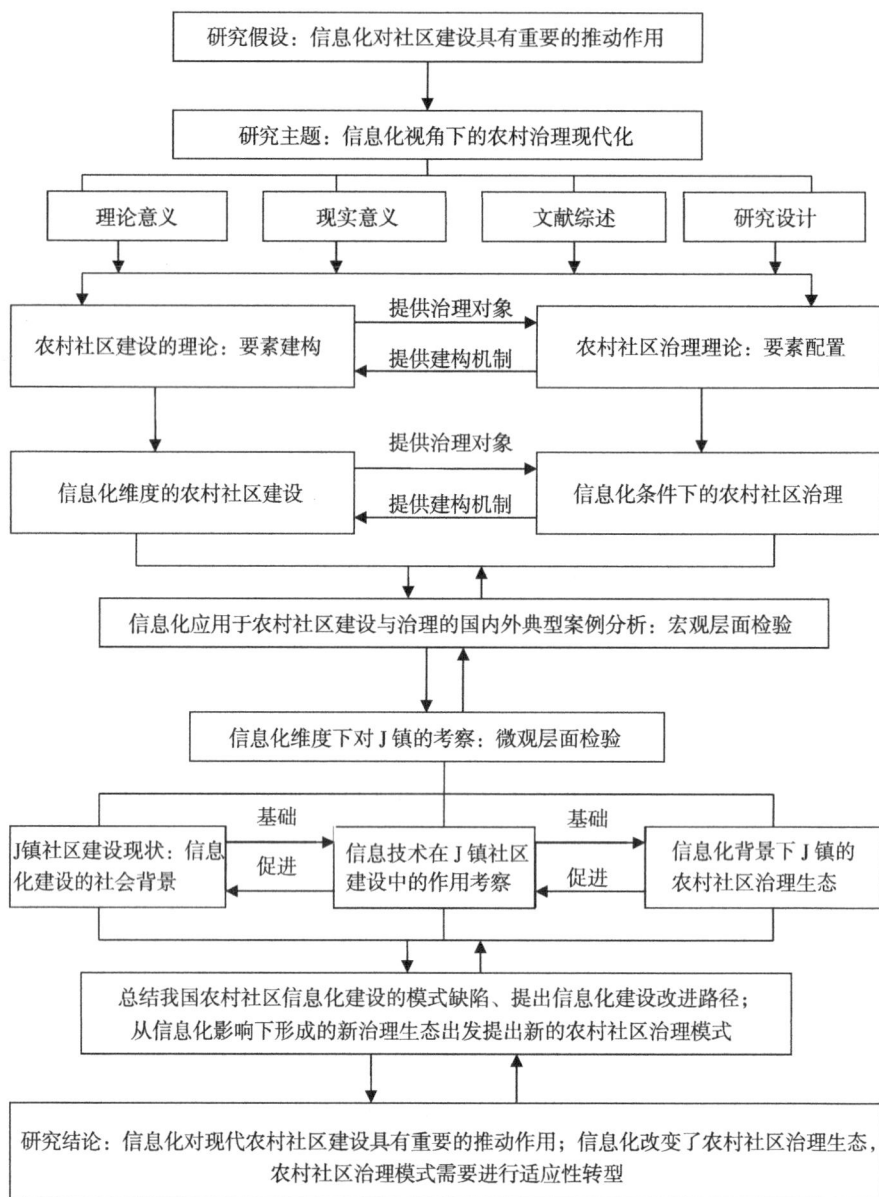

图 1-2　研究的基本内容与逻辑结构

第二章　农村社区建设和治理的宏观理论思考

　　本章在论证农村社区重建的历史和现实必然性的基础上，主要界定了农村社区建设的定义与内涵，回答了"靠什么建设""由谁来建设""为了谁建设""建设什么""如何建设"等基本理论问题；并在治理语境下对我国农村社区治理模式及其社会后果进行了历史考察、归纳与反思，指出治理的"合作网络模式"最符合当前的农村社区建设的需要。

一、社区重建：新农村建设的方向性选择

　　改革开放的总设计师邓小平同志指出："对内经济搞活，首先从农村着手。中国有 80% 的人口在农村。中国社会是不是安定，中国经济能不能发展，首先要看农村能不能发展，农民生活是不是好起来。"① 他把"农民生活是不是好起来"放在事关整个国家发展和稳定的高度来看待。需要指出的是，当时的发展主要是指经济发展，农民的生活主要指经济生活。现在农村的经济有了很大的发展，但农村的政治、社会、文化的发展相对于城市还很落后。以当下对发展的理解来看，并以现代生活内容应有构成加以衡量，农村还远未发展起来，农民的生活还远未好起来。如何让农村全面发展起来，让农民生活好起来还是一个远未解决的历史课题，需要有一个整体性的、历史性的方案来改造农村社会，承载起农民的现代

---

　　① 中共中央文献编辑委员会．邓小平文选·第三卷 [M]．北京：人民出版社，1984：77–78.

性生活。2006 年 10 月，党的十六届六中全会通过的《中共中央关于构建社会主义和谐社会若干重大问题的决定》提出："全面开展城市社区建设，积极推进农村社区建设。"2007 年 10 月，党的十七大再次明确："要健全基层党组织领导的充满活力的基层群众自治机制，扩大基层群众的自治范围，完善民主制度，把城乡社区建设成为管理有序、服务完善、文明祥和的社会生活共同体。"作为贯彻落实党的十七大精神的重要举措，同年，民政部在全国确定了 304 个农村社区建设实验县（市、区）。2009 年 3 月，民政部又开展了"农村社区建设实验全覆盖"创建活动。2016 年民政部等 10 个部门印发了《城乡社区服务体系建设规划（2016—2020 年）》，这些重要的决议与举措表明党和政府已把农村社区建设作为社会主义新农村建设的重要平台和依托。这是对农村社会建设和治理模式的方向性调整，是面向未来的、具有前瞻性的、对农村社会的规划性建构。以社区为载体改造农村社会是否是一个正确的选择，需要进行合理性和合法性的考察。其合理性在于是否契和历史演化的逻辑和农村社会的现实需要，合法性主要在于是否与农村社会主体的自我表达具有一致性。中国社会的未来需要农村成为炎黄子孙的理想栖息地，需要农村社会成为我们的乡民可以归属于此的精神共同体。

（一）历史上农村治理模式及其建构逻辑

回溯历史，中国的农村治理模式演变经历了封建社会的"乡绅自治"时期、民国时期国家下沉的保甲治理时期、中华人民共和国成立后的人民公社时期、改革开放后的村民自治时期。按照马克思主义理论的经典解释，政治是经济的集中反映。各个历史时期的农村治理模式主要取决于当时国家统治阶级对农村社会的经济需要及统治成本的考虑。

整个封建时代至清朝末年，基本延续了"皇权止于县"的政治传统，乡绅始终是控制农村社会的主导性力量，其上接国家，下达百姓，上应官差，下抚乡民，兼具盈利型经纪和保护型经纪的双重身份。在封建社会，农村的治理模式虽时有调整但基本可以概括为"乡绅自治"，实质是国家支持下的乡绅对农民的统治。历代皇权以这种模式安排农村的政治统治架构，其目的一方面在于借助乡绅的力量实现对农村的经济资源提取的需要，以建立封建统治的财政基础；另一方面利用乡绅力量保持农村政治社会秩序的稳定，降低统治成本。这种所谓的"乡绅自治"制度设计完全是从统治阶级的政治经济利益的考量出发，而不可能从农民的需要出发，正如革命先行者孙中山先生对清政府的认识，他说："人民对于皇帝只有一个关系，就是纳粮，除了纳粮之外，便和政府没有别的关系……人民不管谁来做皇帝，只要纳粮，便算尽了人民的责任。政府只要人民纳粮，便不去理会他们别的事，其余都是听由人民自生自灭。"[1]

民国初年，曾一度推行以扩大民权为旨趣的"地方自治"，但总体看来，民国时期农村的政治制度安排名为自治，实为统治，并不是从农村发展和农民扩权的需要出发的。正如民国时期的法律规定："自治之事，渊于国权，国权所许，而自治之基乃立，由是而自治规约，不得抵牾国家之法律，由是而自治事宜不得违抗官府之监督。故自治者，乃与官治并行不悖之事，绝非离官治而孤行不顾之词。"[2]具体表现为20世纪30年代初，南京国民政府为了加强控制农村"围剿"工农红军和巩固独裁统治的需要，在农村重新建立保甲制度。与清代不同，"保甲长虽然还是本地人，但大都由乡镇长和县长采取任命的方式产生，其职权和权威来源于县长和官僚化的乡镇统治者"。[3]保甲制度承担着管、教、养、卫的职责，这些政策在农村基层的执行中与当时政府解释大异其趣，在乡甲长的执行中，"管"即要求清查户口，制定保甲规约，推行联保联坐；"养"是指向农民征收各种捐税、杂费，为其统治机构运行提供财政来源。[4]如四川，"尽量利用了各县恶霸势力，使他们同享统治权力，分得统治利益的结果，得以完成每年向全川人民夺取田赋征税两千余万担（征购附加一起），整个抗战及其后共计强迫捆绑约计500万名壮丁"[5]

---

① 孙中山.三民主义[M].长沙：岳麓书社，2000：89.

② 谢振民.中华民国立法史（下册）[M].北京：中国政法大学出版社，2000：658.

③ 金太军.村庄治理与权力结构[M].广州：广东人民出版社，2008：37.

④ 孙宅巍，韩海浪.现代中国社会基层组织的历史变迁[J].江苏社会科学，2000（4）.

⑤ 米庆云.四川的两次县政改革[M]//中国社会科学院近代史研究所编.近代史资料（1962年第4期）.北京：中华书局，1962：94.

总体而言，整个封建社会，我国农村治理模式都是被国家需要所框定，着眼于提取农村资源符合国家的经济需要，着眼于控制农村社会符合国家的政治需要，农民总是处于被安排、被需要、被决定的地位，历朝历代针对农村的制度设计、外部性政策都不是以农民为主位，农民的主体性始终处在被压抑的状态，只是在农民起义的时刻农民的主体性才偶得张扬，发出"王侯将相宁有种乎？"的呐喊。处在顶层的制度设计者从来都没改变过从农村抽取资源满足统治需要的制度逻辑，这种逻辑不可更改性的根源在于历代王朝皆以农业立国，农业是支撑整个上层建筑的经济基础的核心结构。而我国的农业长期面临"过密化"问题。过密化问题产生的原因一方面是农业技术停止；另一方面是多子多福的生育文化、守土重迁的家庭主义的价值观和固化人身的户籍制度导致的农村人口的过度增长。农业停滞、人口增长、户籍限制等因素导致整个中国农村底层社会始终处在一个怪圈里，那就是农业养活不了农民、农民又走不出农村。农民的生存状态基本是在好皇帝时温饱、坏皇帝时饥饿的低水平区间循环。农民阶层始终处在一种温饱的边缘。遇到战争、大兴土木、皇室贵族和官吏奢腐化等变量出现导致加大对农村资源提取的强度，或是自然灾害导致农业减产，都会恶化农民的生存环境，乃至民不聊生，揭竿而起就成为必然的结果。所以整个帝国时代到民国时期，都没有摆脱被农民起义埋葬的历史宿命。

中华人民共和国成立后，经过几年的过渡时期，到 1956 年基本上在全国范围内建立了人民公社制度。建立生产资料高度公有化的人民公社制度，一方面便于集中资源加强农村基本农业设施建设，改善农村生产条件，加快农村的社会主义建设；另一方面从现实出发，便于国家高效率的集中使用农村的人力、物力、财力，服务于发展工业、巩固国防、保障城市的需要。在人民公社时期，国家利用对农产品的"统购、包销"政策，从农村集中了大量资源支持工业建设。据中共中央政策研究室、国务院发展研究中心的"农业投入"总课题组估计，在 1950—1978 年的 29 年中，政府通过工农产品"剪刀差"大约取得了 5100 亿元收入，同期农业税收入为 978 亿元，财政支农支出 1577 亿元，政府获得农业剩余净额为 4500 亿元，平均每年从农业部门流出的资金净额达 155 亿元。1979—

1994年的16年间，政府通过工农产品"剪刀差"大约取得了15000亿元收入，同期农业税收入为1755亿元，财政支农支出3769亿元，政府获得农业剩余净额为12986亿元，平均每年从农业部门流出的资金净额达811亿元。[①] 总体来看，这一时期，在国家的安排下，一方面，国家投入大量资源进行农业基础设施建设，并取得了显著的成就；另一方面，国家从农村获得了大量资源，有力地支持了城市和工业建设。

进入21世纪以来，随着中国非农产业的迅速发展，整个国家的经济结构发生了从未有过的、历史性的变化，国家上层建筑的经济根基历史性地摆脱了对农业的依赖，国家机器、官僚体系可以不从农村抽取资源而维持运转。在此国情基础上，国家出台工业反哺农业、城市支援农村的国家战略。作为标志性的事件，2006年取消了延续几千年的农业税，并对农业进行补贴，标志着国家和农村关系的历史性转折。相对于以往，进入了国家对农村反向资源注入阶段。这为延续了几千年的中国农村建设和治理模式的建构逻辑的根本性重构提供了历史机遇，基于农村现状、农民主体性需要而不是国家统治需要或官僚体系需要规划和建构农村治理模式成为可能。

（二）当前农村现状及农民需求结构转型

陆学艺对"三农"问题有一个判断，认为我国的农业问题已基本解决，现在形势比较严峻的是农民和农村问题。农民问题主要表现为：农民人数的绝对值随着工业化和城市化不降反升，到2006年，中国还有9亿农民，农民过多；改革开放以来农民的生活水平有了提高，基本解决了温饱问题，但城乡居民的收入差距越来越大，相对于城市居民而言农民较为贫穷；农民由于职业分化导致的财产和收入分化，农民群体内部出现了明显的贫富分化；农民的财产权利缺乏法律保障，政治和社会权利缺乏组织保障。农村问题主要体现在：农村的教育、卫生等社会事业发展缓慢；农村交通、环境等基础设施建设十分落后。[②] 陆学艺对"三农"

---

① 农业投入总课题组.农业保护：现状、依据和政策建议 [J]. 中国社会科学，1996（1）.

② 陆学艺.发展变化中的中国农业、农村与农民 [J]. 中国社会科学院研究生院学报，2006（4）.

问题的评估涉及农村的经济、政治、社会等几个方面。此外，考察农村文化发展情况是认识农村的另一个重要方面，以现在农村文化研究学者的调查和研究结论来看，普遍认为农村文化建设滞后，特别是农村公共文化出现了较严重的衰微景象，农村文化建设领域存在较多的问题，远远不能满足农民对现代文化生活的需要。[①]

另外，华中师范大学中国农村问题研究中心"税费改革后的农民需求"调查课题组于 2005 年在全国东部、中部、西部的 26 个省市 65 个区县 105 个村对 6442 位农民对农村公共产品需求结构进行了调查问卷（见表 2–1）。调查结果表明，农民的发展型需求及生存发展型需求已相当普遍。同时，其调查还表明农民的需求满足状况十分不理想，以农村公共文化为例，"最近五年来村里举办集体文化活动也非常少。根据调查，认为最近五年从没有举办过集体文化活动的有 2742人次，占 42.6%，其次是放电影、春节传统活动和演出地方戏剧等，体育和文娱活动相当稀少。满足农民文化娱乐需求的基础设施在农村地区更是极度匮乏。"[②]

表 2–1　农民需求结构位序表

农民需求	频次	比例（%）
外出打工所需要的技能和用工信息	3097	48.1
种植和养殖所需要的实用科技知识	3994	62.0
基本的医疗保障	2379	36.9
良好的社会治安条件	2265	35.2
农田水利建设	2986	46.3
农村道路、通信、自来水等基础设施建设	2805	43.5
文化娱乐活动与设施	1752	27.1

① 相关研究结论参见吴理财的文章（《人民论坛（B 版）2006 年第 7 期的《农村公共文化日渐式微》）；财政部教科文司、华中师范大学全国农村文化联合调研课题组的文章《中国农村文化建设的现状分析和战略思考》（发表于《华中师范大学学报》，2007 年第 4 期）；郑风田的文章《新农村建设中的农村文化：现状、问题与对策》（发表于《中南民族大学学报（人文社会科学版）》2008 年第 1 期）。

② 刘义强 . 建构农民需求导向的公共产品供给制度 [J]. 华中师范大学学报（人文社会科学版），2006（2）.

续表

农 民 需 求	频次	比例（%）
良好地教育教学条件	1963	30.4
建立养老保障	2545	39.5
银行的小额信贷	972	15.1
农产品市场供求信息	3085	47.9
100%=6442		

　　按照马斯洛的需求理论，当低层次的需求满足后，自然会产生更高一级需求。当前，农民基本解决了温饱问题，高层次的改善性、发展性需求已自然而然地衍生出来，而上述学者的研究表明农村基础设施、社会事业、文化事业发展滞后，不具备支撑和满足农民更高需求的物质和社会基础。当需求不能被有效满足，就会出现矛盾和问题，农民对农村的归属感必然衰减，到农村之外寻找满足就成为必然，农村空心化、原子化、农村衰败等问题也就不可避免。

（三）以社区重建回应农民多元现代需求

　　农民的需求在总体上可以概括为对现代生活的向往。农民实现生活现代化，从空间来看，不外乎三个途径，一是进入城市；二是进入小城镇；三是就地现代化。从发达国家的经验看，每一个国家或地区都有一个随着工业化快速城市化的阶段，经历一个时期，农村人口的绝大部分最终转变为城市人口。但我国的人口基数太大，不可能全部进入城市，于是，以费孝通为代表的学者，提出了发展小城镇的构想，现在很多基层政府提出了"工业向园区集中，人口向城镇集中"的发展战略。目前，从人口迁移的实践看，确实出现了人口向城市和小镇的明显流动趋势，很多农村家庭已经或计划在城市和城镇买房定居，这种趋势会持续下去。但由农村为主的人口分布结构向以城镇为主的分布结构的转化过程将是极其漫长的，在相当长的历史时期仍将会有几亿人口居住在农村。温铁军指出："中国现在仅仅4亿左右的人在城里生活，就已经造成了严重的城市病——大规模的污染。至少在我们可见的将来，我们这代人，大概是在2030年前后，中国人口是增长的，还不会下降。而这人口的增长就靠城市化来吸纳，到16亿、18亿人的时候，就算实现了 50%、60% 的城市化，还会有 7 亿到 9 亿的人生活在农村，仍然是小农经济，只不过土地更少，资源更紧张。"① 由此可见，城市化和城镇化不可能完全担负其农民生活现代化的历史责任，况且农民进城并不等于农民生活的现代化。很多国家的经验表明，过快的城市化往往带来城市贫民窟的出现，最终结果是以城市的二元结构代替了城乡的二元结构，以新的城市内部分裂对立代替了旧的城乡分裂对立，相对多的进城农民似乎离现代生活近了，但实际仍很遥远，还会带来一系列衍生问题。为此必须转变观念，不要把农民生活的现代化等同于农民的进城（城市和城镇），需要在城市化和城镇化之外开辟第三条道路，即把农民的现代化和农村的现代化连接起来，通过农村的现代化满足农民生活现代化的需求，这是一条就地现代化的道路。走这条道路，需要对传统农村进行结构改造和功能升级，使其具备承载起满足农民现代物质和精神生活的能力。

新农村建设即是以农村现代化为指向的，但新农村建设概念更多的只是相对于传统旧农村而言，代表了一种改变农村落后状态的美好愿景。把美好的远景转化为现实的图景需要具体的行动路径，需要一个具体的方案。从理论界的探讨来看，以在农村研究领域颇具影响力的华中乡土派学者为例，其代表学者徐勇在2005 年提出了重建农村社区的主张②，此后几年高调主张重建农村社区，并发表了不少的学术文章就相关问题展开研究。其实华中乡土派学者并非主张农村建设社区化的创造者，在地方政府工作的陈国兴 2000 年在《江南论坛》发文提出了开展农村社区建设的观点。③ 南京大学的曹海林 2003 年在研究农村村庄兼并问题时，也提出了农村社区重建的观点。④ 当然从其理论抱负来看，华中乡土派学者显然更具有全局意识和历史感，把社区重建作为农村治理模式演进的一个方向性选择和解决农村问题、建设社会主义新农村的具体方案。⑤ 从政府的政策实践来看，

① 温铁军.为什么我们还需要乡村建设[J].中国老区建设，2010（3）.

② 徐勇.村民自治的深化：权利保障与社区重建——新世纪以来中国村民自治发展的走向[J].学习与探索，2005（4）.

③ 陈国兴.让社区建设进入乡村[J].江南论坛，2000（10）.

④ 曹海林.村庄兼并与乡村社区重建的理性选择[J].重庆社会科学，2003（6）.

⑤ 徐勇.在社会主义新农村建设中推进农村社区建设[J].江汉论坛，2007（4）.

党的十六届六中全会提出了"全面开展城市社区建设，积极推进农村社区建设"；2007 年 10 月，党的十七大再次明确："要健全基层党组织领导的充满活力的基层群众自治机制，扩大基层群众的自治范围，完善民主制度，把城乡社区建设成为管理有序、服务完善、文明祥和的社会生活共同体。"党的十九大指出，要加强社区治理体系建设，推动社会治理重心向基层下移。

笔者认为将农村社区建设作为建设新农村以满足农民现代生活需求的整体性方案具有三个方面的合理性：一是农村社区重建既能满足人的共同体本能，也符合社会发展的趋势；二是国内外对社区的研究相对成熟，为农村社区建设提供了较充分的理论准备；三是国内外现代社区建设已经历了较长时期的实践，可资农村社区建设借鉴的经验材料丰富；四是社区是社会的基本单元，可以说各种社会问题都包容在其中，农村社区建设具有承载系统解决农村诸问题，全方位回应农民需求的功能潜力。

相对于中华人民共和国成立前的传统村落社区，以及中华人民共和国成立后 20 多年的"社队"化，当前的社区重建处在完全不同的时代背景，承载着截然不同的历史责任，应有区别于过往时期的价值选择和目标要求。社区重建在价值定位上应该是站在农民立场上，以满足农民的现代性生活需求为归宿，通过农村物理设施环境和社会系统的改造，为农民主体性的张扬提供平台，最终使农民重新建构起基于现代性的农村认同和归属感。正如徐勇所言："农村社区建设的实质，是在社会主义现代化建设过程中建设能够共享现代文明成果的现代农村社区。"[①]

二、农村社区建设的基本问题界定

（一）农村社区建设的内涵

在国外，社区建设一般是指社区发展（Community Development）。1915 年，美国社会学家 F. 法林顿在其著作《社区发展：将小城镇建成更加适宜生活和经营的地方》中首次提出"社区发展"概念。自 20 世纪 50 年代起，社区发展受到

---

① 徐勇 . 在社会主义新农村建设中推进农村社区建设 [J]. 江汉论坛，2007（4）.

西方学者越来越广泛的关注。以 1951 年联合国经济社会理事会通过的 390 D 号议案为标志，开启了世界范围的"社区发展运动"。综合联合国有关文件和出版物的认识，社区发展是指一种过程，即由人民以自己的努力与政府当局联合一致，去改善社区的经济、社会、文化环境，纳入国家生活之中，俾对国家的进步，恪守其最大的贡献。此一复合过程包括两种基本要素：由人民自己的参与并尽可能自己创造以努力改善其生活水准；政府以技术或其他服务以促进其发挥更有效的自觉、自助与互动。①1975 年，美国社会学家桑德斯在其《社区论》中概括了对社区发展的四种不同界定：第一，"过程论"——社区发展是一个过程，通过这个"过程"来实现社区变迁的目的；第二，"方法论"——社区发展是实现一种目的方法或工作方式；第三，"方案论"——社区发展是有计划地解决社区所面临的实际问题的行动、活动或工程；第四，"运动论"——社区发展是一种人民献身并致力于社区整体发展的社会运动。②

在国内，"社区建设"概念是由社区服务转变而来。1991 年 5 月，民政部在 20 世纪 80 年代开展社区服务的基础上，提出在城市开展"社区建设"的工作方针，首次正式提出"社区建设"的概念。2000 年 11 月，中共中央办公厅和国务院办公厅转发的《民政部关于在全国推进城市社区建设的意见》指出："社区建设是指在党和政府的领导下，依靠社区力量，利用社区资源，强化社区功能，解决社区问题，促进社区政治、经济、文化、环境协调和健康发展，不断提高社区成员生活水平和生活质量的过程。"国内学者对社区建设的定义基本与上述表述大同小异。具体到农村社区建设的内涵，唐忠新认为社区建设的一般定义也基本适合于农村社区建设。他指出："农村社区建设主要是指在党和政府的领导下，动员各方面力量，整合社区资源，强化社区功能，解决社区问题，合力建设管理有序、服务完善、文明祥和的新型农村社会生活共同体的过程。"③唐忠新对农

① 徐震. 社区发展——方法与研究 [M]. 台北：中国文化大学出版社，1985：28.

② 桑德斯. 社区论 [M]. 台北：台北黎明文化事业公司，1982.

③ 唐忠新. 农村社区建设的含义和重要意义 [M]// 戚学森. 农村社区建设理论与实务. 北京：中国社会出版社，2008：31.

村社区建设的界定实际是过程论视角下对城市社区建设认识的简单照搬与移用，这在国家实施城乡一体化战略的背景下有其合理性，但由于长期城乡分立，我国农村在社会结构、发展阶段、文化传统、资源禀赋、居民结构及需求等诸多方面与城市极为不同，农村社区建设所承担的社会、历史责任也有不同于城市的特殊性，为此，界定农村社区建设的内涵也应反映其特殊性。

农村社区建设首先要考虑所需资源从何而来，即靠什么建设。我国农村和城市相较而言存在巨大的差距，开展社区建设的基础与城市相去甚远。从物质资源角度来看，由于城市社区具有较完善的物质设施，社区居民具有较强家庭财力，城市社区建设可以更强调社区的自我发展、社区资源的自我整合。而我国农村的基础设施、服务体系建设滞后，农村经济发展水平低，以农业经济为主，自我发展能力差，且长期以来自有资源被过度抽取。在这种背景下的农村社区建设，第一，必须有外部资源的支持性投入，特别是必须有国家财政的倾斜性投入，要以工业反哺农业，以城市支援农村。第二，要考虑建设的主体，即由谁来建设。目前，农村社会的主要组织主体有农村党组织、乡（镇）政府、村委会及专业合作社类民间自组织。在坚持党的领导的前提下，开展社区建设需要理顺农村基层政府组织、村委会、民间组织及个体村民之间的关系。按《村民委员会组织法》的规定，乡镇政府和村委会之间是指导关系而非领导关系，乡（镇）政府是国家在农村的代表，这一规定同时意味着乡镇之上的各级政府都没有资格以领导者的身份左右农村社区的内部事物，社区建设相关事务的决定权应是归属于农村社区居民及其建立的自组织机构。当然以乡镇政府为代表的国家机构也不能作为旁观者，其有义务为农村的社区建设提供各种指导、服务和支持。政府主体在农村社区建设中的功能定位应是参与者而不是旁观者、是服务提供者而不是资源提取者、是支持者而不是领导者。第三，要考虑建设的主要内容，即建设什么。建设内容取决于两方面的需要，一方面是农村居民需要一个什么样的社区作为其生活的栖息地，另一方面是国家需要什么样的农村社区，其在整个国家经济和社会发展中应扮演什么样的角色。界定农村社区建设的内容需要站在农民立场把二者统一起来。第四，要考虑建设路径、机制，即如何建设。中华人民共和国成立后农村的建设机制基本经历了三个大的阶段。第一个阶段是社会主义改造完成至改革开放前，形成了以人民公社体制为载体的政府主导性建设模式。这一时期农村社会和农民是失语的，没有任何行动的自主权，政府包办安排农村的一切生产和生活事务，带来的后果是农民积极性和农村社会活力的丧失，最终难以为继，以失败告终。第二个阶段是自农村实行家庭联产承包制到 2006 年 1 月 1 日废止《中华人民共和国农业税条例》，这一阶段政府除了履行收公粮、收农业税等工作职责外几乎不再干预农村的生产、生活，这一时期的建设机制可以称为政府有限干预下的社会自我发展模式。在这一模式下，农村社会经历了 20 世纪 80 年代中期以前的短暂快速发展后，陷入了长期低速甚至徘徊的发展状态，城乡差距进一步扩大，特别是农村基础设施、基本公共服务、农民的基本社会保障等方面的发展严重滞后，在城市快速发展的对比之下，"三农问题"日益凸显。第三个阶段是 2006 年至今，这一阶段提出了"工业反哺农业，城市支持农村"的战略思路，除取消了农业税，还出台了农业补贴政策，国家财政支出开始向农村倾斜，加大了对农村的基础设施、基本公共服务、基本社会保障的投入，目前的建设机制可以称为合作建设治理模式。近年来，农业有所发展、农民生活有所改善、农村社会活力有所恢复。这一阶段的农村建设和治理的总体路径方向是正确的。第五，需要考虑建设的目的，即为了谁。总体而言，取消农业税之前的几千年的农村社会建设的目的指向是由"他者需求定位"的，即服务于国家统治者对于经济建设和社会秩序的需要。在取消农业税后，国家由农村资源提取者转为对农村的资源注入者，这就为以农民的"自我需求定位"的农村建设提供了历史性的条件。当前及今后农村社区建设的主要与最终目的可以也应该是为农村居民打造现代生活共同体。

界定了农村社区建设的基本问题，也就明确了农村社区建设的主要特征。此外，把握农村社区建设的内涵还要思考如何对其实质进行定位，究竟是将其定位于过程、方法、运动还是方案。过程论强调把社区建设看作历时性的活动，不可能一蹴而就；方法论认为社区建设是一种解决社会问题的方法或工具，是问题诸多解决路径中的一种。运动论强调了社区建设参与主体的广泛性及阶段性。方案论把社区建设看作一种系统的解决经济和社会问题的整体性方案。回顾我国农村社会的建设过程，封建社会以"乡绅自治"来发展农村，中华人民共和国成立后依靠人民公社体制建设农村，改革开放后以经济上的家庭承包制和政治上的村民自治来建设和发展农村，这几种模式分别是不同时期解决农村问题的整体性方案。现阶段中央提出建设社会主义新农村的历史性任务，这个新农村到底怎么建，建成什么样，需要一个系统性的方案。为此，农村社区建设应定位为继家庭承包制和村民自治制度之后一种新农村建设的整体方案，要承担起系统的解决农村经济、政治、文化、社会诸问题的历史任务。

综上分析，笔者认为农村社区建设是在中国共产党领导下，由政府发起和扶持，以农村居民和农村社会组织为主体，利用农村内外资源，着眼于农村社会的全面现代化，服务于农村居民现代性生活需要的农村社会共同体建设方案。

（二）农村社区建设目标及内容

农村社区建设的内容是由目标框定的。目前，欧美国家主流的社区工作目标分类是区分为任务目标和过程目标。过程目标主要是从改变人们的信心、知识、技巧或态度角度界定的，注重社区能力建设，旨在通过居民参与解决自己的问题，发掘人们的潜能。任务目标主要是从改变物质状况与社会环境角度界定的，注重提供多样化与高质量服务，改善弱势群体及居民的生活环境，提高他们的生活质量与福利水平，有效满足社区居民的需要。[①]我国香港学者莫邦豪提出了"最终目标"和"特定目标"说，其最终目标指"透过社区内居民及团体的参与、合作和互助，促进居民福利，提高社区内生活质量"，而特定目标则有四项：第一是提高社区能力，解决社区问题；第二是发掘社区资源，满足社区需要；第三是协调社区服务，提高工作效率；第四是改进社区环境，改革不良制度。[②]我国内地学者赵康教授在综合国外及香港学者的观点并结合中国国情的基础上提出社区建设的目标，包括公民社区、福利社区、健康社区、文化社区、绿色社区、安全社区六项特征指标，分别指向解决目前国内各类社区面临的发展公民意识、培育社

① 刘继同．国家话语与社区实践：中国城市社区建设目标解读 [J]．社会科学研究，2003（3）．

② 莫邦豪．社区工作原理和实践 [M]．香港：香港集贤社，1994：4-5．

区文化、提供便民、救助和福利服务、维护居民身心健康、丰富居民文娱生活、整治和保护社区环境，以及实现社区安全保障等共同问题。① 其在一般意义上界定的社区建设目标，对于农村社区建设亦有其适应性。同时，也应该看到，上述六项社区建设目标的界定基本是秉持内向的视角，主要着眼于社区居民的需要。当然，从规范而言，社区建设目标的建构逻辑的确应该以满足社区居民的需要为出发与归宿。但检视各国社区建设的历史进程，我们就会发现社区建设是承载着双重使命的，"一方面，它作为政府应对社会问题的手段，通过对特定街区、村落提供公共服务，满足那些在现代社会转型过程中失落的人们的需求；另一方面，它通过特定街区、村落成员参与本社区的公共事务，创新共同体和共同价值，形成人们的精神生活和社会交往，还人们本应有的人类生活方式和人生内涵。"② 也就是说，社区建设既是为了满足社区公民个体需要，也内含着政府对社区的功能性需要。再就是，从当前我国的社会现实来看，农村社区建设不可能单独由农民来完成，需要多方行动主体的参与，而他们都有特定的利益诉求。在国家和社会的二维框架下，农村社区建设的利益相关者主要是代表国家的政府和生活于其中的农民。理想主义的观点认为政府应该完全服从农民的需求，界定农村社区建设目标应完全基于农民的需要，因为当农民自足于社区的时候，国家也就获得了统治的合法性。但站在现实主义的立场，会发现农村社区建设承载着多方利益主体的期待，而且相关主体对农村社区建设的利益诉求是不完全一致，存在着利益分化、博弈乃至对立。其中，中央人民政府推动社区建设的直接目的在于解决"三农问题"，挽救农村人才及资源外流导致的衰败，恢复农村活力。长远及根本目的是通过社区建设把中国的农村改造为符合国家统治需要的社会系统，使农村社会长治久安。总体来看，中央人民政府和农民对农村社区建设的诉求是契合的，具有一致性。基层政府则对农村社区建设怀有更为直接和现实的目的和利益诉求。在目前的财税体制下，基层政府的运行资源主要来自于地方，农村的社区建设中

---

① 赵康.农村城市化进程中转型社区建设和治理——以苏州浒墅关经验为考察个案 [J]. 甘肃行政学院学报，2009（2）.

② 丁元竹.社区的本质及其建设 [J]. 中国发展观察，2006（6）.

不可避免地会反映其特殊的利益诉求，例如，目前有些地方农民"被上楼""被城镇化"就是地方政府特殊目标的反映。同时，农村社区建设离不开基层政府的参与，出自国家的农村政策的落实必须要依靠基层政府，在农村社区内部各种自组织真正发育成熟之前，基层政府显然是不可或缺的社区建设主导性力量。从农村社区建设和基层政府的紧密关系来看，在农村社区建设中不仅应该而且必然会体现基层政府的特殊需要和目标。正是因为农村社区建设是在复杂的社会背景下展开的，在界定社区建设目标问题上过于理想化最终会导致"乌托邦化"，就像村民自治制度很难让农民真正"自治"一样。从现实出发，在谋划和界定农村社区建设目标时一定要有包容性，但必须强调的一点是，农村社区建设的目标一定要突出农民的需要，应主要是站在农民主位思考或体现农民自我思考的结果，因为只有如此，其他利益主体的诉求才具有合法性，也唯其如此才能真正解决而不是制造农村问题。

　　基于上述分析，从回归社区的本质要求出发，放在国家推动农村现代化的大背景下，可以将农村社区建设的总目标界定为"建设现代生活共同体"，具体目标包括：富裕社区、善治社区、服务社区、文化社区、宜居社区、活力社区。这六项目标既体现了中央政府和基层政府对农村的需要又契合以农民为主位的诉求，既注重了任务目标（特定目标、直接目标）又体现了过程目标（最终目标、长远目标），同时，上述六项目标的耦合又满足了社区作为最小社会单元的基本结构与功能的要求。

　　在明确了农村社区建设的目标以后，就可以在其指引下谋划社区建设的具体内容。内容是对目标的具体化，是为达成目标寻求路径和为目标建构支撑要素。依此逻辑，笔者认为可以将农村社区建设的主要内容及其功能定位概括为六个方面（见表 2-2）。

表 2-2　农村社区建设的目标、内容与功能

目标	内　容	功　能
富裕社区	通过改革各项涉农政策，为各类经济主体进入农村消除障碍，激活农村市场；整合农村社区内外资源，提高资源利用的效率与效益；培训和引导农民，提升致富能力	为社区各项建设提供物质基础，为地方财政提供非农税源及其他资源

目标	内　　容	功　　能
善治社区	加强社区党建、完善村民自治制度、培育各类农村社会组织，构建农民参与、管理、监督社区事务的制度化平台	形成合理的社区运行和管理机制，保障社区的长治久安
服务社区	完善社区服务基础设施，组建社区工作队伍，发展社区公共服务、商业服务、社会服务	满足农村居民的现代生活服务需求
文化社区	发展形式多样的公共文化、家庭文化	丰富农民精神生活，建立社区归属感
宜居社区	净化、美化、绿化社区环境，保护社区自然生态	把社区建成适宜人居住的栖息地
活力社区	以上述建设为基础，留住农民并吸引外来人才，培育、提升和高扬农民的主体性	重塑农村的生机与活力，使社区成为良性自系统

上述农村社区建设目标与内容的谋划体现了社会建构的系统论原则，各项内容要素的发育是互为条件的，择其一而不顾其余的社区建设实践往往会导致解决老问题的同时带来更多、更复杂的新问题的社会后果，而这在最近几年的农村社区建设实践中已有所显现，作为发起者和主导者的政府应尽量避免片面化的建设行为。

综上所述，当前的农村社区建设应定位为继"人民公社体制""家庭承包制和村民自治体制"之后的新的农村建设总体性方案，是对农村社会建设和治理模式的方向性调整，是面向未来的、具有前瞻性的农村社会规划性建构，目的在于全面推进农村的经济、政治、社会、文化等诸方面的现代化，系统地解决农村面临的诸多问题，把农村改造为承载农民现代生活的共同体，使农民不必进入城镇或进入城市就可以实现他们对现代生活的追求。在理论上弄清农村社区建设的本质、内涵、目标及基本内容对指导农村社区建设实践具有重要的现实意义。需要特别指出的是，农村社区建设应该主要是以农民需求定位的社会系统工程，任何简单化的处理以及违背农民意愿、损害农民利益的"建设行为"都是对农村社区建设的合法性要求的偏离，最终结果将不是解决问题而是制造问题。

（三）农村社区建设行动主体

从一般的社会主体结构来看，不外乎政府主体、市场主体、社会组织主体以及公民个人主体，这几类主体构成了社会建设的基本力量。

自 1978 年以来，从整个国家看，我国成功实现了从高度集中的计划经济体制到充满活力的社会主义市场经济体制、从封闭半封闭到全方位开放的伟大历史转折，同时，政治生活日益民主化、公民社会迅速发展，这一切构成了当前农村社区建设的外部性社会背景；从农村社会内部来看，整个农村社会也已经从封闭走向了开放，随着整个国家的经济市场化、政治民主，以及农村和城市之间各种壁垒的打破，农民也早已融入国家乃至国际的经济与政治生活。农村社会内外环境的变化为各种社会主体进入农村，参与社区建设提供了可能性。目前，开展农村社区建设，最主要的是如何把各种建设主体吸引到农村来，并选准自身的角色定位，形成合理的主体结构，共同推动农村社区建设。

（1）政府主体。在农村社区建设中政府有责无旁贷的责任，关键是如何摆正政府的位置，要搞清该做什么，不该做什么。从历史来看，代表国家的政府在农村社会的发展的不同时期扮演了不同的角色，产生了不同的社会历史后果。以前的封建社会，总体上可以称为国家与农村的分离时期，除了兴修大规模的水利工程以及特殊情况下的救急性的赈灾，政府在农村社会建设中基本无所作为，农村社会主要是"乡绅自治"下的自我发展，国家与农村社会的关系主要是提取资源而不是扶持和建设，而且国家出于稳定的需要通过严格的户籍制度把农民禁锢和封闭在农村社会，正是由于封建社会政府对农村社会的发展采取"旁观"与控制的角色，最终造就了农村社会经济的"过密化"、政治的专制化、文化的保守化、农民的依附化，阻碍了农村经济由自然经济向商品经济的演进，延缓了中国农村由传统社会向现代社会变迁的进程。1949 年至今，政府在农村建设与发展中的角色基本可以分为三个时期。第一个时期从 1949 年至 1978 年，这一时期政府在农村处于越位状态，出于整合农村资源发展工业的国家战略，政府依托政经合一的"社队"体制，通过计划命令手段全面介入农村的政治、经济与社会生活，虽然在乡镇一级建立了"七站八所"等对农服务机构以及兴修水利等基础设施建设，农村有所发展，但当时政府的战略重心在城市和工业建设，对农村的资源投入和政策支持总体力度不大，农民生活与农村面貌改变较为缓慢。第二个时期从

1978 年至 2006 年，这一时期政府在农村处于缺位状态。自农村实行家庭联产承包制后，特别是 1983 年撤社建乡后，在农村基层代表国家的乡镇政府日益从农村撤出，农村基层政府主要是承担了催缴农业税费、执行计划生育政策等工作，农村在一定程度上又回到传统时期的自我发展的状态，受益于承包制政策红利的释放，农村在 20 世纪 80 年代中期以前经过了一个短暂快速发展时期，但由于农村、农业、农民自我发展能力弱。20 世纪 80 年代中后期农村进入了低速发展时期，城乡差距日益扩大，"三农"问题日益突出，农村的经济和社会发展基本处于低水平徘徊状态。第三个时期从 2006 年至今，这个时期政府在农村处于逐步到位时期。以 2006 年取消延续了几千年的"皇粮国税"为标志，随着"工业反哺农业，城市支援农村"战略提出以及服务型政府的建设，政府在农村发展中的角色逐步由改为政策扶持与输入资源，由管理转为引导，由弱扶持转为强扶持，特别是在党的十六届六中全会《中共中央关于构建社会主义和谐社会若干重大问题的决定》明确提出"要建立起惠及城乡全体居民的基本公共服务体系，并逐步实现基本公共服务均等化"的政策要求后，发展农村基本公共服务成为各级政府，特别是农村基层政府的重要工作任务。党的十八报告进一步指出：要加大统筹城乡发展力度，增强农村发展活力，逐步缩小城乡差距，促进城乡共同繁荣。坚持工业反哺农业、城市支持农村和多予少取放活方针，加大强农惠农富农政策力度，让广大农民平等参与现代化进程、共同分享现代化成果。党的十九大报告提出了乡村振兴战略，指出：要坚持农业农村优先发展，按照产业兴旺、生态宜居、乡风文明、治理有效、生活富裕的总要求，建立健全城乡融合发展体制机制和政策体系，加快推进农业农村现代化。总体来看，最近几年政府在农村建设与发展中的工作方向是正确的，农村发展成就巨大。

总结历史经验与教训，面向未来农村建设的需要，政府主体在当前的农村社区建设的作用与行动应主要体现在以下几个方向：第一，承担起农村社区基本公共服务建设的主要责任。农村社区重建的根本目标是把农村社区建设成为农村居民的现代生活共同体，让农民重建对农村的归属与认同，从而把农民留在农村，并逐步恢复农村活力。项继权认为"农村社区及共同体建设应走'服务之路'，即通过'服务'将分散的人们重新联系起来，在'服务'的基础上重建社区认同。"①
的确如此，如果没有社区服务的发展，农民生活中的现实需求不能在社区得以解
决，农民对农村社区的认同也就无从谈起。从社区服务的提供主体来看，社区服
务可以分为政府性服务、商业性服务和社会性服务。就经济理性而言，政府适合
提供公共服务。就政治理性而言，政府也应该承担起公共服务的责任。当然政府
提供的服务内容、服务水平又取决于政府的提供能力，所以，从现实的可行性出
发，中央人民政府将政府的服务责任定位为"提供基本公共服务"，为此，各级
政府在农村社区建设中一个最重要的工作就是为农民提供基本公共服务，通过公
共服务为农民的现代生产和生活创造基本的基础和环境。基本公共服务的内容较
为复杂，学术界对服务范围的界定存在分歧，其中，常修泽有一个较为系统的概
括，他认为基本公共服务内容主要包括：就业服务和基本社会保障等"基本民生
性服务"；义务教育、公共卫生和基本医疗、公共文化等"公共事业性服务"；
公益性基础设施和生态环境保护等"公益基础性服务"；生产安全、消费安全、
社会安全、国防安全等"公共安全性服务"。②在农村社区建设中，政府应该为
上述服务项目的提供负起主要责任。第二，为农村社区提供必要的资源。中华人
民共和国成立后至 2006 年，由于政府投入资源不够，以及农村资源的流出，削
弱了农村的自我发展能力，农村的社会事业和基础设施滞后，陆学艺对此有描述：
"城市建设得相当好了。但这些年的农村，特别是中西部的农村，主要是给城市
作贡献，献出了数以亿计农民工的血汗，献出了以千万亩计的承包农田，献出了
古木大树、风景树，而农村自身却没有随着经济腾飞得到相应的发展，没有做多
少基础设施建设，多数是依然故我，乃至凋敝破败。高等级的公路修到村旁，但
入村还是土路，垃圾乱堆、污水横流，猪羊与人混居，柴禾垛在屋旁。现在全国
还有 4% 的村不通汽车， 7% 的村不通电话， 46% 的村不通自来水，有近 3 亿人
喝不上达到卫生标准的水，绝大多数的村庄没有排水系统，还使用传统的旱厕。"

---

① 项继权. 中国农村社区及共同体的转型与重建 [J]. 华中师范大学学报（人文社会科学版），
2009（3）.

② 常修泽. 中国现阶段基本公共服务均等化研究 [J]. 中共天津市委党校学报，2007（2）.

要改变农村这种状况光靠农村的自有资源、自我积累是不可能的，而且长期以来农村、农民为城市和工业的发展做出了大量的牺牲，为国家财政提供了重要的税源。因此，在城市和工业有相当发展的背景下，政府应该为农村社区的发展进行倾斜性的资源投入。第三，农村政策产出与执行。农民的积极性、农村与农业的发展与国家的相关政策关系密切，无论改革开放初期的家庭承包制、20 世纪 90 年代实施的农民土地经营承包权"三十年不变"的政策、2006 年前几个中央"一号文件"提出的对农村"多与、少取、放活"的政策，还是 2006 年后免交农业税政策，都对农村建设起了非常重要的促进作用。2013 年以来，随着精准扶贫政策的提出和实施，农村社区的面貌发生了历史上从未有过的巨大变化。当前的农村社区建设还需要进一步的政策扶持与引导，中央人民政府在农村社区建设中的一个不可替代的角色就是出台符合农民和农村需要的政策，而基层政府的责任是执行好政策，也就政府应该通过政策的制定与实施"放活"农民、扶持农民、保障农民，这样农村社区建设才有活力和根基。第四，指导与引导各种主体参与农村社区建设。农民最知道自己需要什么样的农村社区，但由于视野和知识的局限，农民又不一定清楚该如何建设自己的社区，在尊重农民意愿的前提下，中央和各级政府有责任通过政策和具体的工作，指导和帮助农民科学、合理的开展社区建设。同时，农村社区建设需要多元主体、多方资源，通过政策、宣传等措施把各类建设主体吸引到农村来，共同推进农村社区建设也是政府的责任与义务。

（2）市场主体。现代市场经济的一个重要共识是：在满足人的需求方面，市场能解决的问题远比政府多，更有效率，能取得更好的效果。市场经济是农村社区建设的重要背景，开展农村社区建设没有市场主体的参与是很难有效展开的。市场主体在农村社区建设中可以在几个方面发挥作用：第一，提供农村公共服务。虽然提供基本公共服务主要是政府的责任，但不等于市场主体不可以在其中发挥作用，除了制度性公共产品外，其他形态的公共产品与服务的生产与提供往往都要市场主体的参与，现代公共管理的一个基本经验是大部分公共产品适合由市场主体生产，在市场主体生产后，由政府出资购买服务后提供给居民。第二，农村商业服务的提供。开展农村社区建设，满足农民的生活需要，只靠政府提供的基本公共服务是不行的，农民生产生活中需要大量的私人物品，需要通过市场的途径购买市场主体提供的商业产品来满足。第三，农村住宅开发、基础设施建设。第四，农民就业。总体来看，市场主体应该在农村社区建设中发挥其不可替代的作用，但现在农村市场主体发育迟缓，需要政府调整政策，减少市场主体进入农村的障碍，并且通过出台优惠政策吸引市场主体进入农村。当然，市场主体进入农村应该是着眼于激活农村市场，促进社区建设，为农民的生活与发展提供更好的环境、更多的机会，而不是靠资本的优势或是掠夺农村的土地资源，这需要中央的监管、基层政府与资本的自律、社会的监督，最根本的是建立起农民说了算的制度。

（3）社会主体。社会主体主要指各类社会组织，基于参照标准的不同，对于社会组织有很多不同的称谓，比如非政府组织（NGO）、非营利组织（NPO）、民间组织、志愿组织等，为了简单化的处理可以把政府主体、市场主体之外的所有组织类型称为社会组织，因此，社会组织又常常被称为政府、市场之外的"第三部门"。随着市场经济的发展与国家民主化进程的推进，我国各类社会组织得到迅速发展，无论数量、种类、规模增加都很快，日益成为一种重要的社会力量，在经济、政治、文化、社会建设各方面发挥着积极的影响。据国家民间组织管理局发布的统计资料显示，2009 年社会团体类民间组织数量达 229681 个，工作人员达 2855858 人，获得的捐赠收入达 235006.8 万元，向社会捐赠款物折价达 4707.5 万元，其中，专业的"农业及农村发展"类社会团体达 42064 个；基金会类民间组织数量为 1597 个，工作人员 10414 人，2009 年捐赠现金收入 535983.6 万元，向社会捐赠实物折价达 171102.7 万元，其中专业的"农业及农村发展"类基金会有 36 个；民办非企业类民间组织数量为 182382 个，工作人员 1892060 人，2009 年捐赠现金收入 1610.6 万元，向社会捐赠实物折价 85420.5 万元，其中专业的"农业及农村发展"类民办非企业 1166 个。[1]

按照奥斯本和盖布勒的总结，第三部门在为社会提供服务方面有几个优势：

---

① 国家民间组织管理局.2009 年民政事业发展统计报告 [EB/OL].（2009–10–13）[2010–04–05].http: //www.chinanpo.gov.cn/web/listTitle.do?dictionid=2204.

第一，向各色人等提供服务的能力较强。第二，具有很强的同情心和责任心。第三，善于对问题作较全面处理。第四，有利于是社会主体之间建立相互信任。第三部门适合的工作有：社会的任务；需要志愿劳动的任务；产生微利的任务。第四，提高个人责任心。第五，加强社区建设。第六，提高对他人福利的责任心。①从我国的民间社会组织的实践来看，在支持农村建设方面已经发挥了非常重要的作用。例如，中国扶贫基金会开展的小额信贷项目，主要为无法从正规金融机构获得贷款的穷人（尤其是妇女）提供资金支持，截至 2007 年 2 月，在该项目下，中国扶贫基金会在全国共成立了 10 个分支机构，管理贷款本金 6850 万元人民币，有效贷款客户超过 21000 人；②中国青少年发展基金会发起的"希望工程"至 2007 年，募集资金逾 35 亿元人民币，其中资助贫困学生 290 多万名，援建希望小学 13000 多所，捐赠希望书库、希望图书室 13000 多套，培训农村教师逾 35000 名。③为了进一步发挥社会组织主体在农村社区建设中的作用，政府应该为更多的社会组织进入农村创造宽松的环境，同时还应该积极地培育地方性的社会组织，使各类社会组织成为农村社区的重要社会结构，成为一种经常性、普遍性的社区建设力量。现在的问题是农村社会组织发育滞后，数量、类型、规模都严重不足，同样据国家民间组织管理局发布的统计资料，到 2009 年，全国专业的"农业及农村发展"类社会团体、基金会、民办非企业组织合计才 43266 个。而美国 2005 年 213 万农民就有 2896 个农业合作社，社员 257.1 万人，社员数超过了美国农民数量。④同为发展中农业大国的印度共有 52.8 万个各种类型的农业合作组织，入社成员 2.29 亿个，总运营资本 285643 亿卢比（100 印度卢比约合 19.20 元人民币），覆盖全国 100% 的村庄、67% 的农户。⑤显然，按照国际

---

① 奥斯本，盖布勒.改革政府 [M].上海：上海译文出版社，1996：263–264.

② 中国扶贫基金会.小额信贷项目概述 [EB/OL].（2010–04–05）[2018–1–28].http：//www.cfpa.org.cn/jot–credit/fund.asp?classid=L0901&newsid=704281618398473.

③ 中国青少年发展基金会.希望工程——学生资助项目介绍 [EB/OL].（2010–04–05）[2018–1–28].http：//www.cydf.org.cn/xwgcxmjs.asp?cc=1&dd=11.

④ 魏威，穆久顺.美国：农业合作社与我国新型农民专业合作社比较及启示 [EB/OL].（2011–3–5）[2018–1–29].http：//www.ccfc.zju.edu.cn/a/jingwailaifeng/2011/0305/4902.html.

⑤ 曹建如.印度农业合作社的运作模式和支持措施 [J].北京农村经济，2008（5）.

的农村社会组织发育水平来看，我国的农村社会组织有非常大的发展空间和发展的必要。

（4）农民个体。国家统计局发布的 2000 年第五次人口普查数据显示居住在农村的人口 80739 万人，占总人口的 63.91％。我国农民虽然是分散的，但又是我国重要的社会力量之一，自身蕴含着巨大的社会能量，农民工在我国城市现代化中所发挥的重要作用是当代农民力量的有力佐证。毫无疑问，农民必然是农村社区建设的主要行动群体，正如习近平总书记 2013 年视察海南时指出的："小康不小康，关键看老乡。"在农村社区建设中关键是如何调动农民的积极性，如何正确引导农民的积极性。结合农民群体的特性，具体应从以下几个方面入手：第一，开启民智。民国时期"平民教育派"的代表人物晏阳初认为中国农民有四大基本问题：愚、穷、弱、私，他主张通过教育的方式来克服四大问题，并提出"四大教育"内容：以文艺教育攻愚，生计教育救穷，卫生教育救弱，公民教育救私，通过学校、社会、家庭三大途径实施，主要目的是让农民具有智识力、生产力、强健力和团结力。在特殊的历史社会环境下，虽然晏阳初在河北定县的平民教育运动收效甚微，以失败而告终，但在新世纪的今天，客观地讲，我国的农民仍面临着同样的问题，其通过教育救民的理念在当前的农村社区建设中仍具有现实意义，不同的是，当今的中国农村具备了更好地实施其理念的社会环境。要将农村社区建设为现代生活共同体离不开现代化的农民，而以现代教育开启民智是必然的重要途径之一。第二，尊重民意。"尊重群众的首创精神"是三十年来中国改革开放最基本的经验之一，其实质就是尊重民意。农村社区建设同样站要在农民的本位，尊重农民的意愿，让农民对自己的社区建设拥有最终决策权。近几年的农村社区建设中出现一些问题，比如，有个别地方，在征用农村集体土地过程中，对农民的意愿尊重不够、利益考虑不周，引发了一些新问题，给农村社区建设带来了不利影响。第三，放活民权。提升民智、尊重民意其实质是高扬农民的主体性，农民要真正作为主体在农村社区建设中发挥积极作用，不仅需要农民参与的能力和积极参与的意愿，还需要给予农民充分行动的权利与必要的权利保障，农民的"弱"不仅仅表现为社会行动能力的不足，更重要的农民的自我行动权利得不到保障，很多现行的制度、体制、机制、政策在束缚着农民。例如，我们都知道社会成员作为分散的个体参与社会的能力是十分有限的，农民"弱"的一个重要原因在于农民的"散"。为此，需要进行系统的政策调整，赋予农民更多的权利，给农民提供更有效的权利保障。第四，实现民利。农村社区建设的出发点和落脚点必然是农民生活的改善与提高，也就是要求社区建设过程中必须要维护和增进农民的利益，只有如此才能调动农民的积极性。学术界关于农民的行为动机有不同的理论假设，有"道义小农""理性小农""生存小农""阶级小农""社会化小农"等观点。笔者认为，随着消费主义的流行，农村传统的崩塌，道义对农民的影响日渐衰微已是不争的事实，同时，几十年的经济发展已使农民基本摆脱了生存逻辑的束缚，而阶级的观念随着泛政治化时代的远去已荡然无存；徐勇的"社会化小农"说更像是对农民生存环境的解释而不是对农民行为动机的认知，倒是经济理性对农民行为取向的影响越来越明显，在普遍意义上，应该说"理性小农"说对目前中国农民的行为取向最具解释力，经济利益的得失是影响农民行动取向的主要变量，因此，在农村社区建设中维护、实现和增进农民的利益是调动农民积极性的基本条件。

（四）农村社区建设行动路径

行动路径也就是社区建设的相关主体进行社区建设的途径。丁元竹在一般意义上将社区的建设途径概括为五个方面：社区管理、社区规划、社区财政、社区服务、社区工作队伍。[①]2009 年 3 月，民政部开展了"农村社区建设实验全覆盖"创建活动时，提出了"五个全覆盖"的创建标准，即：领导协调机制全覆盖；社区建设规划全覆盖；社区综合服务设施全覆盖；社区各项服务全覆盖；社区各项管理全覆盖。"五个全覆盖"为各地的农村社区建设提供了政策性指导。华中乡土派学者最初着眼于为村民自治制度运行提供社会基础的目的，提出了社区重建的主张。其中，徐勇认为建设农村社区要整合社区内外的组织资源、财政资源、

---

① 丁元竹. 社区的基本理论与方法 [M]. 北京：北京师范大学出版社，2009：106–142.

文化资源、社会资源。①最近几年则比较注意从社区的共同体本质要求去建设农村社区，认为应通过发展社区服务，使农民重新建立起对社区的归属感，通过社区微观组织（农村民间组织）再造提高社区的自我整合能力。吴理财比较注重农村社区的公共文化建设。项继权则提出通过推动农村由生产共同体转向生活共同体、由村民自治转向居民自治、由城乡分化转向城乡统筹等途径建构农村社区。②上述政府及学界关于农村社区建设实施途径的观点关注到了农村社区建设与治理的双重任务，对建设与治理未加以区分。当然，从实践的角度而言，建设与治理确实很难明确区分，建设中有治理，治理中有建设，但从学理层面，笔者认为社区建设侧重于社区系统要素的增加和品质提升，社区治理侧重于对既有系统要素之间关系的调整与整合。在这里，笔者主要是在将社区建设与社区治理加以相对区分的基础上思考农村社区建设的具体行动路径。对于行动路径的谋划既可以从共时性角度着眼于社区建设的系统要素的建构，也可以从历时性角度思考社区建设的展开过程，即作业程序。就实践而言，农村社区建设既要遵循历时性的科学作业程序又需要共时性的要素支撑，因此，最佳的路径应该在综合历时性程序要素和共时性结构要素的基础上产生。具体可以从以下几个维度进行。

第一，组织建构。毫无疑问，当前的农村社区建设是计划性的农村社会变迁，而任何一项社会工程的实施都需要相应的组织机构负责启动、计划、实施、协调、控制，特别是在我国农村公民社会组织未有发育、农民的公民意识未觉醒的社会背景下，组织的建构尤为必要。现有的直接参与农村建设的组织机构主要是农村社区所在地的基层政府，农村社区内部的党支部和村民自治委员会，由于体制的原因，这些组织主体之间往往共谋大于制衡，不利于协调、回应社区建设中的利益分歧，为了有效预防、化解社区建设中的矛盾，必须吸收更多的社会主体参与到社区建设的组织领导机构中来，组建村党支部、村委会、民间组织共同决策的组织运行体制。

---

① 徐勇.村民自治的深化：权利保障与社区重建[J].学习与探索，2005（4）.

② 华中乡土派学者的相关主张可参见徐勇.农村微观组织再造与社区自我整合[J].河南社会科学，2006（5）；吴理财.农民的文化生活：兴衰与重建——以安徽省为例[J].中国农村观察，2007（2）；项继权.农村社区建设：社会融合与治理转型[J].社会主义研究，2008（2）.

第二，社区规划。缺乏规划、规划水平低、规划权威性不足等现象在我国传统农村社区的建设中是比较普遍的，这是导致传统农村脏、乱、差的重要原因，要把传统农村改造为村民居住更适宜、社区资源配置更合理、设施更完备、功能更合理、更富于现代气息的现代化农村社区，必须树立社区建设规划先行的观念，并把规划作为社区建设的重要前提与依据。通过规划，明确农村社区建设的指导思想、工作原则、目标任务、保障措施、选址布局、功能定位、设施建设标准、实施步骤、资金来源、监督机制等方面的内容。

第三，整合资源。整合必要的资源是开展农村社区建设的物质基础，农村社区建设的资源可以从以下两个方面筹集：一是整合农村自有资源，主要是农村土地、劳务、村集体自有资金、农户家庭投入等；二是筹措外部资源，主要有政府财政投入，市场资本投入，社会组织捐赠等。

第四，基础设施建设。多年来由于投入的不足，农村的基础设施严重滞后，成为制约农民生活改善与农村发展的重要因素，这也是农民向往城市生活的重要原因，导致了农村人才流失，农村衰败，村民归属感下降。农村社区建设一个基础性工程就是完善、提高农村社区的基础设施。民政部在开展"农村社区建设实验全覆盖"工作时就提出了"基础设施全覆盖"，要求农村社区全部建有或规划建有综合服务中心，要初步形成以综合服务设施为主体、专项服务设施为配套、服务站点为补充的社区服务设施网络。

第五，发展社区工作队伍。国外社区的发展经验表明，社区各项事业的发展离不开打造一支专职兼职相结合的社区工作队伍。社区工作队伍主要由专职、兼职和志愿者三类人员组织成。专职的社区工作人员被称为社区工作者，是指经过专门训练，有专业知识、专业背景，而且职业化的社会工作者，他们以社区工作为主要方法，通过社会福利服务机构、非营利组织为社区居民服务。兼职社区工作者主要是指与社区建设相关的行政机关、企事业单位、社会组织和居委会的工作人员。① 现在专业的农村社区工作人员缺乏，为适应建设服务型基层政府及农村社区建设的要求，在保留过去的"七站八所"的基础上，可以进一步对乡镇层

---

① 丁元竹.社区的基本理论与方法 [M]. 北京：北京师范大学出版社，2009：150.

级的各类工作人进行专业化的培训，将其改造为具有一定专业农村社区工作技能的专兼职社区工作队伍；同时，推进农村志愿服务，调动村民及农村内外的各类农村社会组织人员加入到农村社区工作中来。

第六，发展社区服务。服务是满足社区居民生活需要的基础，没有服务也就没有令人满意的社区生活，也就无法培育居民对社区的归属感与认同感。发展社区服务是建设农村社区的核心工作。社区服务体系一般由社区公共服务、商业服务和社会服务构成。可以说，一个农村社区居民享有的服务水平取决于由市场提供的商业服务、政府提供的基本公共服务和社会组织提供的社会性服务三者共同构筑的服务体系的总水平。农村公共服务的提供主体是政府，其发展主要取决于政府的提供能力、提供意愿及提供方式（主要包括政府的工作过程、角色定位、政策工具等）。商业服务是由市场主体来提供的，其发展主要取决于农村市场机制的发育水平和完善程度。志愿服务、互助服务主要是由各种社会主体来提供的，其发展主要取决于农村社会组织的发育水平。现在存在一个倾向性的问题是政府比较重视农村基本公共服务，但政府的服务功能是有限度的，即使政府提供了较完善的、较好的基本公共服务，也只能满足农民的部分需要。因此，在看到基本公共服务的必要性和重要性的同时，还必须转变观念，重视农村商业服务和社会服务的发展。农村商业服务滞后的主要原因是对市场重视不足，因此，要真正全面提升农村服务水平，满足农民对私人物品的需求，必须采取措施扶强农村商业服务市场，吸引多种市场服务主体进入农村。还有必须通过培育和促进各种现代性民间组织的发展以弥补政府和市场留下的服务空白。

第七，文化建设。文化具有涵养人的精神世界、抚慰心灵的重要功能，可以说，文化是社区的灵魂，社区文化建设是培养社区归属感的重要途径，因此，文化建设必然是农村社区建设的重要维度。农村社区文化建设有两个推进途径：一是挖掘本地存量资源潜力，利用存量文化资源创造文化；二是从文化资源富集地输入文化，增大对农村文化资源补给量。由于农村本身文化资源贫瘠，文化生产和创新能力差，依靠农村自身无法满足农民的文化需求，因而，从文化资源富集区—城市输入文化当是必然之路径。

三、现代治理语境下的农村社区建设

（一）治理：复杂性社会的应对机制

治理（Governance）概念自 20 世纪 90 年代开始流行，既是学术界的研究热点，也广泛见于各种政府和非政府组织的文件。然而时至今日，学界对治理的概念及内涵仍未取得"范式"意义上的共识，虽在治理的话语下聚集了一大批追随者，但"治理"下的"学术共同体"并未形成，"治理"在不同的价值驱使下被演绎，在不同的经验材料基础上被归纳，由此形成了治理概念的诸多版本。治理研究的代表性人物之一罗茨归纳出了较有影响力的治理概念的六种版本：①作为最小国家的治理；②作为公司管理的治理；③作为新公共管理的治理；④作为善治的治理；⑤作为社会——控制体系的治理；⑥作为自组织网络的治理。[①]虽然学者们对于治理的概念还存在不同的表述，但在理论的价值取向上还是取得了相当的共识，格里·斯托克总结了关于治理的五点理论主张：第一，治理是指一套出自政府但又不限于政府的社会机构和行为者；第二，治理断定在求解经济社会问题时，各方的界限和责任是模糊的；第三，治理断定涉及集体行动的各机构之间存在权力依赖；第四，治理是关于自治、自主的行动者网络；第五，治理认识到办事的能力不在于政府下命令的权力或者政府权威的使用，政府可以使用新工具和技术来掌舵和指导，以增强自己的能力。[②]

治理的流行有其特定的历史与社会背景。国内外很多学者把治理理论产生的历史背景归结为 20 世纪 70 年代西方福利国家的危机，以及 20 世纪 80 年代新自由主义的失败，或称为政府失败和市场失败，这只是治理产生的直接历史背景，远不是问题的全部，更不是深层次的根源。20 世纪 30 年代以前，斯密的自由市场能有效运行，20 世纪 70 年代以前，韦伯式官僚制和凯恩斯的福利国家能取得成功，毫无疑问，治理理论的产生具有更宏观、更深刻的社会根源。从大历史阶

① R. Rhodes.The New Governance：Governing without Government？[J]. Political Studies，1996，44（4）.

② 格里·斯托克.作为理论的治理：五个论点 [M]// 俞可平.治理与善治.北京：社会科学文献出版社，2000：31-51.

段来看，西方社会在 20 世纪 70 年代已经完成了现代化，开始步入后现代社会，后现代社会在诸多社会领域与现代社会具有明显的差异化，后现代公共行政理论的始作俑者查尔斯·J. 福克斯和休·T. 米勒总结了后现代社会和现代社会一般性分殊（见表 2–3）。[①]

表 2–3　现代文化与后现代文化的一般性特征

问题域	现代文化	后现代文化
建筑	功能的，包豪斯学派	折中的，指涉的
生产方式	大生产，工厂	后工业，信息
组织	韦伯的官僚等级制	专案化的决策，委托
社会学	核心家庭	破碎的家庭
科学哲学	逻辑实证主义	方法论上的无政府状态，阐释主义，意识
哲学	寻求普遍性	类型
心理学	统一的真我	反基础主义
伦理学	功利主义的，道义论的，三段论的	分裂的自我
传媒	线性的打印物	境遇的
		电视，蒙太奇，MTV，频道冲浪

　　正是后现代社会所具有的新结构特征、功能需求与运行逻辑，原有的建立在以大工业为基础的现代社会的社会问题解决机制（市场抑或政府）赖以运行的社会条件已慢慢被消解，其有效性也就自然大打折扣。为了适应社会变迁，西方国家已作出了一些调整，比如美国，自 20 世纪 30 年代开始一直到 20 世纪 70 年代施行强国家的经济社会干预主义，以克服自由市场的弊端，在 20 世纪 70 年代福利国家出现危机后，至 20 世纪 80 年代末以强化市场机制为特征的新自由主义盛行，但是由于治理机制上局限在政府—市场二元组合，始终没有走出市场抑或政府的窠臼，以致老问题没有彻底解决新问题又层出不穷。问题的根源在于市场与政府都是产生于现代社会时期的社会机制，在功能上很难完全满足后现代社会的新需要。以社会系统理论看，随着全球化、多元化、信息化的深入发展，整个社会更具流动性、开放性、偶然性，后现代时期的人类社会系统相较于现代社会时

　　① 查尔斯·J·福克斯和休·T·米勒. 后现代公共行政：话语指向 [M]. 楚艳红，译. 北京：中国人民大学出版社，2002：44.

期更具复杂性，随着复杂性的增加，"原来的复杂性简化技术的效力可能趋于降低。这时社会便需要发明新的复杂性简化技术。如果新的复杂性简化技术能够及时地、顺利地发明出来，社会将进入一种新的秩序——结构状态；反之，则可能逐渐趋于无序，乃至衰亡。"① 政府、市场及其组合都是产生和适应于现代社会系统的复杂性简化技术，随着后现代社会系统复杂性的提高，其解决问题的效力自然降低了，需要发明新的社会技术以简化和适应具有更高复杂性的社会系统。而"治理"是人类社会发明的一种新的社会问题解决技术，并试图用以应对日益复杂化的社会系统需求。正如让-皮埃尔·戈丹（Jean-Pierre Gaudin）所言："更具流动性和多极的世界并未使人产生深深的满足感，反而同样令人担忧。在这一背景下，面对方方面面的不确定性，治理这个命题就应运而生了。"② 罗茨（R. Rhodes）也认为治理意味着"统治的含义有了变化，意味着一种新的统治过程，意味着有序统治的条件已经不同于以前，或是以新的方法来统治社会。"③ 库伊曼（Kooiman）也表达了类似的观点，他认为"治理意味着国家与社会，还有市场以新方式互动，以应付日益增长的社会及其政策议题或问题的复杂性、多样性和动态性。"④

治理从表象上看似为应对复杂社会问题而提出的工具性社会技术，但实际上包含着对以往社会技术价值层面的反思，它的理论抱负不仅仅是给出眼前社会问题的求解方式，还在于在价值层面思考国家与社会的发展方向，所以，20年来，治理理论的研究是在价值和工具两个维度展开的。

就价值层面而言，治理理论是以对代议制民主、政治与行政二分法的批判开始的。代议制民主作为西方进入现代社会以来构建的最重要的民主形式，有不可避免的缺陷。在代议制民主制下，公民的民主权利仅仅体现在几年一度的选举投票过程中，所以有的学者称其为"投票日民主"，这是一种弱势民主。由于代议

① 谢立中. 社会的复杂性：社会学家的视野 [J]. 系统辩证学学报，2001（4）.

② 戈丹. 何谓治理 [M]. 北京：社会科学文献出版社 2010：11.

③ 罗茨. 新的治理 [J]. 政治研究，1996（154）.

④ 郁建兴. 治理理论及其中国适应性 [M]. 杭州：浙江大学出版社，2009：41.

制下公民无权参与自身社会生活联系最为直接、最普遍、最经常的政府行政过程，这导致西方官僚体制日益保守、僵化、迟钝以致效率低下。治理论在不否定代议制民主的前提下，提出了参与式民主、协商民主等新民主主张，力图让公民在更多的水平、范围与层次上参与国家与社会的管理，从而克服传统官僚的弊端，得以建构更灵活、更有效率、更富创新性与适应性的社会管理机制。

理论的价值不仅在于解释世界，引导人类行动方向，更重要的在于改造世界。治理理论在其兴起的初期就被人们寄予解决由于社会的日益复杂化而产生的问题与危机的厚望，所以它必须在工具层面回应社会实践的要求。就像治理的定义充满歧义一样，对治理的具体路径与模式也存在争议，陈振明认为治理研究主要沿着三个途径展开，即："政府管理"途径、"公民社会"途径和"合作网络"途径。"政府管理"途径将治理等同于政府管理，侧重于从政府的角度来理解市场化条件下的公共管理改革，主要包括"最小国家的治理""新公共管理"和"善治"等用法。"公民社会"途径认为治理是公民社会的"自组织网络"，是公民社会部门在自主追求共同利益的过程中创造的秩序，在公共资源管理、社区服务与发展、同业协会和跨国性的问题网络中普遍存在。"自组织网络"主要从公民社会部门的角度来分析治理，将治理看成是横向的"公民参与网络"，是一种"社会中心论"的治理观。"合作网络"途径则是试图在"网络管理"的框架整合上述两种途径。一方面，它吸收了"自组织网络"的主要观点，将治理看作是相互依存状态下的管理，将公民社会部门看作是治理的主体，并用它来解释公私部门分享权力、合作治理的新型关系，确立了多中心的公共行动体系论；另一方面，它也吸收了"政府管理"的重要观点，承认一个负责、高效、法制的政府对有效治理的意义，认为在网络中政府与其他主体是平等、对话、协作的伙伴关系。[①]其实，治理三种途径的划分是在相对意义上而言的，只是在治理的核心主体定位上存在着差异，并不是完全否认其他主体对于治理的必要性。比如，"新公共管理"理论的代表性人物奥斯本和盖布勒在《改革政府》一书中提出了"社区拥有的政

① 陈振明. 公共管理学 [M]. 北京：中国人民大学出版社，2005：77-82.

府：授权而不是服务"的主张，强调了社区各类社会组织在治理中的重要性。[①]
而"合作网络"途径具有在政府、市场与公民社会之间调和与折中倾向，如郁建
兴认为："必须受到管制的市场、必须受到监督的政府、必须得到协调的社会，
三者有机结合而非分裂或者三种简单相加，才能解决公共领域的危机——这便
是治理论的解释力所在。"[②] 显然，在上述三种治理框架中，"合作网络"途
径更契合治理本意对于各类主体的要求与关系定位。在"合作网络"途径中，
政府、市场、社会不存在治理地位的分殊，只有具体情境下的功能划分，即不
否认各自的功能又看到了彼此的功能局限，力图做到各类主体的功能互补，以
谋求实现治理效益的最大化。可以认为"合作网络"途径既符合治理的价值取向，
又更具现实主义的色彩，在三种途径中最具有生命力和可实施性。目前，治理研
究中，"合作网络"途径受到学术界越来越多的重视，也面临着较少的争议。"从
某种意义上说，社会网络体系可以当作治理的代名词，它最外在化地体现了治理
的本质与特征。"[③]

治理的"合作网络"途径有其优势，但同时也面临着如何治理"网络"的问题。
戈德史密斯（Stephen Goldsmith）和埃格斯（Wlliam D.Eggers）认为网络化治理象
征着第三方政府、协同政府、数字化革命、消费者需求（公民选择）这四种改变
公共部门形态的发展趋势正在合流，"它将第三方政府高水平的公司合作特性与
协同政府充沛的网络管理能力结合起来，然后利用技术将网络连接到一起，并在
服务运行方案中给予公民更多的选择权。"[④] 正是由于网络模式能集合多种机制、
技术的优势并贯穿了对差异化公民需求及时有效回应的理念，使其在解决复杂社
会问题时具有几个方面的优势：第一，专门化。通过网络，政府作为网络的组织
者可以寻找并整合存在于公营或私营机构的各种专门的人才、技术与资源，高效
率、高质量地完成各种特殊的服务项目，而仅靠政府或某个单一的机构是无法完
成的。第二，创新性。网络能够吸收不同服务提供者的解决方案，网络更具有创

① 奥斯本，盖布勒. 改革政府 [M]. 上海：上海译文出版社，2006：21.

② 郁建兴. 治理理论及其中国适应性 [M]. 杭州：浙江大学出版社，2009：49.

③ 孙柏瑛. 当代地方治理：面向 21 世纪的挑战 [M]. 北京：中国人民大学出版社，2004：26.

④ 戈德史密斯，埃格斯. 网络治理——公共部门的新形态 [M]. 北京：北京大学出版社，2008：17.

新的活力，可以为解决各种问题提供适应性更强的方案；同时，由于网络成员可以接近服务对象——公民，来自公民的需求反应往往成为创新性方案的来源，而源于公民个体需求的创新方案更能有针对性地回应和满足公民的需要。第三，速度和灵活性。网络治理的参与者除政府外，主要的直接服务提供者是非政府的机构，它们在处理问题时可以更少地受到层级节制和烦琐的办事规则的束缚，可以更迅速、更灵活利用多种资源与方案回应公民需求。网络可以整合多样化资源，又可以根据环境变化自由地调整服务方案，相较于传统的出自政府的严格整齐划一的方式更能适应复杂、多样化的社会需求。第四，扩大的影响力。网络的建立可以实现政府与非政府机构的资源互补，通过共享客户，一起分摊成本，降低风险，而且合作实现了网络规模的扩大，降低了服务的边际成本，从而提高了政府为更广泛的客户提供服务的能力。还有，依靠非政府组织特有的营销、创新优势可以把更多的源自政府的服务推介给社区居民，扩大政府的影响力。[①]合作网络治理有其优势，但它是以治理机制的复杂化为代价来应对社会的复杂性，复杂的网络如何有效运转，如何发挥网络的最大潜能是网络治理面临的挑战，也由此招致批评和质疑。陈振明认为网络治理也会失效，同时还面临着合法性、有效性、责任归属等问题。[②]戈德史密斯和埃格斯则指出了网络模式面临的七大挑战：如何协调网络行动者的目标，如何监督网络成员，如何有效沟通，如何协调网络成员的关系，如何为网络成员提供充分的信息与激励，如何克服能力不足，如何维持稳定的网络关系。面对挑战，他们认为政府要承担"元治理"的责任，政府应提高管理网络的能力。[③]

从现在来看，网络治理模式还不成熟，网络治理途径面临着理论上的质疑与实践中的挑战，作为一种社会问解决机制也并不一定达成令人满意的效果，甚至

---

① 戈德史密斯，埃格斯．网络治理——公共部门的新形态 [M]．北京：北京大学出版社，2008：26-34.

② 陈振明．公共管理学 [M]．北京：中国人民大学出版社，2005：95-10.

③ 戈德史密斯、埃格斯．网络治理——公共部门的新形态 [M]．北京：北京大学出版社，2008：36-46.

存在失败的风险，但面对日益复杂的人类社会，需要更好、更简单、更有效解决问题的方式？

（二）以治理理念导引农村社区重建

从历史来看，不管基于何种历史原因，我国农村虽然一直是维持社会稳定、国家发展、百姓生活的基本社会根基，但一个历史事实是各种社会主体从未在平等、尊重的基础上"合谋"于农村建设，也从未形成各方力量整合各种资源共建农村的局面。整个封建社会及民国时期，农村基本上是靠农民在各种制度挤压下剩余的有限社会空间里自我整合以及利用缴完皇粮国税后的有限剩余资源自谋发展。1949 年后至 20 世纪 80 年代农村实行承包制前，政府以历史从未有过的强度与深度介入农村建设，但在国家整体发展战略的统摄下，政府虽努力发展农业和建设农村，但由于战略重点在城市和工业，总体而言，这一时期政府对农村与农业投入明显不足；同时，在当时国家主导的政治经济体制下，农民参与主动性不足，基本处于被安排的状态。自 20 世纪 80 年代初至 2006 年取消农业税，随着农村土地承包制、村民自治等内部微观体制的建立以及外部市场化、民主化、开放化带来的宏观环境的变化，农民获得了从未有过的处置个人、家庭与村庄事务的权利，但遗憾的是政府在农村却由过去的总体越位变为总体缺位，除了有限的制度输入及催缴税费外，几乎成了农村建设的旁观者。同时，由于政策的束缚，农村的民间力量并未得到充分恢复与发展，同样由于制度的壁垒以及农业的弱势产业属性，外部市场主体对农村的介入也非常有限。这样，这一时期的农村建设主要是依靠农民利用分割的、零散的、匮乏的农村资源进行的又一次"自我发展"。回顾农村建设的历史进程，我们可以看到，建设农村所需要的"合作网络"从未形成过，始终处于必要的主体缺位或资源缺位状态，外在于农村的利益相关者与农村的主体——农民协商意识不够，农民的主体性未得充分的释放，结果是时至21 世纪的今日中国的农村依然面临许多亟待解决的"问题"。表 2-4 总结了中华人民共和国成立后中国农村建设模式及社会后果。

上述分析是以今人的理性考量历史的得失，客观而言，过去农村建设机制的缺陷形成，既有观念的根源，又是受当时的政治经济结构、发展阶段、国家与农村内外环境等现实因素制约所致。从现实来看，30多年的改革开放为当前的农村社区建设提供了一个全新的时代背景，"从封闭到开放，是一个旧时代的终结，也是一个新时代的开始。在这场历史性变革中，我国农村正发生广泛而深刻的变化。特别是随着市场化、工业化、城市化、信息化及全球化的发展，农村人口、资源和信息快速流动、多种经济和多种经营形式迅速发展、农村社会利益和社会群体的不断分化、人们的观念、需求及行为选择日趋多样化，这些都表明传统静止、单一、封闭和半封闭的农村逐渐成为历史，一个开放和不断开放的农村已经变成现实。"[①]农村内外环境的开放化、市场化、民主化、信息化、多元化为现代治理机制的建构、实施与运行提供了现实可能性，同时，这一切变化又使农村内部社会小系统及外部社会大系统日益复杂化。面对日益复杂化的农村及农民，传统的、简单化、一体化、命令式的社会问题解决机制无法适应现代农村社区建设的历史任务，必须将以民主、多元、合作、协商、参与、灵活与适应性为特征的合作网络治理理念、机制嵌入到农村社区建设中。

表 2-4　中华人民共和国成立前后中国农村建设模式

时期	主要参与者	主要资源	主导机制	内外环境	主要问题	结果
中华人民共和国成立前	士绅、农民、宗族、	扣除赋税、劳役后的农村剩余资源	乡绅主导下的自治	专制制度、户籍制度、自然经济、封闭	农民缺乏自由，得不到外部支持	农业过密化农村变化缓慢农民生活无法提高
1949年至2005年	政府、农民	调拨后的剩余	政府主导	集中型体制、户籍制度、计划经济、封闭	农民发言权不足、仅得到少量外部支持	农民积极性不高，农业、农村发展缓慢，农民生活困难
1980年至2006年	村民、村"两委"	扣除农业税费后的剩余，农民打工收入	村民自我发展	民主化、市场化、开放化	农民有自由，但权利无保障，得不到外部支持	农业发展较快，农村变化不大，农民生活缺乏社会保障

---

① 徐勇,项继权.主持人语: 开放乡村的社区重建[J].华中师范大学学报(人文社会科学版),2009(3).

续表

时期	主要参与者	主要资源	主导机制	内外环境	主要问题	结 果
2006年至今	村民、村"两委"、政府	农村自有资源、国家注入的财政资源、社会资本	政府帮扶与村民自我发展结合	市场化、开放化、政府下乡、资本下乡	农业经营效益较低、农村公共服务滞后	劳动力外流导致农村空心化

第三章 农村社区公共服务体系建设机制

本章主要在资源依赖理论的视角下，基于中国当下农村现实，指出为推进农村社区服务体系的建设，多元服务主体间的协同共建在逻辑与实践层面应先于协同治理，而不能照搬西方理论，直接构建以公共服务为旨趣的多中心治理体系。协同共建是指具有共生关系的不同服务提供主体，通过资源交换实现自身以及对方发展的合作过程。协同共建的核心机制是通过资源的交换，在政府、商业服务主体与志愿服务组织三类农村服务主体之间建立起可持续的付出—回馈关系。

一、社区服务体系建设机制的反思与重新定位

（一）当前社区服务体系建设机制的反思

推进农村各项服务建设，是提升农村社区建设水平，改善农民生存状况的重要维度。在发展农村各项服务的进程中，政府主导提供了多种类型的公共服务，但由于政府自身能力的有限性，低水平公共服务体系的建设并未能根本改变农村服务体系整体水平不高的局面。受西方治理理论的启发，政府企图借助社会组织、商业组织的力量构建一个以发展公共服务为核心目标的多元服务体系，以推动农村各项服务的发展。从目前来看，这一多元服务体系的基本构成是公共服务、商业服务和志愿服务（或称社会服务、非营利服务），其背后的服务主体是政府、商业组织和志愿组织。虽经数年的努力，但就农村的实际情况来看，基于治理理念，在政府主导下构建的农村多元服务体系发展缓慢，也并未达到明显改善农村

各项服务总水平的预期效果。基于此种状况，必须反思目前力图构建的农村多元服务体系在实践起点与核心机制选择上的逻辑合理性和现实可行性。

（二）发展农村多元服务体系的初始机制定位

21世纪以来，随着政府职能的转型，以及国家提出并实施城乡公共服务一体化战略的背景下，发展农村基本公共服务逐渐成为国内学者的重要研究课题。目前，国内学界的研究呈现出两个突出的特点：一是受政府当前任务导向的影响，问题的焦点集中在政府主导的基本公共服务，即使研究涉及商业服务、志愿服务也多以公共服务为终极旨趣，目的是如何利用现有的商业主体与社会组织的资源发展公共服务，以弥补政府提供服务的不足，典型的如公共服务供给主体的多元化研究。二是忽视与公共服务具有相关性的商业服务、志愿服务在中国农村的发育水平，以外来理论框架分析中国问题，如多中心治理、治理的公民社会途径、网络治理等理论，而没有充分考虑到上述理论提出的西方社会背景与中国农村社会的差异性，直接用来为农村公共服务的建设提供方案。

西方学者关于公共服务供给方式的理论建构（如公共服务市场化理论、多中心治理理论、网络治理理论）主要是为改善政府部门的服务效率，力图通过借鉴私营部门的管理经验，借助私营部门、社会组织的资源改善公共服务的供给状况。其理论聚焦于公共服务并有较强解释力与指导性是基于西方国家的商业服务、志愿服务及相关主体都已得到较为充分发育的社会背景。而我国农村的特殊性在于不仅公共服务体系建设处于初创阶段，商业服务、志愿服务及相关主体发育水平也都比较低，这导致我们面临特殊的困境，即政府是农村公共服务建设的主要责任主体，但政府又无力独自承担，同时又无其他有效主体和资源可以借助。正是由于我国农村商业服务、志愿服务的滞后及相关主体的羸弱，来自西方的治理理论谱系不可能为改善我国农村的公共服务体系建设提供针对性的指导，公共服务的多中心、网络化提供也难以形成，类似发达国家的政府、企业与社会组织等多元主体构成的服务供给网络也不是很难建构起来。

要破解这一困境，要求政府不能仅仅着眼于农村公共服务的建设和利用多元主体参与公共服务建设，行动的切入点要前移。当前基础性的工作是采取措施推动农村商业服务、志愿服务及相关主体的建设，增加商业服务主体、志愿服务组织的总量，并助其初步累积资源，提升发育水平，使其具备相当的服务提供能力，从而为公共服务的多元化供给准备基础性条件。

同时，由于政府及其提供的公共服务的功能限度，公共服务只能满足农民的部分服务需求，这意味着即使建成高水平公共服务体系也不能从根本上满足农民多样化的服务需求。总体而言，农村居民享有服务水平取决于由市场主体提供的商业服务、政府提供的基本公共服务和社会组织提供的志愿性服务三者共同构筑的服务体系的总水平。进一步而言，如果仅有基本公共服务的发展，而商业服务和社会服务滞后，将制约农民需求的满足。为此，从农民的需求结构出发，应构建一个以市场为主体、政府为基础、社会为补充的农村服务体系。这也要求，发展公共服务而不能仅仅着眼于公共服务，政府应在提升自身公共服务能力与水平的同时，引导和帮助农村商业服务主体和志愿服务主体共同建设和提高。[1]

基于上述分析，目前及未来相当长的时期内，我国农村服务体系的建设应摆脱西方国家的理论与经验指引，在实践起点上不应是多元治理而是多元共建。因此，从我国农村的现实情境出发，研究我国农村公共服务主体、商业服务主体和志愿服务主体等多元服务主体间的协同共建也就成为更具现实感的理论课题。

二、农村社区服务主体协同共建的内涵与机制

（一）农村多元服务主体协同共建的内涵

协同理论的开创者 Haken 认为协同是指在一个复杂系统内各子系统的合作行为产生超越各子系统要素的单独作用进而形成整个系统要素的联合作用。[2] 在新公共管理语境下，受协同理论启发从而提出的一个重要概念是协同治理，协同治理的核心理念是通过建立一种政府部门与非政府部门（包括企业、志愿组织及公

---

① 张成林.从提供基本公共服务走向建设多元服务体系[J].兰州学刊，2011（10）.

② Haken H. Synergetics：An Introduction［M］.3nd ed. Berlin：Spring — Verlag.1983：5.

民）的协作关系共同应对政府所无力单独面对的公共问题。学者之间对协同治理的界定虽有分歧，但基本都认同政府的主导地位及以公共问题（特别是公共服务）为治理标的，如美国哈佛大学的 Donahue 教授认为协同治理是通过与政府以外的生产者共同努力，并与之以共享自由裁量权的方式追求官方选定的公共目标。①国内学者亦持有基本相似的观点，如郑巧和肖文涛认为："基于协同学理论和治理理论，协同治理是指在公共生活过程中，政府、非政府组织、企业、公民个人等子系统构成开放的整体系统……使整个系统在维持高级序参量的基础上共同治理社会公共事务，最终达到最大限度地维护和增进公共利益之目的。"②

协同共建与协同治理有紧密关系但又有所区别。第一，在核心目标旨趣上，协同治理聚焦于解决公共问题，特别是公共服务供给的改善，而协同共建不放弃公共服务改善，同时更关注商业服务、志愿服务及其提供主体的培育与发展。第二，在逻辑与实践上二者具有时序安排的先后，协同共建应先于协同治理，因为没有协同共建阶段各类主体与其服务能力的发展，协同治理也就无法具备其所赖以实施的组织载体与组织资源。第三，协同治理的核心机制包括协商、协作、平等、参与等，协同共建不排斥也需要上述机制，但其核心机制是资源的交换，多元服务主体通过交换各自具有优势同时又是对方所需要的资源实现共同的进步。第四，在协同效应的结果上，协同治理主要体现为公共服务提供能力与水平的提升，协同共建则追求公共服务、商业服务与志愿服务三类服务提供主体能力与服务水平的提升。

在与协同治理进行区别性分析的基础上，并结合资源依赖理论的视角③，本书认为农村多元服务主体的协同共建是指具有共生关系的不同服务提供主体，通过资源交换实现自身以及对方发展的合作过程。具体到农村，多元服务主体间的

---

① Ohn Donahue, Richard J Zeckhauser. Pub-lic-Private Collaboration ［M］//Robert Good-in, Michael Moran, Martin Rein. OxfordHandbook of Public Policy. UK: Oxford Uni-versity Press, 2008: 23.

② 郑巧，肖文涛.协同治理：服务型政府的治道逻辑 [J].中国行政管理，2008，7（7）.

③ 资源依赖理论是组织理论的重要分支，资源依赖理论的基本假设是组织无法生产自身所需要的所有资源，因此组织必须在其所在的环境中获取生存所需的资源，而资源取得的形式可以通过交换、交易或是权力的控制关系，组织在资源无法自足的情况下，必然会与环境中其他组织产生依赖关系。

协同共建应包括以下几个方面的内容：一是农村基层政府利用自身的优势资源帮助农村商业服务主体和农村志愿服务主体的发展；二是农村商业服务主体利用自身的资源去分担基层政府的公共服务职能，并为农村志愿服务主体提供无偿或互利性的帮助；三是农村志愿服务主体利用自身的资源协助政府履行公共服务职能，并为商业服务主体的市场拓展提供回馈性帮助。

（二）农村多元服务主体协同共建的机制

从组织资源的视角来看，农村公共服务、商业服务、志愿服务三种类型的服务主体各自掌握着对方不具有但又是对方发展所需要的特殊资源。任何类型的组织主体为了自身的生存与发展必须引进、吸收、转换来自其他主体的资源，也就是他们需要组成资源互赖关系网络。[①]这也就是说，三类服务主体之间具有某种共生关系，他们彼此需要进行动态的相互塑造性的交往。不仅如此，按照协同论的观点，任何复杂系统，当在外来能量的作用下或物质的聚集态达到某种临界值时，子系统之间就会产生协同作用。[②]以此逻辑，农村公共服务、商业服务、志愿服务三类服务主体作为农村服务网络的三个子系统，它们之间可以作为彼此的外部能量源，在互动中可以实现资源的重新聚合，进而能产生促进并放大各自以及总体的服务水平的协同效应。而在三类主体间搭建起互赖性关系网络和实现三个子系统发挥协同效应的关键：一是厘清三类主体各自具有的并可以用来交换的特殊资源；二是在三类主体间建立相互依赖性的可持续的关系，而这一关系模式的形成与稳定又取决于彼此间能否有效地交换资源。

就各类服务主体掌握的资源状况来看，康晓光、郑宽认为政府可以为非政府组织提供资金、组织体系、官方媒体、登记注册、活动许可、政府领导人资源、组织决策的机会与权利七种资源。[③]志愿服务组织所掌握的资源包括公信力、服务收入、获取资源的能力、公共服务的供给与输送、信息的传递与

---

① 虞维华.非政府组织与政府组织的关系 [J].公共管理学报，2005（2）.

② 白列湖.协同论与管理协同理论 [J].甘肃社会科学，2007（5）.

③ 康晓光，郑宽.NGO与政府合作策略框架研究 [A]// 董克用：公共管理与政策评论 [C].北京：中国人民大学出版社：128-144.

沟通、专业知识、公众支持、正当性的维护等。① 商业服务主体具有资金、服务网点等资源优势。

根据不同组织间的资源依赖情况，可以将资源依赖关系区分为水平依存、共生依存和垂直依存。水平依存是指组织间为获得相似资源，输出相似产品或服务，因而建构出竞争性的关系，但因这些组织在某些特殊情境下，也可形成合作性的互动关系。共生依存是指组织间处于互补的地位，彼此并未掌握对方所需的资源。垂直依存是指组织间有明显的上下层级的依赖关系，在这一关系结构下，会使下位组织为取得生存资源而使其自主性受限。② 从我国农村的实际情况来看，由于我国农村志愿组织和商业服务主体的发育羸弱以及政府的强势地位，政府与志愿组织间存在着较弱的水平依赖关系，较强的垂直依存关系（政府位于垂直关系的上位，志愿组织位于垂直关系的下位），而二者间的共生依存关系处于萌芽状态；同时，政府与商业服务主体间及商业服务主体与志愿组织间在上述三种关系模式下都处于弱关联状态。由此，从发展我国农村服务体系的现实需要出发，政府不必担忧同其他两类组织（特别是志愿组织）之间出现竞争性的水平依赖关系进而弱化自身的影响力，也不需要进一步强化对志愿组织控制性的垂直依赖关系，更不需要同商业服务主体形成垂直依赖关系（市场经济要求政府放松对商业主体的管制），而应着力构建农村基层政府与商业服务主体、志愿服务主体之间的共生依存关系，实现资源互补，这样更有利于促进三者间的协同共建。③

要构建和维持农村基层政府与商业服务主体、志愿服务主体之间的共生依存关系，推动三者之间在平等的基础上进行互利性资源交换，需要在三者之间

---

① 吴锦良：走向现代治理：浙江民间组织崛起及社会治理结构的变迁 [M]. 杭州：浙江大学出版社，2008：254.

② 郑杭生，杨敏. 社会互构论：世界眼光下的中国特色社会学理论的新探索 [M]. 北京：中国人民大学出版社，2010：519-520.

③ 郑杭生提出的社会互构论认为社会的不同行为主体间存在互构共变关系。从形式上来看，这种互构共变主要有两种类型——正向谐变和逆向冲突。在政府掌握绝对优势资源的现实背景下，特别是仅从农村服务提供的视角来看，基本不必担忧农村基层政府与商业主体、志愿组织逆向冲突的问题，主要关注和促进三者间的正向协变既是合逻辑的，也是符合现实的。而共生关系的形成有利于农村基层政府与其他服务组织主体走向正向谐变，建立稳定的可持续的关系。

建立起一种可持续的付出—回馈机制（见图 3-1）。这一机制的内涵包括：一是政府与志愿服务主体的资源交换。政府通过给予符合条件的志愿服务组织合法身份、放宽政策环境、提供渠道资源、资金支持、为志愿组织提供信用背书、成绩嘉奖以扩大其影响力等方式帮助志愿组织发展和组织功能提升，而志愿组织则需要利用自身资源优势分担政府的公共服务任务；二是政府与商业服务主体的资源交换。对于商业服务主体，政府可以放宽准入条件、简化管理流程、提供税费优惠、提供可收费服务项目机会、政府性荣誉等方式帮助商业服务主体的发展，而商业服务主体则可以利用服务网点的分散化、便利性优势为政府服务项目落地提供平台，以便于政府服务项目靠近服务对象，降低政府服务的送达成本，有资金实力的商业主体也可以通过捐赠为政府服务提供支持，以换取政府的项目机会、政府荣誉、政府正面报道等方面的回报，进而获得商业机会，提高自身的知名度和美誉度以积累自身的社会资本；三是志愿服务主体与商业服务主体的资源交换。商业服务主体可以通过资金、物品捐赠及提供设备、场地、人员等方式帮助志愿服务组织建设，而志愿服务组织则可以通过活动冠名权帮助商业服务主体扩大知名度和美誉度，以及通过组织物品采购提升商业服务主体营销规模等方式回馈商业服务主体。

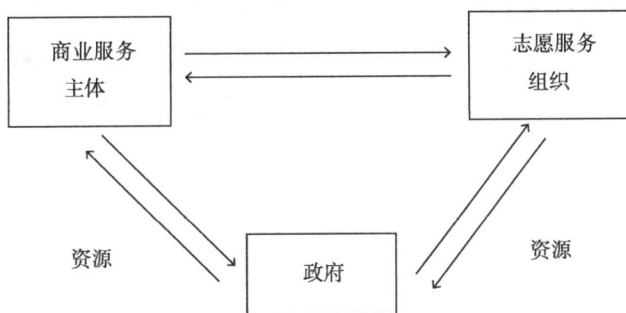

图 3-1　政府、商业服务主体、志愿服务组织间的付出—回馈机制

三、小结

综上分析，无论从逻辑还是就构建农村服务体系的现实需要出发，都需要推

进农村基层政府、商业服务主体和志愿组织三类服务主体的协同共建，在协同共建中实现公共服务、商业服务和志愿服务三类服务主体的共同发育，在此基础上才能为农村各类服务水平的提升提供有效的承担主体，并最终使多中心化的农村公共服务体系成为现实。而农村基层政府、商业服务主体和志愿组织三类服务主体实现协同共建的关键是通过资源交换建立共生依存关系。

就当下而言，为了推动农村三类服务主体间的资源交换，实现协同共建，要做到：第一，从政府与志愿服务组织的关系来看，在完善相关立法的前提下，政府要放宽对农村志愿组织的准入限制，以增加农村志愿组织的数量，同时在加大对农村志愿服务组织过程监管的前提下，为其提供更多的资金支持；而农村的志愿组织则不仅要通过不断提升自身的组织和管理的规范性，以取得政府信任和合法性认可，还要在为农民提供志愿性服务的同时，发挥自身优势，积极承担政府通过服务外包等形式转移来的公共服务项目。第二，从政府与商业服务主体的关系来看，农村基层政府要通过理念宣传、税收减免、行政扶持、荣誉加冕等方式鼓励农村各类商业服务主体承担更多的社会责任，也可以通过收费性服务项目外包等形式为其提供商业机会；而农村商业服务主体则可以通过资金、物品捐赠等方式弥补政府财力的不足，也可以为政府性服务项目提供场所等方式帮助公共服务项目更便利的在农村落地。第三，从农村商业服务主体与志愿组织的关系来看，商业服务主体可以通过资金、物品捐赠方式为志愿服务组织提供财与物的支持；而志愿服务组织则可以通过项目冠名权等方式回馈商业服务主体，帮助其扩大知名度，提升美誉度。

第四章　农村社区建设中基本公共服务政策的执行

本章在"工具—效果"途径下建立的以政府角色—物品分类—工具选择为核心要素的执行分析框架下回答基层政府在执行农村基本公共服务政策中"该做什么"及"如何做"的问题。生产者—强制工具、提供者—混合工具和安排者—自愿工具构成了基层政府执行的基本模式：生产者—强制工具模式适用于政府生产类公共服务；提供者—混合工具适用于混合生产类公共服务；安排者—自愿工具模式适用于非政府生产类公共服务。同时，各地在政府能力、非政府主体发育状况和经济发展水平等因素上的差异又决定着执行必然是案例化的。

一、农村社区公共服务政策的执行分析框架

（一）政策分析框架的反思

为农村居民提供与城市居民均等的基本公共服务，是中央政府出台的、包含多类服务项目的综合性、导向性的公共政策，政策本身在价值取向上具有极高的合法性，也具有很强的针对性。但从近几年的执行实践来看，很多地方的政策落实情况与政策设计的预期相比有较大差距，除农村合作医疗、农村义务教育、农村基本养老保险等少数几项中央特别重视的项目外，很多子项目政策的执行效果不理想，表现为政策力度衰减、政策落实缓慢、政策被搁置及服务项目太少等问题，即使几个重点服务项目也存在政策净效用偏低的问题。执行中产生的问题，

不仅制约了农村公共服务水平的提升，而且还往往使作为主要执行者的基层政府（县、乡政府）成为被农民批评的对象，基层政府的合法性受到质疑。① 如何提高地方政府执行基本公共服务政策的效果成为政府和学界共同关心的问题。

国外关于公共政策执行的一般性研究具有较丰富的论述，在不同的视角下，提出了诸多政策执行解释模型。例如，G.爱德华三世认为：沟通（Communication）、资源（Resource）、执行者偏好（Disposition）、官僚组织结构（Bureaucra Stucture）四项是影响政策执行的主要因素；T.史密斯提出的"政策执行过程模型"和 M.迈克拉夫林的"政策执行相互调试模型"则都注意到了政策执行过程中存在政策执行者和受影响者的互动，它们之间的互动影响着政策执行的结果；范·米特与范·霍恩建立的"政策执行系统模型"认为"组织间的沟通和强制行为"与"政治经济和社会环境"两项要素也是政策执行结果的因变量。② 国外学者对政策执行研究较为系统地关注到了影响政策执行效果的多种因素，研究视角是开放的、多维的。

受此影响，国内学者在分析公共服务政策执行时，也较多地注意了政府面临的制度、体制和资源等外在因素对其的制约性，以及政府本身的微观组织结构、运行机制及激励机制等方面存在的问题，给出的方法也多是对相关抑制因素的排除。这些研究基本都是在问题—对策逻辑下展开的。还有一种研究思路是建立在有限政府理念的基础上，提出了公共服务供给主体多元化模式，如唐娟提出了权威型模式、商业型模式和志愿型模式。③ 然而，无论基层政府内部还是外部诸问题的解决，以及多元主体的培育都是非常复杂的事情，解决这些问题往往需要更宏观层面的制度调整，我们可以称之为解决公共服务政策执行问题的"制度—效果途径"。制度的调整是复杂、漫长的利益博弈过程，因此，"问题"会不可避

---

① 中央政府出台发展农村基本公共服务政策的初衷之一是通过基层政府向农民提供公共服务推动基层政府的职能转变，进而提高农村基层政权的合法性，但如果基层政府执行不力就会形成政策悖论，一方面，中央的政策提高了农民对公共服务的期望值；另一方面，基层政府执行不力就会受到农民的诟病，就像农民常说的"上面的好经被下面的歪嘴和尚念歪了"，导致合法性进一步被质疑。

② 陈庆云.公共政策分析[M].北京：北京大学出版社，2006：168–181.

③ 唐娟.公共服务供给的多元模式分析[J].华中师范大学学报（人文社会科学版），2004（2）.

免地构成相对稳定的影响政策执行的背景因素，在短时间内很难有大的改变。这就是说，"制度—效果途径"对问题的解决虽具有根本性，但过程又是长期性的，很难在短期见效。基于此，笔者认为，提高基层政府执行基本公共服务政策的效果，还需要另外的思路，就是如何在既定的"问题"环境下，政府把精力集中到该做的事上，并运用合适的政策工具把该做的事做好。当然，如果从政治理性出发，基层政府对所有农村公共服务的提供都有一定的责任，本书主要在经济理性下界定"政府该做什么"，也就是在既定的政策环境与政策目标约束下，基层政府应以机会成本最低的角色，做成本—效益比相对最优的事情，该掌舵的时候掌舵，该划桨的时候划桨，不要出现错位、越位或缺位。在此基础上，运用恰当的政策工具把该做的事做好，这一思路可以称为解决基本公共服务政策执行问题的"工具—效果途径"。该途径着眼于当前，立足于基层政府及其环境现状的解决思路，目的是让政府"用有限的钱为农民提供尽量多、尽量好的服务"。

公共服务的实质就是公共物品的提供。目前，在公共物品的研究领域，已对公共物品属性和政府角色的关系进行了大量的研究，既对"政府该做什么"已形成了规范性认识，在政策工具应用层面的相关研究对"政府可以使用的政策工具种类"也形成了规范性认识，但未很好地解决政府角色与政府工具的匹配应用问题，而且已有研究多为在宏观层面对政府执行规律的一般性认识。本书在一般性研究的基础上，结合农村基本公共服务政策执行的特殊性，提出了以政府角色—物品分类—工具选择为核心要素的执行分析框架，尝试以物品分类为中介变量建立政府角色和政策工具选择之间的关系，并以此梳理出基层政府执行农村基本公共服务政策的三种模式，以期回答基层政府在基本公共服务政策执行中"该做什么"及"如何做"的问题。

（二）农村社区公共服务政策的执行分析框架的界定

农村基本公共服务政策执行的实质就是政府为农民提供各种公共物品。而"政府该生产哪些物品，该提供哪些物品和服务，又该对哪些物品和服务的生产进行安排，应该是理性的结果，而不是政府决策者一时冲动的决定。这种理性建立在物品分类和对物品提供机制的理性选择上。"①

1. 基本公共服务项目下的物品分类

常修泽较为系统地把基本公共服务内容概括为四个大的方面：就业服务和基本社会保障等"基本民生性服务"；义务教育、公共卫生和基本医疗、公共文化等"公共事业性服务"；公益性基础设施和生态环境保护等"公益基础性服务"；生产安全、消费安全、社会安全、国防安全等"公共安全性服务"。②

目前，公共经济学关于公共物品的分类有多种角度，最常见的是从公共物品的消费特征进行划分，还有一种从供给者角度将公共物品分为三类：第一类是只能由政府生产的公共物品，如国防、外交、环境保护等；第二类是可由政府生产，也可由私人生产，但由于投资大、见效慢，私人又不愿意轻易介入的公共物品，如邮政设施、园林、大型交通设施建设等；第三类是私人生产的公共物品③，这类公共产品一般主要满足人们的日常生活消费和娱乐性消费，以及部分个人发展消费需求，如职业教育、娱乐设施建设等。④除了这三类物品以外，还有一类是由社会组织生产的公共物品，如一些家庭、社区或志愿组织提供的养老、助学、扶贫、环保等公益性服务。这类公共产品和上述第三类公共产品都可以在没有政府介入的情况下（并不排斥政府的扶持性介入）由相关主体自愿生产，因此，可以把这两类公共物品合称为非政府生产公共物品。本书分析的视角是从基本公共服务的供给者——政府出发，故采用供给者视角的分类方法。为了表述的简化，笔者把上述三类公共物品分别称为：政府生产公共物品、混合生产公共物品和非

① 萨瓦斯 E S. 民营化与公私部门的伙伴关系 [M]. 周志忍，译. 北京：中国人民大学出版社，2002：10.

② 目前学界关于基本公共服务的内容存在较大的分歧，常修泽的概括是比较宽泛的，笔者认为这一概括虽超过了很多基层政府的实际能力，目前很难做到，但基本公共服务项目将逐步增加，这是一个必然的趋势，故这一概括是具有前瞻性的；同时，对一些经济发达地区的公共服务实践也具有较强的包容性。

③ 这里的私人是指按市场原则运作、以利润为目标的市场主体，在这一点上，一些国有企业和私人企业没有本质区别，在我国社会主义市场经济条件下，国有企业也在按市场原则生产这类物品，故把这类物品称作"市场生产公共物品"更能概括其实际情况。

④ 白景明. 公共经济 [M]. 北京：人民出版社，1994：10.

政府生产公共物品。

按照上面的分类标准，在农村基本公共服务项目中，政府生产公共物品主要包括生产安全、消费安全、社会安全、公共卫生、环境保护、义务教育、基本社会保障等。混合生产公共产品主要涉及就业服务、基本医疗、公共文化、公益性基础设施等。非政府生产公共物品主要包括两类：一类是可以分割付费的一些公共物品，如自来水、供电、供气、有线数字电视、电话、农村公交等；另一类是家庭、社区或志愿组织提供的养老、助学、扶贫等。

2. 政府角色定位

从物品特性出发，政府在提供公共服务过程中可以分别承担生产者、提供者、安排者三种角色。生产者是指政府亲自生产服务；提供者是指政府不直接生产，但通过政府掌握的资源（资金或政策）资助公共物品的生产者或消费者；安排者是指政府通过一系列制度安排，为公共物品的消费者指派生产者，或为公共物品的生产者指派消费者。[①] 物品的特性决定着提供机制，进而也决定着政府在某项服务物品提供中应扮演的角色；反过来，当政府扮演某种角色时也决定着它适合参与的服务项目及参与方式，超出了特定的服务项目或采取了不当的方式就会出现角色错位，也就是"做了不该做的事"。

3. 政府工具选择

政策工具是政府在执行中使用的实际方法和手段。目前，对于已开发出来的供政府使用的政策工具的种类已比较清楚，按照政府的介入程度的高低将公共政策工具分为三大类：自愿性政策工具、混合型政策工具、强制性政策工具；包含十小类，它们是家庭和社区、自愿组织、私人市场、信息和劝诫、补贴、产权拍卖、税收和使用费、管制、公共事业和直接提供。[②]

从实践来看，政策工具的选择比理论分类要复杂得多，因为各种政策工具的适应性受具体环境的影响，正如豪利特所说："政策执行的过程是一种把各

---

① 陈振明. 公共管理学 [M]. 北京：中国人民大学出版社，2005：190.

② 豪利特，拉米什. 公共政策研究政策循环与政策子系统 [M]. 庞诗，等，译. 北京：三联书店，2006：267.

种政府工具应用到政策设计中的具体案例的过程。"① 我国各地农村情况差异很大，执行过程中"对于政策手段的选择可能引发的争议往往不亚于政策本身的选择"②。基层政府在执行农村基本公共服务政策过程中需要结合地方的特殊性进行工具应用的创新。

"工具—效果途径"下，物品分类、角色定位和工具选择是影响执行的基本变量，以物品分类为基础可以确立角色定位和工具选择二者的关系。具体就基本公共服务而言，三类物品、三种角色和三类工具之间具有内在的关联性、匹配性和对应性。基于此，从政府的视角出发，本书构建了执行基本公共服务政策的三种模式：生产者—政府生产公共物品—强制工具模式；提供者—混合生产公共物品—混合工具模式；安排者—非政府生产公共物品—自愿工具模式。为了表述的简化，笔者将上述三种模式分别称为：生产者—强制工具模式、提供者—混合工具模式和安排者—自愿工具模式。

二、农村社区公共服务政策的执行模式

（一）生产者—强制工具模式

在为农民提供基本公共服务过程中，作为生产者的基层政府应该生产市场、社会等非政府主体不愿生产或没有资格生产的物品。非政府主体不愿生产的公共服务主要包括基本社会保障、公共卫生、环境保护、义务教育等，这类服务需要政府直接提供或出资创办公共事业组织。非政府主体没有资格生产的公共服务主要包括生产安全、消费安全、社会安全等。这类服务的实质是政府制定和执行有利于保障公民各类安全需求的强制性规则。市场主体和社会主体是没有资格生产这类无形公共物品的，政府是责无旁贷的唯一生产者。基层政府要有效提供这类公共服务，必须在国家相关法律约束下制定各种规章制度，并据此对各种违反安

---

① 豪利特，拉米什．公共政策研究：政策循环与政策子系统 [M]．庞诗，译．北京：三联书店，2006：144.

② 豪利特，拉米什．公共政策研究：政策循环与政策子系统 [M]．庞诗，译．北京：三联书店，2006：141.

全规定的行为实施全面、及时、到位的管制，才能满足农民对公共安全类物品的需要。例如，目前食品消费安全问题在农村地区比较突出，很多农村集市和农村小卖部成为假冒伪劣商品的集散地。出现这类公共安全问题的主要原因之一是基层政府既无管制规则又无管制行动，这是生产者缺位，也就是"该做的事没做"。还有一些地方的公共安全问题是因为基层政府想作为但又不知如何做，由于缺乏开发和使用管制工具的能力导致"没做好"。提供这类公共服务需要基层政府做到生产者角色和强制性政策工具的统一才能达成较为理想的执行效率与执行效果。

需要指出的是，政府运用强制性工具时，并不排斥其他类型政策工具的使用，比如社区、劝诫等工具在满足公共安全类服务需求方面也具有不可替代的作用，这里只是强调在提供政府生产类公共物品上应将强制性政策工具作为基础性和主导性手段。

（二）提供者—混合型工具模式

作为提供者的政府主要应该出现在混合生产公共物品的提供中，在农村基本公共服务项目下主要涉及就业服务、基本医疗、公共文化、公益性基础设施、村庄垃圾处理、村庄道路维护等。一般而言，在现代市场经济条件下，在直接生产环节，市场比政府更有效，基层政府应该将直接生产的任务交给私人，而政府在这类物品生产中的作用方式应该是：一方面通过资金或政策手段帮助私人生产者达成盈利预期，使他们由不愿生产转变为积极参与；另一方面通过给消费者补贴等形式把私人生产的公共物品提供给农民。在这类公共服务提供过程中，政府主要应该使用混合型政策工具，具体包括补贴、产权拍卖、税收和使用费、信息和劝诫等。

在提供者—混合型工具模式下，一方面基层政府要尽可能地退出直接生产环节；另一方面，基层政府提供某项公共服务时不能仅仅依靠某一种混合型工具，而是需要各类混合型工具组合使用，相互支持，以利于发挥各类工具的协同效应。譬如，政府在把补贴作为核心政策工具时，应辅以弱强制工具或弱自愿性工具，这样会放大补贴工具的效益。

（三）安排者—自愿工具模式

作为安排者的政府主要是利用自身在信息、权威性等方面的优势，在非政府生产公共物品的私人生产者（及社会组织）和公共物品的消费者之间发挥中介作用，促进双方交易行动的开展，或是为二者交易的进行构建有利的环境，政府并不提供资金支持或出台强制性政策。在提供农村基本公共服务过程中，涉及的服务项目主要有两类：一类是农村居民日常生活需要的，可以分割付费的一些公共物品，如自来水、有线数字电视、电话、农村公交、燃气管道、供电等。[①]这类物品在基础设施建设阶段可能既需要政府安排实施又需要政府的财政给予一定的资金支持，但在交付使用进入正常运行后，一般主要是按照市场原则运行，通过市场完成公共物品的生产者与消费者的交易，市场是提供这类公共物品的主要手段。另一类是养老、扶困、助残等针对农村特殊人群的公共服务。在这类服务中，政府可以通过直接提供或给予补贴等政策工具发挥作用，但以目前基层政府的实际能力来看，主要应该依托家庭、社区以及社会组织生产和提供这类服务，政府作为安排者应该通过一些直接或间接手段激励和促进这些自愿性工具主体积极作为，扩大它们的影响范围。奥斯特罗姆夫妇曾提出"共同生产"理论，也就是让公民参与公共服务的生产与供给，从底部—顾客那里寻求有效执行。譬如，如果能诱导顾客（公民）把垃圾拿到街上，那么就可以降低垃圾的处理成本。[②]这一理论实际上也是主张在某些公共服务的生产和提供中要注意使用自愿性政策工具。

---

① 虽然这类公共物品在我国大多由国有企业垄断经营，政府对这类物品的生产者有比较大的干预权，但毕竟公众通过付费才能享受到这类物品，提供这类物品的企业应主要被视作市场主体，服务的提供主要基于消费者和生产者之间的自愿交易，它不同于生产者角色下政府直接创办的公共事业，像免费的公园、图书馆、博物馆等公共事业是由政府出资创办后免费提供给公众的。

② 珍妮特·V·登哈特，罗伯特·B哈登特. 新公共服务——服务，而不是掌舵 [M]. 北京：中国人民大学出版社 2010：86.

三、小结

改善基本公共服务政策执行效果的两种途径：一是"制度—效益途径"，二是"工具——效益途径"。前者着眼于改善基层政府执行所依托的内外系统环境，目的是找出影响基层政府执行的内部和外部抑制性因素并加以排除，从而构建出"完美执行"所需要的基层政府和政府环境，这一研究途径的旨趣在于力图系统地从根本上解决基层政府执行中所面临的问题。但问题是始终存在的，而且一味强调执行所面临的问题往往为基层政府官员的不执行、无效执行提供借口。第二个途径是立足当前，从即在的基层政府出发而不是从政府环境出发寻求改善执行的效果。

在"工具—效益途径"下，影响执行的三个基本变量——物品分类、政府角色定位与政策工具选择把握起来较为复杂，这也是基层政府在执行中犯错误、效率及效果不理想的根源之一。另外，本书提出的三种执行模式主要站在公共经济学的视角，以效率、成本、效益为价值旨趣的规范分析，且某一模式下政府角色与政策工具之间只是相对最优匹配。还有，在政策执行实践中，各地农村在经济发展水平、政府能力、市场主体发育程度、社会组织发展水平等方面的差异决定着政府角色及工具选择的地方化、案例化是不可避免的，也是必需的。

当然，强调执行模式的案例化并不是否定规范分析的指导意义，作为农村基本公共服务政策执行者的基层政府，如能在既定的环境约束下，尽量尊重物品分类、政府角色与政策工具之间的逻辑关系，去做"该做的事"，运用"正确的手段做事"，对提高政策执行效果还是有帮助的。

第五章 农村社区建设和治理的信息化维度

一般认为，信息化概念是1963年由日本社会学家梅棹忠夫在《信息产业论》一书中提出，他从社会进化的角度将工业社会后出现的以信息为中心的社会定义为"信息化社会"，后被国际社会广泛使用。信息化概括了人类社会在完成工业化以后，由于信息技术广泛地开发和应用而展现出来的新的历史发展趋势。信息及信息技术在后工业社会的巨大而深远的经济社会影响得到越来越多国家的企业、政府及社会组织的高度重视，它们纷纷把推动自身信息化进程作为应对挑战、解决问题、推动经济社会进步的重要工具与方案。从社会主体结构角度，信息化一般包括企业信息化、政府信息化和社会信息化。从信息化的历史过程来看，一般先是企业信息化，然后是政府信息化，最后是实现社会的信息化。社会信息化代表了一个国家的信息化发展程度，反过来又为企业和政府的信息化提供了社会基础和进一步提升的要求、动力。我国政府在推进政府和企业信息化的同时，也高度重视社会的信息化。2005年6月，中共中央办公厅、国务院办公厅联合印发的《2006—2020国家信息化发展战略》提出推进社会信息化，包括教育信息化、科技信息化、卫生医疗信息化、社会保障信息化以及社区信息化和家庭信息化。其中，把社区信息化作为社会信息化的重要内容。我国的社区信息化建设首先是在城市社区展开的，经过几年的发展，城市社区信息化取得了重要进展，在城市社区管理、服务社区居民、发展社区文化、促进社区融合等方面发挥了重要作用。在推进城乡一体化的战略要求下，着眼于构建农村现代生活共同体，在农村社区建设过程中，也应广泛地应用信息技术服务农民，信息化理应成为农村社区建设的重要内容。

一、农村社区信息化的基本内容

（一）农村社区信息化内涵界定

社区信息化实践虽已进行多年，但学界对"社区信息化"的界定未给予过多的重视，相关论述较少，未形成权威性的定义，更未取得共识。王颖认为发达国家没有"社区信息化"的概念，与之相对应的是以电子政府为核心，政府建构起直接面向公民个人的电子公共服务体系。相关的架构与功能一般内含于政府门户网站之下：英国叫"便民服务体系"；美国叫"面向公众"；新加坡叫"市民频道—电子公民中心"；德国叫"居住者服务"。[①]就国内而言，民政部与国务院信化办公室共同界定的社区信息化概念认为："社区信息化是在政府主导和社会力量广泛参与下，以居民需求为导向，充分运用信息技术，开发利用信息资源，提高社区服务和管理水平的过程。"[②]有的学者则认为："社区信息化就是应用现代通信技术，尤其是互联网技术，构筑社区政务、社区管理、社区服务、小区及家庭生活各方面的信息技术应用平台与通道，并与社区系统有机联系起来，使与社区有关的各个成员在沟通信息时更加便捷，而且能够更加充分有效地开发、共享和利用社区信息资源，最终达到提高社区成员生活质量和促进社区全面进步的目的。"[③]还有的学者认为："所谓社区信息化，就是社区利用现代信息技术特别是电子电脑网络技术，有效地开发、利用和管理社区各类信息资源，从而实现社区信息自动化服务的过程。"[④]我们暂且将上面三种定义分别称为"过程论""目的论"和"技术论"。从"信息化"的词义分析，信息化既可以是一个"变化"的过程，又可以代表一种状态，比如说"某某地区实现了信息化"。社区信息化既是一个社区的信息技术应用过程，又是一种社会变化过程，而且信息技术的应

---

① 王颖.社区信息化评价指标体系研究[M]//王长胜.中国信息年鉴2008.北京.中国信息年鉴期刊社，2008：440.

② 王义，张德友，尹焕三.积极推进社区信息化建设提高社区管理和服务水平[EB/OL].（2008-10-13）[2018-1-12].http://mzzt.mca.gov.cn/article/hxsqyth/zxlw/200810/20081000020679.shtml.

③ 刘杰，彭宗政.社区信息化理论与实务[M].北京：清华大学出版社，2005：5-6.

④ 肖桂清.简论社区的信息化建设[J].中国建设信息，2006（4）.

用要以促进社会变化为目的，技术过程强调的信息技术本身的提升以及应用广度和深度的发展，社会化过程强调信息技术只有被一定社会主体使用，服务于一定社会目的才有其价值。此外，社区的本质是生活共同体，当前我们建设社区也是以生活为主要指向的，而生活共同体的形成离不开社区基础设施、社区服务、社区管理、社区文化等具体物理及社会条件的支撑，信息技术只有服务于生活共同体的建设才有其价值，只有嵌入到社区基础设施、社区服务、社区管理、社区文化建设过程中才会发生作用，体现其价值。综上分析，可以认为农村社区信息化是在各类社会主体参与下，以更好地满足农民现代生活需求为目的，把各种现代信息技术系统应用到社区建设各个层面的技术社会化过程。

关于社区信息化建设的目的与原则，2007 年，民政部和国务院信息化工作办公室共同起草的《关于推进社区信息化工作的指导意见（征求意见稿）》中，明确提出了社区信息化的"三个有利于"原则："有利于提高社区居委会和街道办事处工作效率，促进社区居民自治，沟通社情民意，化解社区矛盾；有利于增强政府科学决策能力，促进跨部门的业务协同，推动公共服务和社会管理有效覆盖到社区；有利于完善社区服务体系，提升社区服务发展水平，改善服务质量，方便居民生活。"这一指导意见虽然主要是针对城市社区提出，但对于农村社区信息化建设有其适应性。同时，又不能忽视农村社区和城市社区的巨大差异，二者的社区信息化在信息化建设的基础条件、参与主体、服务对象等方面存在着明显不同。对农村社区信息化的理解既要符合社区信息化的一般规律与属性，又要考虑到农村社区的特殊性以及农村社区建设的时代诉求。

基于上述分析，农村社区信息化的内涵应包含如下几个方面的内容：第一，农村社区信息化是把各种现代信息系统的硬件及软件设施嵌入农村社区管理、社区服务以及农村居民家庭生活中去的技术建设过程。第二，农村社区信息化是农村社区各类组织、农村居民渐进熟悉和习惯在社区管理、服务、日常生活中应用信息系统的技术社会化过程。第三，农村社区信息化以提高农村基层政府和其他组织主体管理和服务效率为目的；以更好地满足农民对现代生活需要，知晓、参与、监督乃至管理社区事务的民主需要，以农民主体性能力的提升为价值目的。第四，农村社区信息化建设是在政府主导下，多元社会力量参与合作共建的社会工程。

（二）农村社区信息化建设内容

社区信息化关键是将各种信息系统嵌入到社区建设的各个层面。从表面看是一个技术应用问题，但信息系统充其量是社会主体用来促进社区建设的工具，"用不用？""如何用？""用来做什么？"等问题都是由人来决定的。"事实上，现实生活中组织的信息系统建设和使用从来就不是单纯的技术问题，这些问题的形成及解决涉及大量的组织和管理的因素。如果不了解这些问题的成因，不会用综合措施去解决问题，那么问题永远不可能真正得到解决。信息系统这门科学已从以技术科学为主转变为技术与社会科学平分秋色，甚至形成以社会科学为主的态势。"①

从社会技术视角看，信息系统的一般结构模型见图 5-1。②该系统模型虽然是基于企业组织的建构，但对于农村社区的信息化建设也有启示意义。在农村社区信息系统建设中，组织可以理解为社区单元整体；股东和顾客融为一体主要是指农户；政府机构是社区信息系统建设的推动者，并且要建立能与社区信息系统连接的社区外部系统；供应商是指信息系统的提供商，竞争者则不存在，它们共同组成了社区信息化建设的要素。

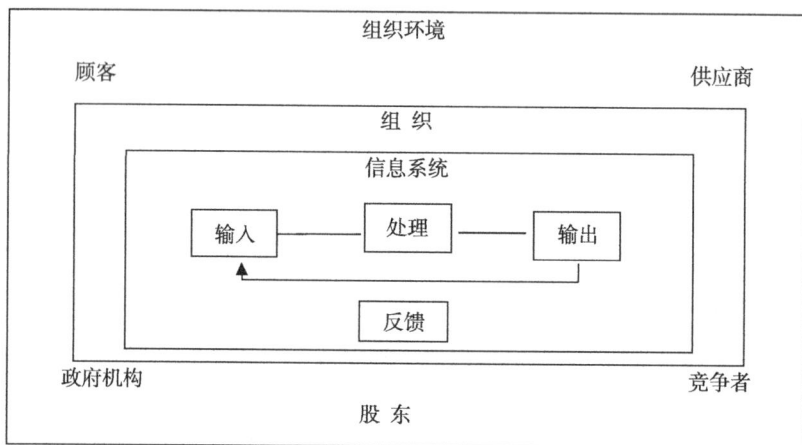

图 5-1 信息系统结构

---

① 周少华，王小丰 . 管理信息系统 [M]. 长沙：湖南大学出版社，2007：11.

② 周少华，王小丰 . 管理信息系统 [M]. 长沙：湖南大学出版社，2007：12.

　　这样，综合社会属性和技术属性要求，农村社区的信息化建设应该包括如下几个方面的主要内容。

　　适应信息化的组织建设。信息化的实践及信息化的社会研究表明，信息技术系统的效果如何不仅取决于其本身的先进性，更主要地依赖于组织结构、管理运行程序的科学性以及组织人员对信息技术系统的认知、接受程度和使用水平。如果农村社区建设的相关组织主体缺乏对信息技术的认知，缺乏使用技能，甚至排斥信息技术系统，农村社区的信息化建设将无法有效展开。信息化进程推进到今天，城市信息化已达到了相当高的普及程度，但基层的农村政府、村级组织、农民家庭的信息化程度还比较低，很多基层的工作人员，农民对信息技术产品还很陌生。主要存在以下几个方面的问题：一是面临着认知障碍。很多基层政府意识不到信息化的重要性，对信息化工作不积极甚至排斥，认为可有可无，不愿在信息化方面投入。例如，我们登录互联网就会发现，我国虽然有 4 万多个乡镇级别的行政单位，但建立了乡镇级门户网站的比例并不高，即使像江苏、广东等信息化程度较高的省数，大多乡镇虽然建设了自己的门户网站，但网站的信息量较少，网站功能过于简单。二是缺乏推进信息化的专门组织机构。现在绝大部分农村基层组织里没有设置专门负责信息化工作的部门，甚至也没有配置专职的工作人员。信息化工作往往是临时性的、兼职性的，经常性的工作无人负责。三是缺乏信息化的发展规划。2007 年，民政部和国务院信息化工作办公室共同发布了《关于推进社区信息化工作的指导意见（征求意见稿）》。目前，大部分省以及部分地、市跟进出台了相应的地方社区信息化发展意见乃至发展规划，但主要是针对城市社区而言的，至于农村基层，地方还基本没有相应的农村社区信息化建设规划。四是信息化技术人才缺乏。信息技术的推广、培训、软、硬件的维护离不开信息技术人才，而我国大多数地方的农村信息技术专业人才的数量远远不能满足推进农村社区信息化的需要。五是应用水平低。例如，有的乡政府年龄稍大一点的工作人员虽然办公室守着电脑但不会操作，有些农户虽然家里买了电脑但除了上网浏览网页、聊天、玩游戏、看视频节目之外不会使用其他功能。

　　针对以上情况，农村社区信息化建设要做到以下几方面。

第一，组织层面的信息化文化建设。这涉及农村基层政府、农村社区组织、农民家庭、农村信息化运营商等主体。

第二，社区层面的信息系统建设。从技术角度来看，人们日常生活中的信息系统终端有电脑、数字电视、手机、电话等，但其运行都是以电脑为基础的。也就是说我们应用的信息系统一般都是基于电脑的信息系统（Computer-Based Information Systerms，CBIS），主要由硬件系统、软件系统、信息数据存储系统和通信技术系统组成。因此，信息系统建设应包括：首先，信息化硬件系统建设。主要是为农村社区组织配备电脑、数字电视、电话及网络接入设备等信息化系统硬件。其次，软件系统建设。从功能划分，可以分为三类系统：第一类，主要是各类农村社区组织内部的 OA（办公自动化）系统。第二类，面对社区居民的管理和服务系统。从服务类型划分，主要包括农村政务信息发布系统、医保服务系统、社保服务系统、就业服务系统、治安监控系统、人口与计生服务系统、远程培训教育系统、农村环境监测系统、金融服务系统、电子商务系统、各类涉农经济信息发布分析系统等。第三类，以后台集成整合为基础的前台界面系统。包括农村社区门户网站及各种界面友好的信息终端（如一卡通刷卡终端、ATM 机、POS 机、电子信息发布屏等）。界面系统的建设应该便于农民了解信息、获取服务，像社区网站还应该具有信息反馈互动功能。最后，信息资源建设。软、硬件组成的信息系统功能的发挥必须有数据信息的支持，数据信息是系统的内容，如果把系统比作"车"，那信息就是车上的"货"，没有信息数据系统就会处于闲置、空转状态。为此，社区信息化除了系统软、硬件建设外，还应该进行信息资源建设。资源库的信息又包括两个方面内容：一是来自外部的，农村社区居民需要的一般性信息，如政策、生活、生产、文化、交易等方面的信息。二是要搜集、整理属于本社区的人员、组织及社会各方面的信息。这类信息对于农村社区信息系统的运行更有价值，离开了这些地方化、立体化的信息，就无法为社区农民提供有针对性的管理与服务。

第三，农民家庭层面的信息化建设。农村社区信息化的主要目的是方便为农村居民提供服务，方便农民知晓、参与、监督社区事务，如果农民在家中能实现和社区、社会信息系统的对接，将极大地提高各种信息系统的运行效率。另外，家庭信息化使家庭成为农民接触、了解、掌握信息技术的平台，有利于培养农民使用信息设备的习惯，为社区信息化及其运行提供了必要的社会基础。

"在个人和家庭层面的信息化过程主要是实现家庭与社区、社会服务的联通，保障家庭范围内的信息互通和共享，提供多样化的个性服务。从技术角度来看，数字家庭由家庭终端、家庭网络和社会服务三个部分构成。数字家庭终端包括以电视、电脑、移动通信设备、网络家电等为代表的个人、家庭消费类产品，通过这些终端设备将社会服务送到每个人和每个家庭。数字家庭网络是家庭内部互联互通的基础平台，同时也实现了家庭内外部的互联互通。更为重要的是数字家庭背后的社会服务。为数字家庭所提供的服务针对个人和家庭用户，范围涉及公共事业性服务（水、电、气等服务）、社区物业服务、社区电子商务等内容，也包括政府公共服务，如教育、医疗卫生、养老等服务。"① 农村家庭的信息化在家庭终端和家庭网络两个方面应该与城市家庭没有区别，而在发展阶段以及生活、工作内容的差异性会导致对社会服务项目的需求上有所不同。各地农村政府及社会组织应根据本地农民的需求结构建立延伸到农户家庭的信息服务系统。

第四，政府指向社区的信息化建设。农村社区的信息系统除办公自动化系统外，大多数管理和服务系统都是上级政府系统的延伸，是上级所建立系统的终端，系统运行的基础平台一般都要由县级及以上政府建立，所以农村社区信息化没有县级基层政府的支持是不可能形成完善的为农民服务的信息化系统。这也要求农村的基层政府在信息化规划、建设过程中一定要考虑系统的可扩容性，为农村社区的信息化提供基础条件，并在农村信息化推进过程中及时调整不适应农民需要的、不方便和社区系统对接的各类社区外的上层系统。也就是说，农村社区信息化作为一个系统工程不仅仅是指社区内部的信息化，而且包括社区之上的政府进行适应社区需要的信息化建设，农村基层政府的信息化是农村社区信息化系统工程的必要组成部分。

① 宋煜.基于"差序格局"理论的家庭和社区信息化应用策略 [J].学习与实践，2009（9）.

（三）农村社区信息化建设路径

农村社区信息化建设是一项规划性的农村社会变迁，它不仅仅是农村社区物理设施的进步，更重要的是需要社区各类主体接受和应用信息技术，实现社区生活的信息化。同时，任何社会工程的实施都需要相关专业人才的支撑，同时需要通过一定的机制来筹集、整合、运行各种资源。为此，农村社区信息化建设需要从以下几个方面开展。

第一，建立农村社区信息化领导机构。农村社区信息化需要政府发挥主导作用，现在国家层面已经制定了农村信息化建设的相关战略，明确了发展的阶段性目标，基本认定了信息化设施是社区公共基础设施的组成部分，但诸如中共中央办公厅、国务院办公厅发布的《2006—2020 年国家信息化发展战略》《国民经济和社会发展信息化"十一五"规划》等系列政策，基本是规划性、原则性、指导性的，各地农村信息化建设需要由基层政府建立相应的部门，配备专门的人员，以结合地方情况，协调整合各方人才、技术、资源共同推进本地农村社区的信息化。

第二，制定科学的农村社区信息化建设规划。农村社区信息化是为了弥补城乡"数字鸿沟"，进而缩小城乡差距，以信息化推动现代农村社区建设的规划性社会变迁。作为一项系统工程，涉及多方利益主体，需要多种资源，必须协调各种复杂的社会关系，形成合力才能有效推进。同时，信息化设施的建设投入巨大，且信息技术更新换代迅速，对信息化建设带来的投入风险要给予足够的重视。否则极有可能出现"信息悖论"，信息化的建设非但不能给农民带来收益，反而会成为农村发展的负担。为此，推进农村社区信息化需要先行规划，应在征求多方意见、充分论证的基础上制定科学规划，并且要树立规划的权威性，不能因人随意更改。

第三，在农村基层、社区开展信息化宣传。主要应在三个层面展开：一是对农民进行宣传。近年来，我国农村的信息化发展迅猛，电视、电话、手机等信息终端基本达到普及的程度，电脑、互联网在发达地区的农村社区也已达到相当高的入户率，在中等发达地区的农村也不是新鲜事物，但信息技术应用还处于初级阶段，应用深度远远不够，且使用集中在农村的年轻人中，45 岁以上的农民对信息化的必要性缺乏认识，对电脑等信息产品的使用缺乏积极性。二是对农村基层政府领导及工作人员进行宣传。目前，很多地方基层政府领导对信息化工作重视不够，不愿意在信息化工程上投入，影响了信息化工作的推进。三是对农村商业组织及社会组织进行宣传。当前，大多数农村社区的商业组织及社会组织还没有意识到信息化对经营、管理上的重要作用，不愿在信息化建设上进行投入。

第四，引进和培训社区信息化人才。信息技术系统终端的使用需要使用者具备一定的专业知识技能，而信息系统的后台的开发、维护、运行更需要具有相当专业知识背景的信息技术人才。农村社区信息化面临的一个重要"瓶颈"就是信息专业人才的缺乏。为此，发展农村社区的信息化，需要通过开展技术培训在农民中普及一般性的操作技能，需要通过引进人才或专业培训建立起扎根社区的信息技术人才队伍。

第五，探索和形成推进农村社区信息化的资源整合机制。农村信息化主要包括农村基层政府、农村社区组织、农户家庭三个层面的信息化，涉及不同的责任主体、投资主体、使用主体，因此要分类探索，形成相应的建设、运行、维护机制。在基层政府和农村社区党委及行政组织层面的信息化，政府应成为主要的投资责任主体，同时要借助信息技术运营商的技术、人才优势以购买服务的形式维持信息系统的运行，其可称为"政府 + 企业"的建设模式。社区商业组织信息化一般可以通过市场机制加以解决。商业主体既是投资者又是受益者，应该以自己购买信息技术运营商产品的形式实现信息化，其可称为"企业 + 企业"的建设模式。农户家庭的信息化一般也是通过市场购买运营商服务的模式实现，但为了促进农户家庭的发展进程，政府可以给予政策性补贴，提高农民家庭信息化的积极性，其可称为"农户 + 企业 + 政府"的建设模式。

需要明确的是，农村社区信息化领导机构、信息化建设规划、信息化宣传、信息化人才的培训、信息化建设机制的探索最终都需要表征为看得见、摸得着、用得上、见效果的信息化软、硬件设施及其应用。

二、信息技术在农村社区建设中的应用指向

"即使在南北战争使国家政权巩固之前，美国人就已经为信息技术时代的到来构建了必要的基础设施，这些设施已经建设在地面之上，体现在他们的组织活动之中，融入他们对信息技术的热忱里，渗透在他们的风俗、习惯和期望之中。"① 这是美国康涅狄格大学历史系教授理查德·D. 布朗（Richard D.Brown）对 19 世纪之前美国人对信息技术使用的热情的概括。美国以其发展的历史作为一个成功的典型故事，诠释信息技术及其应用对一个国家政治、经济、社会、文化及人的发展的重要意义。农业时代国家与国家的差距主要根源于对土地利用的差距，工业时代国家与国家的差距主要根源于对资本使用的差距，在 20 世纪 80 年代，国家与国家的差距越来越根源于对信息应用的差距。而在一个国家内部，不同地区之间、城乡之间的差距也越来越源于信息应用的差距。农村社区建设承载着农民生活现代化，城乡一体化的历史使命，在信息化成为重要的时代发展趋势与发展动力的背景下，农村社区建设中，必须把信息技术系统应用到农村社会的各个层面，把信息融入农村社会的机体当中去，让使用信息技术成为农村社会的风俗与习惯。

（一）在农村经济发展中的应用

农村社区经济主要由农业、乡镇企业② 和商业服务业构成。从现在来看，农业信息化得到了较多的关注，农民也逐渐认识到信息的重要性，比较注意通过各种信息手段搜集政策、种植技术、农产品交易等方面的信息，电视、电话、手机、互联网等都进入了农民的信息搜集工具箱，农民信息搜集的硬件设备有了很大改善。但农民的信息分析处理能力还有待提高，一个表现就是仍有很多地方会出现农产品滞销的情况。农产品的滞销反映了农民的种植结构不合理，而种植结构的不合理又根源于农民对农业市场信息的综合分析能力及利用信息科学决策的能力

---

① 钱德勒，科塔达.信息改变了美国——驱动国家转型的力量 [M]. 万岩，邱艳娟，译. 上海：上海远东出版社 2008：55.

② 这里所指乡镇企业不是身份视角下乡村人士办的企业，而是指所在地理上位于乡村区域内的工业企业。同时，笔者也注意到，乡镇企业之概念已淡出主流话语，从所有制构成看，改革开放后所指称的乡镇企业绝大多数应界定为民营企业。

不足。应该说，目前我国的农业信息化还处在比较初级的阶段，主要局限在农产品交易环节。因此，应推动农业信息化由以交易环节为主推向农业产业全过程，由信息搜集向信息分析决策推进，由农民自我信息处理向专家辅助分析决策推进。

乡镇企业的信息化应该成为农村社区信息化的重要方面。就笔者对江苏及河北农村企业的实地调查及互联网检索结果来看，大多数乡镇企业的信息化应用还处在比较初级的阶段，虽然基本都配备了一定数量的电脑，接入了互联网，但只有少数企业建立了网站，而且网站内容简单，内部的管理信息系统也基本没有建立起来。农村乡镇企业的信息化不能仅仅停留在企业办公的自动化，小型乡镇企业对外应建立企业网站作为对外宣传窗口，而大型乡镇企业内部还应在形成现代企业管理结构的基础上，建立适应企业功能性需要的市场／销售系统、制造／研发系统、财务分析系统、会计系统、人力资源系统，适应各个管理层级需要的总裁支持系统（Executive Support Systems，ESS）、决策支持系统（Decision Support Systems，DSS）、管理信息系统（Management Information Systems，MIS）、知识工作系统（Knowledge Work Systerms，KWS）、办公自动化系统（Office Automation Systerm，OAS）和作业处理系统（Transatcion Processing Systerms，TPS）。通过信息化，乡镇企业对外可以提高知名度，既有利于组织市场资源，又能促进产品销售，扩大市场规模，提高企业自我发展能力；对内则可以提高企业的管理水平，产品研发能力，从而提高企业的竞争力。

农村社区的商业服务基本都以个体经营为主，规模较小，但在内部也可以建立简单的信息系统，比如网上订货系统、货物管理系统、在线安全监控系统、销售扫描系统、电子消费刷卡终端等。对外则可以通过电视、电话、互联网及时了解各种政策、商品信息、最新的市场动态，及时知晓外部世界最新的产品与服务的相关信息，做到同步更新商品与服务的内容，既可以更好地服务社区居民，又可以促进产品与服务销售，提升经营效益。

（二）在村政管理改进中的应用

农村社区的基层管理也应该遵循效率与民主的基本价值取向，信息化在其中可以发挥重要的作用。从工具理性的角度看，通过基层乡镇政府及村"两委"的内部办公、公文往来等政务环节的信息化可以有效地提高工作效率，通过建立有关社区居民及社会信息资源库可以提高社区管理的针对性，通过运用信息系统可以提高管理决策的科学性。

就价值理性而言，信息技术对促进农村社区管理的民主化也具有重要的促进作用。基层民主的一个重要原则与目的是让群众对身边的事务拥有知情权、参与权、管理权与监督权，而人的权利是与信息的自由传播密不可分的。以互联网为代表的现代信息技术恰恰为信息的自由传播提供了条件，在具备相应的信息化条件下，每个普通农民只要登录互联网络就可以获得和社区精英平等的信息获取与发布的权利。比如，在社区公共利益表达上，随着村民网络使用深度加深，很可能形成如村网站、贴吧、QQ 群等形态的网络公共空间，网络空间对现实公共空间具有部分置换和替代功能，而且网络公共空间更具平等性。在网络公共空间，普通村民获得了同等话语权，实现了农村场域公共话语权由精英群体向非精英群体的扩散。当然，由于话语意识和话语能力的不同，实质的话语平等也并不一定形成，但毕竟普通村民获得了以更少顾虑方式进行话语表达的可能，这为更真实的村域公共利益表达和形成提供了条件。这对提高农村社区的治理水平具有重要的意义。

（三）在社区服务提供中的应用

对于农村社区公共服务的内容，目前，国家在政策层面还没有统一的界定，学者之间也存在争议。王云斌认为农村社区公共服务主要包括基础设施、社会保障、老年福利、社区安全、社区医疗、社区文体、农技推广等内容。① 前文提到常修泽对基本公共服务内容有一般性的概括，主要包括：就业服务和基本社会保障等"基本民生性服务"；义务教育、公共卫生和基本医疗、公共文化等"公共事业性服务"；公益性基础设施和生态环境保护等"公益基础性服务"；生产安全、消费安全、社会安全、国防安全等"公共安全性服务"。虽然学界在农村公

---

① 戚学森. 农村社区建设 [M]. 北京：中国社会出版社，2008：93.

共服务项目范围认定上有所差别，但对农村社区公共服务的现状还是有共识的，即农村公共服务发展十分滞后，需要下大力气提高服务水平。相较城市来讲，受地理区位、发展阶段、社会环境、基础设施水平等因素的制约，农村在服务对象信息搜集、服务提供者与服务对象之间的沟通、服务系统建立、服务产品送达、服务运行管理、服务监督等环节面临着更多的障碍，导致农村服务的时效性、便捷性及丰富性较差。而信息技术作为有效的手段，可以为建立城乡一体化的、高效的、便捷的农村服务提供技术支持。现代信息技术在农村服务中的应用已有多个成功案例，在很多方面显示出了巨大的服务提供能力。例如，江苏省常州市的大多数村级社区卫生服务站都接入了县级村卫生室门诊收费系统，大大简化了报销手续，方便了参保农民，农民可以以很低的获取成本享受到政府提供的医疗保障服务。该市公安部门建立的公共安全在线监控系统也已深入许多农村社区，在农村社区的主要路口都加装了在线摄像头，通过摄像头，乡镇派出所可以实时在线监控各村的治安情况。

（四）在社区文化发展中的应用

当前农村社区文化，特别是公共文化建设滞后，这是一个不争的事实。农村社区文化建设滞后的重要根源是农村远离文化的主要生产地——城市。同时，传统的文化传播主要表现为文化人流和文化物流，这两种文化资源载体受空间的阻隔使农村获取文化的物质成本和时间成本高昂，制约了农村社区文化的发展。

而数字信息技术的出现使文化获得了一种新的形态，几乎所有的文化资源都可以转化为数字，因此，文化传播过程可以由过去的人流和物流转变为数字流。同时，互联网络的"时空压缩"功能，可以将数字化的文化资源进行远距离传播，从根本上解决了文化生产者和文化消费者的场域分离问题。在网络的世界里，文化富集地城市和文化贫瘠地农村不再有文化中心与文化边缘的区分，网络在技术上构建了一个无空间坐落差别、无时间顺序的文化资源获取平台，第一次在技术上解决了农民文化生活的时滞性问题。互联网还以网络边际效益递增特性形成的技术成本优势，极大地降低了文化获取成本，为向农村及时性、大容量文化输入提供了技术和经济的可行性。此外,网络还彻底改变了农村文化的单中心获取方式,在互联网以前的传播技术约束下,输入性文化资源主要来自于与其相邻的中心城镇,农村文化是在一个地方性的、相对封闭的空间内生长,而依靠互联网,农村社区可以进入超地方性的、开放的文化空间,彻底解决来源单一的问题。

进一步而言,基于互联网强大的文化传媒功能,笔者认为互联网作为革命性的农村文化传播渠道,对从根本上破解农村社区文化建设的困境,消弭城乡文化鸿沟具有极其重要的作用。主要体现为:一是有效解决农村文化资源量不足的问题。互联网就是一个巨大的文化资源库,为每个网民提供了充足的资源储备。二是满足农民分众化、多样化文化需求。基于数字技术和互联网络技术发展起来的网络多媒体,实现了对图书、报纸、广播、电视等传统文化传播形式、功能、内容的全面整合,甚至下棋、打牌、交友、聊天等传统民间文化娱乐需求在网络中也可得到满足。三是农村文化品质的提升。互联网络里有大量现代科学文化知识、大量文化精英的文化创造。通过网络,农民可以零距离的接触到高品质文化产品。四是有效解决农村文化内容陈旧问题。身在乡野的上网农民可以"即时"获得最新的文化产品,享受与世界同步的文化娱乐,进而实现对村域文化资源的持续补给与更新。五是促进农村文化积累。个人电脑和互联网络可以实现近乎零成本的文化资源的保存、复制,便于农村文化资源的累积。

三、信息化与农民主体性提升

按照以人为本的发展理念,经济、政治、文化、社会的发展应服务于人的个体发展需要,要最终表征为人的发展。从社会属性而言,人的发展又集中表现为人的主体性的发展。农村的各项建设应服务于农民发展需要,为农民主体性的发展提供必要的条件。也就是说,张扬农民的主体性应是农村建设的核心内容与终极目标。但从现实来看,农民主体性的张扬还受着各种现实的社会条件的束缚。值得欣慰的是,自20世纪末以来,政府、社会、农村的信息化进程为农民主体性的发展提供了历史性的机遇,信息技术正在作为一种基础性的社会力量解构着种种压制农民主体性的社会结构。同时，信息技术还是一种直接性的社会手段为农民超越种种主体性障碍提供了可能，信息技术还是"赋能者"，帮助农民改变着自身的状况。

"一般来说，主体性是指主体在与客体的关系中所表现出来的自觉能动性。"① 这种主体能动性表现为人在社会实践中的自主性、能动性和创造性。一方面，人的主体性的实现是需要现实条件支撑的，如个人的知识、资源、权利与自由等；另一方面，人的主体性又需要必要的约束，因为人常常受私欲支配，不加束缚往往导致主体性的泛滥，但规制过度必然抑制主体性的实现。

封建社会，在封闭的社会政治环境下，我国农民的主体性长期处于被压抑的状态，究其原因，一方面，从制度看，长期以来，我们不仅没有给农民提供必要的权利保障制度，而且形成了不少束缚农民权利实现的制度，对农民规制过度，导致农民的自由不足；另一方面，从物质保障看，也没有给农民主体性的实现提供必要的现实物质条件，即条件不足。

制度的变迁往往需要漫长的复杂博弈，在短时间改变农民的制度环境不太可能，但信息时代的来临，让农民主体性穿越现实制度的藩篱有了可能。如卡斯特等人认为："互联网是一项自由的技术。它允许绕过制度上的控制来建立以自己为导向的平等交流网络。"② 同时，信息技术就像一个"赋能者"（Enabler），可以为农民张扬主体性提供知识、资源、平台与手段。主要体现在以下几个方面：第一，改善农民的知识状况。晏阳初认为中国农民有四大基本问题之首是"愚"，而费孝通则认为农民并不"愚"："关于病和贫我们似乎还有客观的标准可说，但是说乡下人'愚'，却是凭什么呢？……这样看来，乡村工作的朋友说乡下人愚，显然不是指他们的智力不及人，而是说他们知识不及人了。"③ 笔者作为农民的后代，有长期的农村生活体验，完全赞成费孝通的观点：农民缺的不是智力而是知识，并且不是传统乡土知识，而是现代性知识。是什么原因导致农民现代性知

① 李萍. 主体性——"以人为本"的精神内核 [J]. 社会科学家，2007（6）.
② 卡斯特. 网络社会——跨文化的视角 [M]. 周凯，译. 北京：社会科学文献出版社，2009：268.
③ 费孝通. 乡土中国·生育制度 [M]. 北京：北京大学出版社，1998：12-13.

识的贫乏呢？是偏远和封闭导致农民无法获得必要的知识。信息化为农民克服偏远和封闭进而获得必要的现代性知识提供了难得的历史性机遇，借助互联网强大、便捷、超时空的知识传播功能，普通农民可以极大地改变自己的知识状况，为农民张扬主体性提供必要的知识基础。第二，为农民主体性提供资源基础。"贫"和"弱"是农民无力感的根源，一个无力的人缺乏动起来的能量，最好的生存方式是蛰伏与依附，作为主体的自主性、创造性更无从谈起。"贫"是因为缺乏物质资源，"弱"是因为缺乏组织资源。信息化虽然不可能在短时间内解决农民"贫"的问题，但可以给农民提供更多的致富信息，为自己改变物质匮乏提供更多的机会。信息化也不可能直接解决农民"无组织"的问题，但信息系统却可以实现农民和外部社会的即时连接，如果能获得外部社会力量的支持，"无组织"的农民就多了一份张扬个性的底气。第三，为农民提供了新的话语平台。农村社区建设与治理不可能在农民失语的情况下进行，因为只有农民知道自己最需要什么，但现实是农民的话语常常被其他话语所淹没。现有的村民自治制度、信访制度难以有效地给农民提供话语机会，且成本高昂，反应迟钝。在制度化发声渠道不畅的情况下，农民需要寻求其他的表达渠道，信息技术建构的网络世界无疑可以对此有所帮助。第四，为农民成为社会化主体提供新手段。在市场化、开放化的背景下，农民的理想与行动不可能在与外部社会隔离的状态实现，参与社区与社区之外的社会生活才能完成个体的创造、实现个体的价值。徐勇认为如今的小农已是"社会化小农"[1]，但令人失望的是无论进城还是在自己世代栖息的农村，农民都处在社会的底层，无法以平等主体的身份真正地实现社会性（Socially）的生存，更大程度上还处于身体性地（Physically）生存状态。[2] 通过农村社区信息化，使农民成为"信息化小农"，虽不能在短期内根本改变农民在整体社会结构中的位置，但毕竟可以为农民参与社会、为主体性的实现发现更多机会，提供新的参与手段。

---

① 徐勇，邓大才. 社会化小农：解释当今农户的一种视角关 [J]. 学术月刊，2006（7）.
② 英国学者巴特·范·斯廷博根在研究欧美国家的下层阶级时认为，他们被社会所孤立和边缘化，虽然在一定的社会保障体系保障下，生存下去没有问题，但却与主流社会隔离，无法实现自主和对社会共同体的平等参与。

四、信息化对农村社区的治理意蕴

当我们着手推进农村社区信息化时，也就意味着为农村社会嵌入新的结构要素，农村社会系统会因为新要素的进入而发生变化。同时，早于农村社区，其外面的国家与社会也经历着信息化进程，而外面的信息化也同样改变着外面的国家与社会系统。这一切对于特定的农村社区而言都有其治理意蕴，意味着农村社区治理所依存的内外基础社会环境的改变，主要有以下几个方面。

（一）信息技术驱动农村社区社会背景的变迁

1972 年，澳大利亚经济学家提出了一个"蜂窝状"经济的概念，后来国内学者受此启发认为：在整个封建时代，中国的社会结构是"蜂窝状组织结构"或"蜂窝状社会结构"。① "蜂窝状社会结构"是指这样一种社会结构：虽然国家垄断着绝大部分的稀缺资源，并且为了执行国家的意志而建立了一个严密的组织系统，但这并不意味着这是一个高度整合的社会。相反，各个地方实际上形成了自给自足的自治体系，整个国家似乎是由互不相关的单位所组成。② 在蜂窝状社会结构下，每个村落或"基层市场共同体"成员的交往被局限在狭小封闭的地域范围内，与外部社会的横向联系的途径非常有限，而主要通过村干部、基层政府实现与高层统治者的单线纵向连接。这样，在蜂窝状社会结构下，底层社会成员要改变自身处境只能沿着纵向权力线向上流动，而通过横向交流求得发展的机会受到严重限制，结果是"向上流动的政治循环系统吸纳了社会的绝大多数精英，致使整个社会的多元化发展受到制约，造成社会的多中心的精英横向发育和流动系统脆弱。封闭的社会进一步'倒逼'政权结构，形成一种从乡绅—官僚到皇权的一体化的封闭政权结构"。③

在封建时代，蜂窝状社会结构与封闭的政权结构及与其相适应的文化价值结

---

① 孙立平 . 转型与断裂——改革以来中国社会结构的变迁 [M]. 北京：清华大学出版社，2000：156.

② 尹冬华 . 当代中国国家与社会关系的转型 [EB/OL]. （2006–10–11）[2018–1–25].http：//www.chinaelections.org/newsinfo.asp?newsid=96593.

③ 张敏 . 帝制中国治理的三重格局及其启示 [J]. 青年文化评论，2010（13）.

构构成了农村社区生存的主要外部社会环境、政治环境与文化环境。但自 20 世纪 80 年代的改革开始，随着经济的市场化、政治的民主化、社会的开放化，蜂窝状社会结构开始松动。到 90 年代后期，特别是进入 21 世纪以来，随着整个国家的信息化进程，信息技术作为一种新的社会技术力量与原有的变革力量一起加速着蜂窝状社会结构的解体，趋向网络化社会。正如卡斯特将西方社会网络化的起源概括为：在工业制度的危机、面向自由的社会运动的兴起以及信息和通信技术革命三种具有独立起源的社会进程之间的相互作用中，出现了社会组织的新形式——网络社会。① 虽然我国改革开放的历史背景与西方社会截然不同，但改革开放后的社会进程与西方社会具有很大的相似性，即使不论及此，单从社会信息化实践进程观察，可以确认以互联网为代表的信息技术作为新的社会力量正在打破着长期以来的封闭的政治结构，穿透着"蜂室"与"蜂室"之间的隔膜，把不同地方性社会单元之间连接起来，原来孤立、封闭的社会单元渐渐融入互动的社会网络，成为其中的一个资源与信息"节点"。

以信息化为基础之一的网络社会既是不同社会力量运动耦合的结果，又为不同的社会力量结构及其关联方式提供了背景、提出了要求。在此不想作全面的分析，主要就信息技术对政府治理方式的影响展开论述。

就信息技术的政治影响，学术界是存在争论的。一种观点认为信息技术不能自动创造新的体制方式，而且当政者可以利用信息技术强化现有的制度结构。例如，张成福认为："现代的信息和通信技术无法自动地、自发地发展出有意义和价值的政府制度安排；信息技术应用于政府治理和公共事务管理的功能和意义，取决于政府和公共管理者对于信息技术和电子化政府的概念的理解与赋予其什么样的意义。在把信息技术应用于政府的时候，如果我们对政府存在的价值、意义、使命和任务等根本问题缺乏反思；如果我们对政府改革的目标和方向缺乏反思；如果我们不对传统政府治理的缺陷和误区进行反思；如果对信息社会的性质缺乏必要的认知；那么电子技术应用于政府，不仅无助于政府自身存在的问题的解决，

---

① 卡斯特. 网络社会——跨文化的视角 [M]. 北京：社会科学文献出版社，2009：24.

无助于政府的改革和转型，反过来，只能强化现行政府结构和制度。"①张成福并不否定信息技术对政府改进自身治理方式的意义，但他一方面是为了避免技术决定论的嫌疑（这是应该肯定的）；另一方面又认为政府可以抵制信息化对政府治理变革的要求，甚至利用信息化技术强化原有的统治逻辑。对此笔者认为值得商榷。另一种观点认为信息技术必然带来政府治理方式的变革，要么主动变革，要么最终被信息技术及其引起的社会变革力量所颠覆，退出历史舞台。美国著名未来学家托夫勒曾说："第三次浪潮不仅仅是个技术和经济学的问题。它涉及道德、文化、观念以及体制和政治结构—正如工业革命摧毁了先前的政治结构，或者使得这种政治结构丧失意义一样，知识革命以及它所发动的第三次浪潮变迁将对美国和许多国家产生同样的效果，承认这一历史事实的政党和政治运动将生存下去。"②

就信息化对政府的影响持决定论的观点肯定是不可取的，因为它简单地认为技术直接或自动地建构了社会图景，但今天真正偏执的技术决定论者寥寥无几。具体到信息化对政府治理方式的影响。笔者认为，信息和通信技术不可能自动或直接地创造新的有意义的制度安排，但技术发挥作用是以人为中介的，技术改变了社会环境，主政者、参政者感到了环境的压力，认识到非如此而无法自立或继续存在，技术没有直接地或自动地创造新的制度，但技术通过改变经济和社会结构、改变人们的活动和连接方式、时空概念、价值和意义结构，间接地向社会管理者提出了要求，管理者可以不回应吗？从逻辑和历史的分析我们会得出相同的结论，回应是不可避免的。当然这种回应会受到其他社会力量的牵扯，既有的文化、制度、观念、利益结构都有其运行的惯性，但技术作用的逻辑是发于生产力结构和生产关系结构的，矗立于其上的一切迟早会发生改变，或是主动求变，或是被迫改变，或是终极颠覆，舍此不会有其他的命运。积极型的主政者总是主动回应被技术改变的社会要求，因而获得新的合法性资源，赢得更广泛、持久的社会认同，社会也因政府的变革获得一种更为良性的秩序与活力状态。可以认为，

---

① 张成福 . 信息时代政府治理：理解电子化政府的实质意蕴 [J] 中国行政管理，2003（1）.

② 托夫勒 . 创造一个新的文明——第三次浪潮的政治 [M]. 陈峰，译 . 上海：上海三联书店 1996: 5-6.

政府通过变革自身的治理方式以回应信息化带来的社会要求是不可避免的。

从西方国家的实践来看，20世纪80年代以来，官僚制处于被解构过程之中，去政府中心化的治理理论兴起。人们把治理理论兴起的原因归结为官僚制架构的政府失灵（官僚制的反功能）和自由主义的政府失灵。笔者认为并非如此，上述问题只是其表层动因，治理兴起的更深刻的动因应归结为社会运行的经济社会基础结构的改变。信息技术的广泛应用改变了企业、公民、社会组织的结构方式、时间标度、空间范围，流动速度和范围的改变要求作为管理者的政府加以适应。因此，虽然还是原来的官僚机器，可能比原来更完善、更精致，但在原有的框架之内却无论如何也做不到有效、及时地回应信息化时代企业和公民社会对公共产品的要求，因为韦伯式的官僚制是基于管理和服务工业时代的社会而设计的。官僚制是完美的，但审美的标准变了，属于它的时代已经渐渐远去，其合法性不可避免地受到质疑。另外，西方社会在20世纪70年代基本解决了生存问题，由生存型社会进入发展型社会，公民更加关注生存以外的更广泛的社会问题。问题的性质发生了改变，公民社会需要更丰富、更自我的生活形式与内容，而非经济性需要的增加，特别是精神层面的要求政府很难满足，这样需要社区的复兴、第三部门的发展以及各种自组织网络的发展。同时，公民价值结构和关注焦点结构分散化、复杂化，一方面要求政府提供更全面、及时的服务；另一方面又有反权威的要求，要求解构政府权威。新保守主义和新自由主义思潮的出现与博弈就反映了这种对政府的矛盾态度。总体而言，西方官僚制政府能比较有效地回应工业化时代相对统一和规模化的要求，却没有能力回应信息时代多样化、个性化、快速的服务要求。因此，治理的兴起是官僚制政府对权力与责任的无可奈何的退而求其次的一种让度，是对统治对象变化的一种无奈的回应。

20世纪90年代，美国克林顿政府时期的"重塑政府运动"是与美国社会信息化进程的深入发展相伴生的政府改革运动，其改革的成功也离不开信息技术的支撑。正如简·芳汀指出："通过重塑政府，克林顿政府在促进信息技术的特定执行方面扮演了主要催化剂的角色。国会可能扮演了同样的角色。联邦政府倾向于模仿私营部门，尤其是在受到顾问、大众传媒、外部承包商以及被任命的来自商界的政治官员影响的时候，当网络化的电脑系统变成政府基础设施一个更大的组成部分的时候，越来越多的政治家将把它的逐渐接受可以看作是增长机构资源、能力以及反映度的信号。当制度的、技术的、社会的和政治的逻辑相碰撞相协商时，虚拟政府将得以建立。"① 可以看到，克林顿重塑政府运动的动因是多元的，一方面可能基于学者的建议、媒体的批评、政治家的高瞻远瞩、企业和公民的压力等因素；另一方面也是为了顺应信息化潮流，推动政府信息化以回应企业、公民对政府服务效率、成本、质量的质疑，减缓合法性的损失乃至累计新的合法性资源。可见，信息化技术既是政府改革的原因之一，也是政府的赋能者。

从我国的实践来看，治理理论的兴起以及政府新公共管理与新公共服务趋向的改革几乎是与信息化社会的来临同时出现的。一方面，政府的电子政务建设如火如荼地进行；另一方面，政府向民主化、公开化、透明化迈进，政府的职能定位也由统治向管理与服务转变。这表明我国政府意识到了信息化的深入发展及网络社会所代表的历史潮流，虽然遇到了传统力量和既得利益者的掣肘，但就总体而言，政府还是在积极的回应信息化的逻辑要求，调整着自身的统治方式。与此同时，一方面，利益分化及公民意识的发育使得公民社会有了经常性的参与社会管理、监督政府的要求；另一方面，借助政府与社会的二元信息化，民众及社会组织参与政府及社会管理越来越便捷。

综合国内外的政府改革实践，信息技术成为推动各国政府走向善治，实现良好治理的社会技术力量。善治有五个方面的基本特征体，即合法性（Legitimacy）、透明性（Transparency）、责任性（Accountability）、回应性（Responsiveness）和有效性（Effectiveness）。② 实现上述五个方面的治理要求，没有信息技术手段的支持是不可能实现的。信息技术为治理的提出提供了社会背景、历史性要求，又为治理的演进和趋向善治提供了路径和工程技术化的手段，为治理由理念、价值向现实的推进提供了可能性，是把治理由价值层面向现实生活的投射工具；使治理成为有效率和有效果的解决公共事务的社会组织和运行方式，使治理满足了

① 芳汀. 构建虚拟政府——信息技术与制度创新 [M]. 北京：中国人民大学出版社，2004：117.

② 俞可平. 治理与善治北京 [M]. 北京：社会科学文献出版社，2000：3.

经济上的效率和效益，为政治（政府）上权力的有效集中和合理分散提供了双向可能性。信息化带来的知识和信息资源的扩散将促进公民社会的发育。

基于上述分析，可以认为正是在信息技术及其他社会力量的耦合作用下，当前农村社区面对的国家与身处其中的社会正在发生着改变，国家正在由传统的治理向公开、透明、民主为特征的管理与服务型治理转变，社会结构正在由社会单元之间彼此孤立的蜂窝状向社会单元之间可以及时互动交流的网络化转变。这一切构成了当前农村社区微观建设与治理的宏观背景之一。

（二）信息化对农村文化的多重影响

中国互联网络信息中心的报告充分说明互联网正迅速进入农村和农民生活。技术发展与文化的变迁具有过程的一体性，一种技术当它在社会中普遍得到认可和运用，并且这种运用成为人们日常生活的行为方式，就会衍生为一种文化。[1] 农民使用电脑和上网意味着一种文化新景观在农村出现。技术被理解为物质文化，是社会结构和社会变化的一个基本方面[2]，沿着技术—文化—社会的路径，主要基于社会学视角，会发现信息化带来的农村文化传播渠道的更改、文化活动空间的迁移、文化内容的改变和农村文化的上述变化引发的村域社会变迁。

上网改变了农村文化的传播渠道和分布结构 。传统农村的文化精英往往是外来新文化在村域内传播、扩散的关键性人物，是文化传播渠道、文化资源把持者角色，占据了村域"文化中心"的位置，因此，村域文化往往带有地方精英的解释痕迹。互联网进入农村之前的现代文化传播手段如广播、电视第一次在渠道上实现了对村域文化精英的超越，起到了一定的去精英化作用，但其作为单向文化传播媒介，在传播手段和传播内容上不能满足村民对于便利性、多样性的文化需求，技术局限性使其不可能帮助村民彻底摆脱对文化精英的依赖，文化精英的权威地位仍能获得较高合法性。互联网第一次在技术上为普通村民彻底超越村域文化精英提供了可能，依托海量的网络文化信息，基于需要的文化提供，即便是

---

① 沈阳.论信息技术文化[J].云南师范大学学报（哲学社会科学版），1999（3）：102-104.

② 卡斯特.网络社会——跨文化的视角[M].周凯，译.北京：社会科学文献出版社，2009.

地方性、个人化文化需求也能获得及时、合意的回应。另外，网络使村民获取文化资源的渠道更加中介化，村域内文化资源的扩散不再是经由精英流向村民的模式，文化传播由此改道，传统文化精英被冷落。同时，依托互联网强大的文化传播功能，使普通村民也能获得丰富的文化资源，网络改变着农村文化资源的分布结构。

信息化推动着农民文化活动由公共空间向私人空间迁移。如果说广播、电视开启了农民文化活动由公共空间向家庭空间的迁移进程①，互联网则进一步把农民引向家庭。究其原因，一方面，农村公共文化日渐式微。②从公共文化硬件设施看，已有文化设施破败、规模小、标准低，新建设施滞后。从公共文化活动的内容来看，一是农村既有以传统文化为元素的公共文化因缺乏时代感而难以吸引中、青年农民；二是源自政府的输入性公共文化或是突出教化，娱乐缺失，或是蜻蜓点水，供不应求，或是供非所需，被弃之一旁。另一方面，网络进一步使家庭文化内容丰富化，娱乐性增强，村民在家中就可以享受到便利、合意、时尚的精神文化体验。公共文化引力的弱化，家庭文化引力的强化，使农民更愿意留在私人文化空间而疏离了公共文化空间。

随着农村互联网普及率的提高，农民网络使用深度增加，如果现实公共文化建设没有根本性改观，农村文化获取家庭化将是一个越来越明显的趋势。当然，这也不完全意味着村民"脱出"村域现实公共文化活动，网络世界的文化还不能完全替代现实的文化活动，如健身文化活动、祭祀文化活动、礼俗文化活动还需要在现实空间进行。上网的农民在家庭里获得的文化资源也会从个人、家庭溢出到公共文化空间，形成对村域公共文化资源的回补，促进村域公共文化更新。此外，上网的农民可能因成为网络文化传播者而带来的"成就感"的吸引而乐意进入村域现实公共文化空间，未上网的农民也可能因想获得对自己来讲不知道的、新鲜的网络文化信息而被吸引进来，现实公共文化空间可能会出现被激活的趋向。

---

① 财政部教科文司，华中师范大学，全国农村文化联合调研组. 中国农村文化建设的现状分析与战略思考 [J]. 华中师范大学学报（人文社会科学版），2007，46（4）：101–111.

② 吴理财. 农村公共文化日渐式微 [J]. 人民论坛，2006（14）：33–34.

信息化推动农村文化内容由一元主导趋向多元共生。从时间维度看，当前我国农村文化主要包含以儒家文化为主体的传统文化以及现代文化。改革开放以后，广播、电视、报纸等现代文化传媒为农村带来了多元因素的现代性文化，但是以广播、电视、报纸三大大众传媒为载体的文化，未摆脱"单中心"把关者的控制，以及大众传媒由于其传播内容的类似性、连续性、重复性和传播范围的广泛性而形成的"意见气候"功能，并未使农村文化走向深度的多元化，农村文化阵地依然在主流文化和传统文化共同统摄之下。

农村接入互联网后，由于互联网的无中心技术特性，使官方主流文化传播者几乎失去了对多元网络文化进行过滤的技术可行性，未经过主流文化浸染和改造的各种文化在网络世界大行其道，互联网为各种文化下沉到农村，为农民的生活提供了无障碍的通道。网络文化的进入是对农村文化又一次解构的开始，而且由于网络文化更彻底的多元化带来的将是更彻底的解构。当然，儒家传统文化内含于网络文化之中，但与多元文化混杂在一起，既非主流也非中心。从这个意义上讲，网络文化并不是对既往农村文化的彻底否定，只是为农民提供了更多的文化选择。同时，网络文化在被传播到农村后必然会遭遇既有文化的抵抗，特别是以儒家文化为核心的传统文化有着很强的生命力，对于既有文化而言，网络文化只能做到有力冲击而不可能完全替代，只能与其共生而不可能将其遮蔽。因此，更可能的是网络文化将开启农村文化由"一元"主导走向"多元"共生、互构的进程。

（三）信息化文化效应作用下的农村社会变迁

文化传播渠道的更改引发农村社会关系的重构。费孝通先生把中国传统农村的社会关系结构概括为以个体为中心形成的"差序格局"，但由于不同个体对村域内资源占有状况和控制能力的不平等，村民分化为普通村民和精英，围绕普通村民的"格局"和围绕精英的"格局"的影响力是不同的。两种格局在村域内不是平面化分布，而是呈层次化分布，位于高层的格局对其下层格局具有控制力，下层格局又往往对高层格局有依附倾向。以此为基础，传统农村的社会关系往往又表现为以某类精英为核心的中心 – 边缘式结构。村民的社会地位与其资源状况具有一致性，村域文化精英的根基在于对文化资源的占有或控制优势。资源运用于获取某种利益就具有资本的属性，与其他资本一样，文化资本同样凝结着社会成员之间存在的不平等关系，体现着社会资源的不平等分配。布尔迪厄的研究认为物质资本、社会资本和文化资本三者可以相互转化。[1]虽然由文化资本转化为另外两种资本形态将是一个耗费时间的复杂社会运动过程，但我们有理由相信，互联网进入农村后，其改变文化传播渠道及文化资源分布结构的直接效应将逐渐显现为调整村域内各种资源在精英与普通村民间的分布状态的间接效应，乃至成为一种持续性的推动村域社会关系结构演变的力量，在其作用下，具有层次化等级结构特征的村域社会关系将走向平面化。

文化活动的空间迁移引发农民认同观念重构。村域公共文化对村民认同感形成的作用主要体现在三个层面：第一，非正式制度规范认同。诺斯认为包括行动准则、行为规范以及惯例等在内的各种非正式制度根源于各种文化传统，是文化的衍生之物，并且文化就渗透在各种非制度规范中，对制度的渐进演化起着非常重要的作用。[2]农村公共文化的重要作用在于建构村域内具有普遍约束力并与国家正式制度相一致的非正式制度规范，并与正式制度衔接和呼应，为其植入农村建构土壤，降低制度运行成本。第二，公共利益认同。在公共文化活动中，村民获得了话语表达机会，实现不同个体、家庭、群体之间的交流，知晓彼此的偏好、关切、利益及诉求，并形成对村域共同体的公共利益认同。第三，归属群体认同。通过开展公共文化活动，可以满足村民交往、精神和娱乐需要，进而培养对村域群体的归属感。

上网带来的村民文化活动家庭化对村域公共文化活动各个作用层面都具有扰动效应。一是非正式制度的作用机制在于认同，而认同感是在村民参与公共文化活动过程中默化而成。在家中上网使村民参与现实公共文化的概率降低，参与缺乏将影响非制度规范在村域的社会化进程进而导致村民对其认同障碍，甚至会导

---

① 布尔迪厄.文化资本与社会炼金术：布尔迪厄访谈录[M].包亚明，译.上海：上海人民出版社，1997：189-192.

② NORTH D.Institutions，Institutional Change and Economic Performance[M].New York：Cambridge University Press，1990：36-39.

致非制度规范的缺失。二是对村域公共利益的表达、认同带来复杂影响。一方面，上网带来的文化活动家庭化会导致村民之间交流减少，村域公共利益表达受到影响，表达的准确性和合法性降低。另一方面，随着村民网络使用程度的加深，很可能形成如村网站、贴吧、QQ 群等形态的网络公共空间，网络文化空间对现实公共文化空间具有部分置换和替代功能，而且网络公共空间更具平等性，在网络公共文化空间，普通村民获得了同等话语权，为无顾虑地进行话语表达提供了可能，这为更真实的村域公共利益表达和形成更真诚的认同创造了条件。三是村民在家中上网导致其参与群体性公共文化活动的时间减少，意味着村民之间的交往机会减少，进而产生疏离感，彼此情感依赖下降，导致个体对群体的归属感流失。

文化多元化引发农民价值观念重构。由于年龄、性别、文化水平、经济能力、操作技巧等因素的差异，不同村民的涉网程度会有所不同，以及不同个体原有观念结构的稳定性差异，村民之间受网络文化的影响程度会有所区别。但基于对人类文化变迁规律的经验认识，至少有一点是肯定的，网络文化的多元性会切割具有相对整体性的传统村域文化，村民渐渐分裂为不同的亚文化群体。每种文化都隐含着特定的价值构成，网络文化在丰富乡村文化生活内容的同时，也在分解着原来村域内相对一体化的观念和意义结构。由网络文化导致的观念结构的变化投射到村域现实生活当中，村民会发现在同一件事上与自己想法不一样的人多了；村干部会发现"刁民"增加了，按着自己意图处理村中公共事务的难度增加了，往往需要综合和协调更多的观点和利益表达。

网络文化在将村民价值观念导向多元化的同时，又制造着整合性的精神力量。网络文化内涵的现代民主思想、公民责任意识、参与意识会使村民之间找到新的观念契合点，树立起新的具有普遍性的村域象征，在新的、更具现代性的村域公约下集结。此外，多元观念具有天然的积极因素，可以避免、约束、抵抗倾向性、极端性观念在村域内形成、发展和蔓延，使地方社会趋于理性。

最终引起农民的行动结构重构。社会学家格兰诺维特的"嵌入性"（Embeddedness）理论认为：对社会行动和社会制度的理解，应被重新置于对社会结构分析的基础上。[①]"嵌入性"理论对制度主义是一种补充和修正,它提供的启示是人的社会行动都是嵌入社会关系之中并受其约束,社会关系结构的变化将影响社会行动结构。此外,人的行动还受观念引导和约束,是观念的表现形式,社会观念结构的改变也会影响社会行动结构。

前文指出了传统农村的社会关系具有以某类精英为核心的中心——边缘式结构特征,在这种社会关系结构统摄下形成的是主导—参与型(或追随型)的行动结构,村民的行动往往对精英有依附性。而网络带来的文化力量与市场赋予的经济力量、村民自治形成的政治力量将共同消解着原来村域内的精英中心结构并赋予了村民自主性行动的知识与能力。这并不意味着各类精英的影响力彻底消融了,只是在大多数情况下,普通村民认识到村域乃至地方精英不再是满足生活需要的必须结构要素,不依附于精英就基本可以获得用以满足生存、生活、享受和发展所需要的知识与资源。当然,理性的村民不依附于精英,一般也不得罪精英,而是采取一种自为、自我满足式、消极化的对精英的抵抗。

罗伯特·K.默顿认为,文化目标和制度化的规范共同作用,形成占主导的实践,当然二者不一定具有持续的相关性。[②]市场化的经济制度、村民自治的政治制度和多元网络文化具有导向的一致性。在此背景下,网络文化内含的多元价值的影响得以发酵,村民开始寻求个性化生活,随大流式、一体化的行动开始减少,村民行动向度将变得多样化。

综上所述,随着以互联网为代表的信息技术在农村的应用,特别是农民上网行为改变着农村文化资源的稀缺性,推动了文化知识和信息在村民间的扩散,村域文化分布结构趋向平面化。互联网是个人化、家庭化、无中转的文化资源传播渠道,达成了农民文化活动的便利性和独立性,重构着以往农村文化资源输入、接收、扩散的旧逻辑及其所形塑的社会关系。还有,当在家上网变得有吸引力的时候,村民对村域公共文化的需求就会降低,这意味着村民从现实公共文化活动

①　MARK G.Economics action and Social structure: The Problem Of Embodness[J].The American Journal of Sociology, 1985, 91(3): 481-510.

②　默顿.社会理论和社会结构[M].唐少杰,齐心,译.南京:译林出版社,2006:263.

的"脱出"和对公共文化的切割。此外，网络文化以其去中心化、互动化、多元化等特质，解构着具有保守、封闭、依附特征的传统村域文化，并与传统文化共同构建着新的农村文化图景。最后，互联网带来的农村文化各层面的变化影响着农村的社会关联方式、农民的观念和行动结构。当然，互联网进入农村的时间还很短，普及程度和应用水平还较低，其所代表的技术逻辑力量还远未释放，对农村社会的影响还未充分显现，需要持续的关注和更深入的研究。

但信息化所带来的文化社会变化无疑正在对农村社区原有的治理机制提出挑战，对新的治理方式发出了呼唤。从直接意义来看，"无疑，信息技术影响着我们的工作方式、工作方向、我们如何与他人取得联系、我们的联系对象、我们如何做出决定以及进行决策时所依据的信息。"①农村社区的治理机制、治理方式、治理手段需要进行适应性调整。

---

① 卡斯特.网络社会——跨文化的视角[M].周凯，译.北京：社会科学文献出版社，2009：350.

第六章　信息化视角下农村社区建设和治理的典型案例

本章主要考察了美国、韩国、印度几个不同发展水平国家及国内广东、宁夏、云南几个不同发展水平省区的农村社区的信息化建设情况，分析了信息化对上述地区农村社会各方面的影响，总结了不同地区农村社区信息化建设的地方经验及其遵循的共同建设规律。这既为研究农村社区信息化建设提供了宏观和中观层面的实证案例，又为后文进一步考察 J 镇的微观案例提供了参照。

一、信息化视角下典型国家的农村社区建设和治理

（一）信息化视角下的美国农村社区建设和治理简介

1. 美国农村信息化的现状

美国在信息技术的开发与应用方面一直走在世界的领先位置，信息技术在美国农村和农民生活中也得到了广泛的应用，对美国农村、农业、农民的现代化起了非常重要的作用。早在 2000 年的相关数据就表明，49.6% 的农民家庭拥有电脑，38.9% 的农民接入了因特网，电脑及因特网的普及率高于美国的中心城市，仅略低于美国全国的平均水平。① 如今，使用电脑和上网已成为大多数美国家庭日常生活中必不可少的一部分。通过下面两位美国农民的生产和生活，可以具体看到

① 中国现代化战略研究课题组，中国科学院中国现代化研究中心.中国现代化报告（2004）[M].北京：北京大学出版社，2004：20.

信息化在美国农村的发展情况。

农户 1：丹·哥斯特是美国芝加哥市史特灵镇近郊的一位农场主。如今，这位农民大多数时间并不在田间地头，而是和城里的"白领"一样泡在网上。他先后购置了 4 台电脑，利用电脑计算种植量以及杀虫农药的剂量，进行生猪饲料配方与养猪过程的控制，从网上了解天气情况以及农作物的交易情况……他现在离不开互联网了。实际上，哥斯特只是美国 200 万农民的一个"缩影"。①

农户 2：家住美国北达科他州河谷市 109 大道 3546 号的格雷格是一位农场主，格雷格的办公室与客厅相连，里面是全套的现代化办公设备，除了打印传真一体机外，还有一台通过卫星连接上网的电脑。他自己种了 3000 英亩土地，拥有 185 头母牛和 8 头公牛，每头牛的两只耳朵上都戴着一个橘黄色的塑料卡片。格雷格说："这是牛的身份证，上面有牛的出生日期、亲属关系及编号等信息，所有信息都可以通过电脑一览无余。"另外，格雷格的仓库里堆放的农业机械令人眼花缭乱：联合收割机、四轮驱动拖拉机、风钻机、农用轨道拖车、捆草机、播种机……这些农业机械的总价值大约为 22 万美元。其中有一台安装了 GPS 全球卫星定位系统的大型拖拉机，这套自动驾驶和卫星定位系统是他花 7500 美元买的，可以使拖拉机由电脑控制作业，无须人工操作，而且耕地质量很高。在使用 GPS 全球定位系统方面，格雷格算是后来者。实际上，已经有 20% 的美国农场开始用直升机进行耕作管理，很多美国中等规模的农场和几乎所有大型农场都已经安装了 GPS 定位系统。格雷格说，美国农业以市场为导向，农民根据市场信息独立做出生产和销售决策。美国农业的信息化程度已经高于工业，上网、读报已成为美国农民生活的一部分。离开了准确、及时、权威的市场信息，美国农业将无所适从。②

此外，信息技术还在农村医疗、教育、金融等方面为农民提供着快捷、便利的服务。例如，位于爱荷华州的 Grinnell 地区医疗中心、阿拉斯加州的普罗维登斯——科迪雅克岛医疗中心和克林顿市的联合医院（Union Hospital）三家乡村医

---

① 美国农业信息化发展特点及现状 [EB/OL].（2010-3-16）[2018-1-25].http://www.nlj.suzhou.gov.cn/web/showinfo/showinfo.aspx?infoid=cf1e6882-554b-4497-a510-9828e77cbfe8.

② 唐勇，赵帅.体验美国农村生活：农场里高科技无处不在 [J].农村·农业·农民，2011（4）.

院目前采用了基于远程医疗系统的数字化重症监护室（EICU：Electronic Intensive Care Units）系统，目的是缓解医生短缺问题，帮助乡村医院检测和护理重症病人，取得了良好效果。通过这一远程重症监护系统，中心医院与乡村医院合作，可以充分地利用城市医生资源，特别是专家级医生的资源，解决了乡村医生短缺的问题，降低了乡村患者的病死率。EICU 系统有望成为乡村医院信息化的下一个重点。据统计，美国已经有 250 家医院采用了 EICU 系统。[①]

信息技术在农民、农村和农业的广泛应用，成为保障美国农民能享有不低于甚至高于城市居民的生活水准的因素之一，同时也大大提高了美国农业生产效率，只占美国总人口 1.8% 的农民不但养活了 3 亿的美国人，而且使美国成为世界第一农产品出口大国。

2. 美国发展农村信息化的主要经验

（1）政府推动。美国政府在农村信息化进程中发挥了非常重要的作用，主要表现在：第一，美国农业部门制定推动农村信息化的战略，引导农民、企业、社会组织参与信息化建设。第二，政府重视对农村信息化的财政投入，由政府为主建立农村信息化基础软、硬设施，同时采取税收优惠、财政补贴等政策扶持企业、科研机构、农户参与信息化建设。例如，1999 年及 2000 年美国在农业信息方面的投入达 11.6 亿美元，2001 年增加到 13.8 亿美元。第三，制定法规保障农村信息化的有序运行。例如 2000 年制定了农业风险保护法案，用以规范农业资料保密、信息共享、不得发布虚假信息等方面的行为。第四，建立信息化服务机构。美国形成了以农业部及其所属的国家农业统计局、海外农业局、农业市场服务局及首席信息办公室为主的农业信息收集、分析、发布机构。[②]

（2）多元主体参与，市场化运作。美国政府虽然在农村信息化中发挥着重要作用，但信息化主要工作是依靠多元主体，在市场化机制的引导下展开。例如，2011年 3 月，爱立信与 NetAmerica Alliance 宣布达成一项技术协议，为美国规模较小

---

① 中国数字医疗网.美国乡村医院利用远程医疗对ICU进行支持[EB/OL].（2010-05-12）[2018-01-27]. http://news.hc3i.cn/art/201005/3022.htm.

② 李道亮.中国农村信息化发展报告（2007）[M].北京：中国农业科学技术出版社，2007：231-237.

的市场和乡村地区的居民及企业提供 4G/LTE 移动宽带业务。通过构建和部署全国性的 LTE 共享网络，NetAmerica 将帮助独立运营商向乡村个人用户提供高速廉价的宽带通信服务。爱立信北美战略与市场开发主管 Arun Bhikshesvaran 表示："这是一种新型的 LTE 网络部署形式。NetAmerica 使小型运营商得以携手合作，以高性价比的方式提供与大城市享受的移动宽带业务相媲美的服务。"① 再如，为了提高农村地区医疗机构的信息化水平，美国卫生和人类服务部（HHS）农村医疗办公室与美国当前最大的临床诊断公司，也是著名的生化医疗器材测试商，位于新泽西州的奎斯特诊断公司（Quest Diagnostics）签署了一项合作协议。根据合作协议内容，奎斯特诊断公司将给得克萨斯州休斯敦市农村地区的医生提供电子病历软件，鼓励这些地区农村医疗机构使用电子病历。②

（3）以项目为载体，重点推进。例如，为了促进偏远农村地区的教育信息化，1997 年 5 月 7 日美国联邦政府启动了专门针对城市与偏远农村地区间数字鸿沟而启动的国家"教育折扣项目"。美国联邦通讯委员会发布了普遍服务法令，建立了面向中小学校和图书馆的普遍服务机制。凡是符合条件的中小学校和图书馆在获得电信、互联网络和内部联网服务，以及在购买路由器、交换机、集线器、网络服务器等硬件、软件时，只需支付相应的折扣价格，折扣之外的费用则由基金支付，为学校与图书馆提供的折扣按地区经济水平与贫困程度从 20% 到 90% 不等，对越贫穷的地区提供的折扣越多，这让农村与贫困的学校获得了更多利益。该项目的实施促进了农村地区教育信息化水平的提高。③

（二）信息化视角下的韩国农村社区建设和治理简介

1. 韩国农村信息化现状

韩国政府高度重视信息化建设，21 世纪以来，韩国的信息化水平迅速提升，

---

① 通信产业网 . 爱立信将为美国农村部署全国性 LTE 共享网络 [EB/OL].（2011-03-23）[2018-01-28]. http：//www.001pp.com/info/2011-3/98153.html.

② e 医疗 . 美国采取措施鼓励乡村使用电子病历 [EB/OL].（2011-07-21）[2018-01-28].http：//www. chinaehc.cn/index.php?option=com_content&view=article&id=4381：2011-07-20-23-52-48&catid=3：info-view&Itemid=2.

③ 解月光，刘彦尊，宋敏 . 欧美农村教育信息化策略启示 [N]. 农民日报，2008-10-27.

在亚洲乃至世界都处于较为领先的位置。韩国电算院通过的《2003 年国家信息化白皮书》表明：根据国际电信联盟（ITU）公布的各国电脑普及率、网民人数和手机用户数等 7 项详细指标的平均值算出的国家信息化指数排名中，韩国位于全球第 12 位，其中，电脑普及率是世界第七位、上网人数比率是世界第二位。另外，2002 年韩国的信息化投资规模达 54.7 万亿韩元，占国内生产总值（GDP）的 10.1%。[①] 在韩国信息化整体水平提升的同时，为了推进农村的信息化建设，缩小在信息化方面的城乡差距，韩国政府于 2001 年出台了"信息化村"计划，2002 年起正式启动实施，2003 年建成 78 个、2004 年建成 88 个、2005 年建成 89 个，到 2006 年 10 月共建成"信息化村"305 个，约占全国自然村的 1%。[②] 经过多年的努力，目前韩国农村信息基础设施建设已位居世界前列，居民家庭电脑普及率达到 90%，农村 ADSIL 普及率达到 90% 以上，农民随时可以上网。[③]

信息化的发展，不仅促进了农村经济的发展，而且在政治、社会、文化等方面也发挥着积极作用，促进了韩国农民观念的转变，改变着农民的生活方式，提高了韩国农民参与社会的能力。例如，位于韩国江原道三脊市都界邑（相当于县级）的新里村是传统文化与现代信息化协调发展的一个小山村。2002 年这个村被评为信息化村，2005 年又获得了"韩国最佳信息化村庄"的称号，2006 年被评为信息通信环境构筑村。开展"新里村运动"以来，村里由原来的 56 户增加到 64 户，现有 128 人，其中 123 人能熟练运用电脑。2002 年村里开始推进信息化进程，在村领导的努力说服下，96% 的居民参加了信息化教育。新里村通过建立村网站来宣传、发展农村旅游产业，吸引了不少游客。[④]

2. 韩国发展农村信息化的主要经验

（1）政府全力推动。韩国农村信息化进程始于 21 世纪初，相对于发达国家起步较晚，之所以实现快速发展，韩国政府发挥了非常重要的作用。第一，高度

①　比特网.韩国信息化水平居世界第 12 位 [EB/OL].（2003–07–24）[2018–01–29].http：//www.yesky.com/Enterprise/218709381208866816/20030724/1716573.shtml.

②　李道亮.中国农村信息化发展报告（2007）[M].北京：中国农业科学技术出版社，2007：264.

③　李伟克，李崇信，娄晓岚，等.韩国农业信息化经验及启示 [J].农业网络信息，2010（2）.

④　李秀峰.韩国山沟里的信息化村 [J].农民文摘，2009（2）.

重视，有明确的战略规划且得到有效落实。1994 年，韩国政府就推出《农渔业振兴计划和农业政策改革计划》，其中明确了把信息化作为推动农村发展的重要方向。第二，政策扶植，政府财政投入力度大。韩国制定了优惠政策鼓励农民上网，农民上网的费用白天比市话便宜 30%，晚上比市话便宜 50%。在制定优惠政策的同时，韩国的财政投入也非常可观。例如，建成一个"信息化示范村"大约需要经费 3 亿 ~ 3.5 亿韩元，其中，60%~70% 由行政自治部拨款资助，30%~40% 由地方政府财政承担，农民不用增加额外负担。① 再如，在原州市的一个全国信息化试点村神林面，共有 401 户 1667 人。神林面电话普及率 100%，拥有电脑 200 台和一个电子交易市场。2003 年 10 月，神林面电脑更新换代，政府投资 1980 万韩元（道财政 50%、市财政 50%）；2003 年 7—11 月，该面营造电子工程，投资 2900 万韩元，道和市财政各占 50%。②

（2）多元主体的合作共建。从参与主体来看，韩国农业信息服务以政府为主导，各级组织和企业共同参与，形成了从中央到地方的四级信息服务组织体系。其中，农村经济研究院、农林水产信息中心等多家农业信息服务机构，在政府的支持下，承担着农产品分析预测、国内涉农数据和信息、涉农网站开发和建设及农产品电子商务平台建设等各项农业信息服务。③ 从投资来源看，形成了多元化的投资模式，如韩国农村的信息主干网（带宽 10M/bps）由政府投资建设，从主干网到中心局的管道由韩国的三大民营电信企业投资，从中心局到用户的网络由民营电信企业负责，政府提供补贴。

（3）系统化的整体建设方案。韩国把"信息化村"建设作为系统工程，每个信息化村建设都包括了必要的硬件、软件、人员及信息资源建设。具体有：第一，高速网络基础设施建设；第二，建立农村信息中心，设置电脑文字处理机等硬件，并实现与地方政府信息网的链接；第三，构建农户的网络使用环境，示范村大部分农户都配备了电脑；第四，确定管理运营体制，由示范村组成运营委员

---

① 李道亮. 中国农村信息化发展报告（2007）[M]. 北京：中国农业科学技术出版社，2007：264.

② 马晓河. 韩国农业、农村补贴支持政策现状 [EB/OL].（2009-04-21）[2018-01-30].http：//www.hljic.gov.cn/xxhsd/tszs/t20090421_425912.htm.

③ 李伟克，李崇信，娄晓岚，等. 韩国农业信息化经验及启示 [J]. 农业网络信息，2010（2）.

会，信息指导人员和信息管理人员共同参与运营；第五，进行人员培训，每村都培养出了一批农村信息化骨干和管理人员。[①]至 2006 年 5 月，韩国已对 23.35 万名村民进行了电脑使用和上网培训。[②]

（三）信息化视角下的印度农村社区建设和治理简介

1. 印度农村信息化现状

21 世纪初，印度人均 IT 基础设施的水平远不如中国，甚至比全球人均水平还要低。88% 的城市居民家里有电，而对于 56% 的农民来说，电只是一种可望而不可即的"奢侈品"，煤油灯仍是农村最主要的照明工具。印度电话普及率一直属世界最低范畴，目前的话机普及率为 4%。到 2004 年为止，在近 61 万个村庄中，约 11 万个村庄未能接入基本电话服务。根据最新资料统计，在通电话的村庄中只有 42% 的农村电话运转正常，障碍修复时间需要 1 周或更长的时间。印度个人电脑仅集中在城市，平均每千人中 7.5 人使用电脑，而全球平均为 27人使用电脑，美国则已经超过了 500 人。[③]但近年来印度的信息化发展十分迅速，2006 年，由 IBM 及英国《经济学人》杂志联合发布的一份报告显示，由于互联网及手机的进一步普及，发达国家与发展中国家的数字鸿沟正在缩小，在大城市，印度这样的发展中国家的网络水平甚至可以与发达国家并驾齐驱。印度加上不发达省份，整体得分为 4.25，在全球排名 53 位，略高于中国的第 57 位。[④]

2. 印度发展农村信息化的主要经验

（1）政府既有宏观战略规划又有具体项目规划。在 20 世纪 80 年代中期，印度总理拉·甘地就提出"用信息化把印度带入 21 世纪"的口号并出台了发展信息化的相关政策。印度政府不仅非常重视城市的信息化，在农村信息化方面也

---

① 李道亮 . 中国农村信息化发展报告（2007）[M]. 北京：中国农业科学技术出版社，2007：264.

② 李水山 . 韩国的新农村建设: 韩国江原道加大投入，加快建设"传统题目农村"[EB/OL].（2007-02-7）[2018-01-29].http://news.aweb.com.cn/2007/2/7/7235323.htm.

③ 陈良玉 . 印度农村信息化的实践及借鉴 [J]. 世界农业，2004（10）.

④ 作者调查称全球数字鸿沟缩小，中国排名不及印度 [EB/OL].（2006-04-27）[2018-01-30].http://tech.sina.com.cn/it/2006-04-27/1141920477.shtml.

提出了相应的战略构想，其农村信息化的构想是在各地的农产品批发市场和政府部门之间建立网络，在互联网的基础上共建印度农产品市场数据库，将中央政府和地方政府的管理功能信息化、网络化。与此同时，对农业市场管理组织、农产品行业协会、出口促进组织和经营农产品的公司进行网络化管理，起到数据集成的效果。农村信息化网络系统由国家信息中心负责协调，会同农业部、乡村发展部、信息技术部等部门及地方政府共同构建一个政府管理信息系统平台，建立和运作农村信息化的综合数据库系统。①

为了落实农村信息化的战略构想，印度政府还具体实施了一些信息化项目。印度政府在 1999 年 11 月开始启动一项独特的电子政务计划，这个计划主要为 Dhar 地区的农村与部落服务。很多当地重要的人口信息如收入、阶层、籍贯、土地所有权、债权等都被存入电脑，实现电脑化管理。村民仅花费 15 卢比当场就可以得到所需证明材料，也可以花小笔费用随时在线接收，没有时间限制。另外，农民仅花费 5 卢比就可以获得每日更新的当地各市场的农产品价格。从 2000 年 1 月起开始试运行的这项计划，已经在农村建立了 21 个信息中心，使居住在 600 个村庄的约 50 万村民受益。②

（2）既注重信息化设施建设又重视信息资源整合。印度政府在开展信息化硬件设施建设的同时，特别注重软件及农业信息资源库建设，比如印度建设了一个由印度国家农业研究委员会统管的全国农业信息网络系统，下设农业研究与教育子系统、农业研究管理子系统和印度国家科技文献与服务子系统。该系统将全国 49 个中心研究所和 160 个区域试验站，30 个国家级研究中心，120 个地区和 222 个子地区研究中心，28 个农业大学，261 个农场科学中心以及其他独立研究机构整合连接起来，共同建立包括财务、人事、项目、科研成果、科学专题、技术、期刊等项目的数据库。③

① 王天意.印度乡村治理考察报告 [J].转轨通讯，2006（1）.

② 陈良玉.印度农村信息化的实践及借鉴 [J].世界农业，2004（10）.

③ 陈立平，赵春江，梅方权，等.印度农村信息化的分析与借鉴 [M]//863 专项专家组.数字农业研究进展.北京：中国农业科学技术出版社，2005：135.

（3）构建适合国情的农村信息化微观载体。作为一个发展中国家，国家财力有限，农村地区更加落后，一般农民的收入不足以满足购买电脑、上网的消费，但为了让农民较普遍地接触到信息技术，在印度政府的推动下，ITC（印度烟草公司）在农村创建了一种叫"E-Choupal"（电子会所）的新型组织，在由信息化带动农村生产和服务的过程中发挥了很大的作用，为经济比较落后、基础设施条件较差的广大农村地区有效利用信息技术发展农村经济提供了重要的经验和启示。这种农村组织的构成非常简单：一台电脑，一位"协调人"，再加上大约 1000 名农民。用一台电脑和一根与因特网相连的网线把村民聚集在一起。它是一个电子商务中心，同时也是一个社交聚会的地点。一名被称为"协调人"（SANCHAI AK）的村民经营着它，2004 年，ITC 公司的"E-Choupal"项目获得了 ICC（国际商务部）—UNDP（联合国开发计划署）—IBIF（国际商业领袖论坛）共同颁发的 worldBusiness A—ward，以表彰这一行动对联合国千年发展目标的促进作用。ITC 公司电子会所项目未来的发展计划是 ITC 利用它的数字化基础设施和相关的人员组织力量，在现有基础上，到 2010 年建成可以在农业、医疗、教育、社区需求等方面，服务 10 万个村庄的 1000 万户农民的规模。

二、信息化视角下国内典型省区的农村社区建设和治理

（一）信息化视角下的广东农村社区建设和治理案例分析

1. 广东农村信息化发展现状

广东是我国经济最发达的地区之一，多年来广东省的信息化水平也一直在全国保持着领先地位，以互联网为例，据中国互联信息中心发布的调查研究报告，2010 年广东互联网普及率位居全国第三位。在基础信息资源方面，广东省网站数位居全国第一，域名数、IPv4 和网页数都居全国第二位。广东农村信息化也同样处于领先位置，2009 年，广东省农村网民占到全省网民的 30.2%，规模达到 1648 万人。较 2008 年增长 8.8%，农村网民的增速高于城镇网民的增速。同期全国网民中农村人口为 27.8%，广东省农村网民占比高于全国平均水平 2.4 个

百分点。另外，据付宏东对广东农民的 620 份调查问卷分析显示，农民固定电话拥有率达到 71.8%，其次是普通手机达 62.3%，能上网的手机达 48.4%，电脑达 43.7%，多人拥有两部以上手机。手机、电脑不仅仅作为通信工具，同时起到娱乐功能。这表明固定电话、手机、电脑已经成为广东村民重要的信息与生活娱乐工具。[①] 随着信息化在农村的推进，信息技术的影响在农村的经济、政治、社会、文化发展及农民生活的各个层面都有所显现。主要体现在以下几个方面。

第一，推动了农村经济发展，农民增收。例如，韶关市南雄古市镇农民利用"农信通"可以获得农村政策法规、农情预测、病虫害预报、农村热点、农业气象以及农产品价格、供求、农资产品行情等信息，从而促进了黄烟、水稻等农作物种植的增产增收，农民尝到了信息化致富的"甜头"。家住南雄古市镇丰源村委会岭排村小组的张诗全 2007 年种了 14 亩黄烟，纯收入近 3 万元。他从 1981 年就开始种植黄烟，但由于农业技术和病虫防治等信息滞后，收入一般。自从 2006 年 7 月份安装了"农信通"，他家种黄烟的积极性提高了，夫妻俩决定在原来的基础上增加种植黄烟 9 亩。张诗全说："'农信通'让我及时地了解政策、为我提供了最新的农业生产技术。以前种烟就是担心会出现青枯病，它的发病率极高，现在什么时候该施肥用药、什么时候防治虫害……一看'农信通'全知道了，根本不用操心。"[②]

第二，提高了农村政务的效率及公开化、民主化。信息技术作为一种有效的信息传播工具、系统管理工具在农村基层政务中的应用对提高行政效率、扩大农民的知情权可以发挥积极的作用，这在广东农村得到了体现。例如，东莞市国土资源局开发的土地监察实时巡查系统，可以让各镇街的执法巡查人员在 10 秒内就知道某一地块是否存在违法行为。而汕头市澄海区建设的"汕头市农村（社区）基层党风廉政信息公开平台"，在完整覆盖国家规定的农村信息公开内容的基础上，同时具备了农村信息化的电子公开、电子查询、电子评价、电子处理（监察、投诉）和电子论坛五个电子化功能，凡是村民关心的村中大小事务，都可通

---

① 付宏东.广东农村地区信息化建设情况调查与思考[J].沈阳农业大学学报(社会科学版),2010(6).

② 曹智辉，朱祖纯.我市农村信息化建设工程初见成效[N].韶关日报，2007-09-06（1）.

过登录互联网系统平台及手机站点，或通过拨打查询热线、发送数字 9 至短信服务号等方式了解所在县区 / 乡镇（街道）/ 村（社区）的最新公开信息。此外，村民们还可以通过平台对各个单位的工作进行电子评测并对工作滞后的单位进行预警，从以往被动地接收信息变成自主地获取资讯，村民的知情权、监督权、参与权和决策权得到了切实的保障。①

第三，推动了农村文化教育的发展。农村文化教育资源的匮乏是影响农村发展的重要原因，广东利用信息技术系统把优质的文化教育资源输送到农村，推动了偏远农村地区文化教育的发展。例如，2007 年以来，共青团广东省委员会、中国移动广东公司、广东省青少年发展基金会共同发起了"广东百所全球通希望小学援建行动"大型公益活动，通过信息化募捐设立专项基金，发展贫困地区基础教育事业。2008 年，潮州市的葛口学校获得该活动的立项资助。该项目不仅为学校购置了信息化教学设备，同时还搭建了"互动课堂教学系统"和"家校互动系统"，综合运用中国移动最新的教育信息化成果，实现了远程教育、信息共享、家校互动等先进教学模式，让这所山区农村小学与现代教育水平快速接轨，实现了教育水平的跨越式发展。②

第四，推动了农村的社会服务。在推动农村信息化过程中，广东各地十分重视利用信息系统提升了农村的社会服务水平，为农村居民提供便捷的社会服务。2007 年，湛江市启动了 105 家乡镇卫生院的信息化建设工程，到 2009 年年底全市农民实现了可"刷卡"就医。信息化建设大大提升了农村卫生院的诊疗效率和服务水平，方便了农民的就医。例如，遂溪县城月镇农民吴老汉到镇卫生院看病时，他拿出了一张信息卡在机器上一刷，电脑屏幕上立即显示了他的病史、病历等信息，看病非常方便，大大节省了就医时间和费用开支。他说："没想到我们农民看病也能'刷卡'！"③除此之外，信息化系统还在广东农村的就业服务、金融服务、

---

① 蔡蓓晖．足不出户了解村中事 [N].汕头日报，2010–08–26（2）．

② 庞磊成，张泽斌．改善农村教育环境——我市第二所全球通希望学校落成 [N].潮州日报，2008–08–22（A01）．

③ 李辉．105 家乡镇卫生院将相继启动信息建设工程 [N].湛江日报，2008–12–19（5）．

社会保障服务等各个方面发挥了积极作用。

2. 广东农村信息化发展的主要经验

第一，各级政府高度重视。广东省各级政府非常重视农村信息化，在农村信息化发展中扮演着谋划者、引导者、推动者的多重角色，主要体现在几个方面：一是发起实施多种信息化战略工程。2003 年 6 月，广东省科技厅在国家科技部和省委、省政府的领导下启动实施了"广东农村信息直通车工程"。2007 年省农业厅又实施了"信息兴农"工程。二是各职能部门形成合力共同推进。如信息直通车工程，除省科技厅外，组织部、团省委、物价局、农业厅、文化厅、劳动保障厅、气象局、药监局、供销合作联社、水库移民办、民政厅、农科院、民主促进会等多个省级部门共同参与，分别启动了"党建直通车""文化直通车""农贸直通车""健康直通车""专家直通车""水产直通车""人才直通车""法律直通车"等项目。三是各级政府"一把手"重视。如雷州市将农村信息化建设作为"一把手"工程来抓，成立了农村信息化建设工作领导小组，各镇（街）也成立了相应的工作机构，每个村委会配备一名专职信息员，形成了一个覆盖全市的农村信息化工作网络。四是政府通过各种手段引导企业参与。如广东的山区信息化建设项目按照"资源整合、政企互动"的思路，通过政府增量投入激活社会的存量资源，引导广东电信、广东移动、Intel、TCL、海尔、联想、爱立信等国内外知名企业向山区农村提供了大量资金、设备、管理等资源，企业成为农村信息化建设中的中坚力量。

第二，多元主体共同参与信息化建设。在我国强政府主导的市场经济背景下，政府、信息化运营企业必然是主要的参与力量和建设主体，广东的经验在于除依靠政府推动、企业建设外，还注意引导多元社会主体参与农村信息化建设。社会组织、志愿者、专家学者在农村信息化中都发挥了不同的作用。如在 2008 年，广东省扶贫基金会向潮州市四家镇卫生院捐赠了一批医疗卫生和信息化设备。同时，各地市还实施了"万名学子帮扶十万农民学信息"志愿者队伍下基层的行动。湛江市还实施了农村信息化百名专家百日行动。

第三，通过培训打造农村信息消费主体。农民是农村信息化技术的最终应用和消费主体，如果农民没有使用信息技术的习惯，信息技术就很难真正得到普遍化应用，如果农民有了信息化产品却不会使用，信息技术就很难充分发挥作用。广东通过大规模培训农民，在农村推广信息技术，以点带面提高了农民的应用能力，培养起农民使用信息技术、消费信息化服务的习惯。

（二）信息化视角下的宁夏农村社区建设和治理案例分析

1. 宁夏农村信息化现状

宁夏的经济发展水平处于全国中游偏下，2010 年的人均 GDP 指标在全国省级行政区划中排名第二十位，但在农村信息化建设方面成绩突出，创造了农村信息化建设经验的"宁夏模式"。2008 年成为工业和信息化部命名的全国首个国家级社会主义新农村信息化工作省域示范点，到 2008 年，宁夏 2362 个行政村已率先在全国实现了村村建有信息服务站的目标，每个服务站配有电脑、摄像头、网线、电视机、打印机等 8000~10000 元的基本设备，实现了村村能上网。同时，在信息内容资源方面建成了自治区信息中心平台，依托该平台建设了互联网电视（IPTV）平台，对接了某广电总台提供的 60 套直播电视节目，提供 3500 部 VOD 点播影片，支持 72 小时的时移电视，具有股票信息、图文电视、互联网信息等增值业务，向全区 2 万个农村用户提供包括直播电视、时移电视、视频点播等在内的互联网视频服务。另外，宁夏村村实现网络、电视、电话的三网融合，率先在全国实现了农村网络全覆盖。①信息化对相对落后的宁夏农村地区的经济、社会、文化发展和农民生活的改变发挥了比较明显的推动作用，主要表现在以下几个方面。

第一，推动农村经济发展，帮助农民增收。2008 年，固原市原州区三营镇甘沟村的信息员金鑫看到茨农将大量剪下来的枸杞枝条废弃当柴烧，他通过信息网咨询枸杞专家，得知这些被废弃的枝条还可以再次插枝育苗。获得这一信息后，他通过信息网发布出去，没有几天就有庆阳、中宁等地的客商打来电话订货。他从茨农手里以每公斤 1.5 元收来，又以 2.5 元出售给客商，从中获利 30000 多元。

---

① 丁谦 . 全区 2362 个行政村实现"一网打天下"[N]. 华兴时报，2008–08–26（3）.

金鑫高兴地说："有了农村信息化服务站，我觉得市场一下子大了许多，以前农民种的农产品基本上都在本地销售，现在可以卖到几百公里之外。"①

第二，提高农村政务的服务效率，降低了服务成本。2009年，石嘴山市惠农区以农村信息化建设为契机，对电子政务OA系统进行了全面升级改版，实现了党委、人大、政府、政协、公检法及驻惠部门在内的政务信息共享和电子公文传输、流转的应用。目前，该区四套班子领导及各部门的文件审批、签发、接收、办理都通过OA系统来完成。燕子墩乡乡长刘彬说："我们乡比较偏远，以前上级机关下发的文件经常要等四五天才能看到，如今通过网络第一时间就能查阅最新文件。"到2010年年初，该区各部门通过OA系统发布各类信息简报、公告等信息5000多条，共传输、流转电子公文1000余份。通过电子政务OA系统的使用，仅节约纸张成本就达20多万元。②

第三，推动了农村各项社会事业的发展。张少明、李习文、梁春阳主编的《从试点到示范的跨越——宁夏新农村信息化实践与理论探索》一书将宁夏农村信息化在社会事业发展方面的作用概括为八个方面：提高了农村义务教育水平，增强了农村基本医疗服务能力，稳定了农村低生育水平，繁荣了农村公共文化，健全了农村社会保障体系，提高了扶贫开发水平，促进了农村公共交通，改善了农村人居环境。③

2. 宁夏农村信息化的主要经验

宁夏作为经济欠发达地区，农村信息化建设却走在了全国的前列。2008年9月，国家信息化专家咨询委员会组成专家组对宁夏国家级社会主义新农村信息化省域试点（以下简称"宁夏农村信息化试点"）进行验收评审时，认为宁夏农村信息化"闯出了一条成本低、效益好、速度快的农村信息化建设新路子"。就我国普遍的发展水平而言，其发展农村信息化的经验对我国大部分地方农村都有借鉴和启发意义。笔者认为主要有以下几个方面的地方性经验值得借鉴。

---

① 谢国苍. 大山挡不住眼界　路遥隔不了相遇 [N]. 宁夏日报，2008-07-25（7）.

② 李刚. 惠农政务办公进入"无纸化时代" [N]. 宁夏日报，2010-02-20（1）.

③ 张少明，李习文，梁春阳. 从试点到示范的跨越——宁夏新农村信息化实践与理论探索 [M]. 银川：宁夏人民出版社，2009：15-19.

第一，地方政府的高度重视有力推动了农村信息化。宁夏地方政府不是在一般意义上看待信息化，而是深刻认识到信息化是当代人类社会发展的主要力量之一，代表着当今世界发展的重要趋势，把农村信息化建设作为推动地方经济社会实现跨越式发展的重要着力点，在一个相当长的时期内把信息化作为各级政府的重要核心工作，并进行高规格的信息化战略规划、领导体制架构。例如，2007年8月，宁夏成立了信息化建设领导小组，自治区书记任组长，自治区主席任副组长，分管信息化工作的副主席任副组长兼办公室主任，小组成员则包括全区20多个厅级部门的"一把手"。同时，宁夏地方的5个市和22个县（区、市）也都成立以"一把手"为组长、各乡镇"一把手"为成员的信息化建设领导小组。这种"一把手"负责农村信息建设的组织架构在全国属于首创。

第二，依托农村信息服务站建设走出了低成本广覆盖的路子。在2006科技传播与西部开发研讨会上，北京大学信息管理系教授赖茂生认为，宁夏不能因经济落后而"听天由命"，等有条件了再搞信息化。实际上信息化不一定要靠高投入，按国际经验，只要项目、地点选择好，小投入照样会有大产出。从实践来看，宁夏确实为经济欠发达地区走出了一条低成本发展农村信息化的路子。其经验就是把农村信息服务站建设作为农村信息化的主要载体和突破口。建一个农村信息服务站投资在10000元左右，宁夏全区有2802个行政村，总投资在2000万元左右，自治区政府完全有能力负担，不需要村集体和农民投资。同时，为了保证建成后的信息服务站能正常运行并真正发挥效益，全市所有新农村信息服务站要严格按照自治区"五一"标准建设，即每个信息服务站要有一处固定场所、一套信息化设备、一名信息员、一套长效机制、一套管理制度和效果评估办法。

第三，"三网融合"以技术突破实现了资源整合，降低了服务成本。宁夏新农村信息化建设的核心机制体现了"整合"两个字，通过搭建全区统一的信息中心平台，修建一条覆盖全区的以光纤通信网络为主的信息高速公路，共建一个涉农数据库，整建一个涉农"呼叫中心"，实现电信和广电的成功对接，实现了"电脑、电视、电话"的"三网融合"。目前，在全区2000个行政村的农村信息服务站，农民不仅可以接收60套直播电视节目，享受时移电视、视频点播、网络电影电视等在内的互联网视频服务，还可以获取各涉农部门提供的农产品供求信息、农业科技知识、科技特派员服务和农村党员干部远程教育、文化共享等信息资源。资源的整合降低了服务成本，做到了农民用得上、用得起、用得好。[①]

第四，以"平台上移，服务下延"的信息系统架构降低了建设成本。全区建设一个统一的信息中心平台，各地市县不再建设单独的物理平台设施，延伸到全区各村的信息服务站共享中心平台的资源。

（三）信息化视角下的云南农村社区建设和治理案例分析

1. 云南农村信息化现状

云南省是我国经济发展最为落后的省份之一，国家统计局的相关统计数据表明 2009 年云南省农村居民的家庭人均纯收入仅为 3669 元[②]，在全国各省份中位于末列。如何发展落后地区的农村信息化，云南省走出了一条不同于宁夏的路子，如果说宁夏是以村村建信息服务站的模式实现了"硬件下乡"，云南则是通过"数字乡村"建设工程实现了"村村上网"。

云南"数字乡村"建设工程总投 3.5 亿元左右，于 2007 年启动实施，到 2009 年基本完成，该工程以建设云南数字乡村网站群为载体实现全省从省到州（市）、乡（镇）、行政村、自然村的"三农"信息上网，目前该网站群涵盖省级网站 1 个、地州网站 16 个、县级网站 130 个、乡级网站 1348 个、行政村网站 13431 个、自然村网站 124206 个。其中自然村级网站涵盖了村情概况、自然资源、基础设施、特色产业、人口卫生、村务公开、文化教育、基层组织等方面的基本情况介绍。该工程的实质是将采集到的各级文字、图片、视频信息集中到一个统一的数据库，以一个统一的平台窗口（云南数字乡村网）向外展示。如果说宁夏的农村信息化是着眼于让每个村的农民都有机会使用信息技术，云南"数字乡村"建设工程目标是通过建设信息化窗口对外展示每一个农村。云南"数字乡村"建设工程的实施对农村发展作用主要体现以下几个方面。

---

① 连小芳 . "三网融合"巧妙破解全国性体制难题 [N]. 宁夏日报，2008-07-29（1）.

② 国家统计数据库 . 分地区农村居民家庭基本情况 – 人均纯收入 [EB/OL].（2010-02-06）[2018-01-30]. http：//219.235.129.58/search.do?query=%E4%BA%BA%E5%9D%87&collId=1，2，3.

第一，建成了农村基本情况数据库，并实现了农村信息网上发布。该工程实施过程中采集制作了有关农村信息的数据表 13 万余份、图片 1430 万张、视频 2 万多个、文字信息 160 万条，利用相关资料制作网页 140 余万个，基本完成了全省全部乡镇、行政村到自然村基本信息的网上发布。

第二，培养了一支专兼职人员组成的农村信息化队伍，完善了农村信息服务体系。目前，云南全省有一支 4000 多人的农村信息化服务队伍，并配备了一定的电脑、数码相机、摄像机、打印机等信息化工具，大多数乡镇及少量村庄接入了宽带网。这为农村信息化的进一步发展奠定了一定的人才和设施基础。

第三，农村信息的网上发布推动了农村各项工作的开展。对农村经济发展、政策宣传、行政管理、村务公开、民主监督都发挥了一定的积极推动作用。例如，登录到每个自然村的网页基本可以查询到该村财务公开的内容以及了解到该村各方面的基本情况，当然只是非常简单的介绍，目前很难看到实质性的直接经济社会效果，但笔者认为这对长期身处封闭状态的农村干部、村民是一种现代信息意识的唤醒。

2. 云南农村信息化的主要经验

云南"数字乡村"工程的建设经验曾被《人民日报》等权威媒体宣传报道，对经济落后地区农村信息化建设具有重要的借鉴意义，其发展农村社区信息化的地方性经验主要有以下两个方面。

第一，政府主导整个建设过程。云南省委、政府对全省"数字乡村"工程进行了总体部署，从 2007 年至 2009 年把整个工程分为五个阶段分步实施。为了保证工程的有序进行，成立了由当时的省委书记和省长任正副组长的项目领导机构，地方各州、县、乡也都成立了由主要领导负责的领导机构。同时，云南省把"乡村数字"工程作为一项为农村提供的公共基础设施，投资主体是省政府和各级地方政府，总投资规模在 3.5 亿元左右，政府的全额投资保障了工程的顺利进行。

第二，统一建设、资源共享降低了建设和运行成本。云南数字乡村网站群是由省政府发起进行统一建设，实现一个网络对各州（市）、县、乡、村的全覆盖，这种建设模式比各行政单元独立建设网站节约投资 5 倍以上。同时，自下至上把各地农业信息资源集中到一个资源平台上，既构建了一个外部全面了解云南农村的"一站式"信息窗口，又便利了省内各地信息资源的共享，降低了各类信息使用主体获取信息的成本，还降低了系统整体的维护运行成本。

三、小结

本章考察了美国、韩国、印度三个经济发展水平不同的国家和国内广东、宁夏、云南三个经济发展水平不同的省区的农村信息化的现状、信息化建设的措施、信息化对农村社会及农民生活的积极影响，一方面，我们看到农村信息化对推动农村、农民、农业现代化的重要作用；另一方面，发现不同的国家与地区推动农村信息化的一些共性的经验和差异化的办法，主要有以下几个方面。

第一，这些国家和地区的政府都认识到信息化对农村发展的重要作用，把信息化作为改变农村落后面貌，改善农民生活，传播现代知识，提高农村治理水平，从而推动农村经济、政治、文化、社会发展，实现农村社会现代化的重要路径。

第二，政府在农村信息化建设中具有不可替代的作用。无论发达国家还是发展中国家的农业都是弱势产业，农村信息化发展都需要政府的推动和扶持。但扶持的方式、力度因政府及农村支付能力的差异会有所不同。

第三，"政府引导、社会参与、市场运作、资源整合"是基本的可持续运行模式。农村信息化建设是一个系统工程，资金、政策、技术、人才、消费群体等要素需要有效整合才能保证农村信息化"建的成、用得上、有发展"，其中市场机制是核心机制，政府引导是保障机制，社会参与是辅助机制，三种机制的结合实现了信息化建设资源的有机整合。

第四，不同经济发展水平的地区采取了不同的信息化战略。美国经济发达，农村和城市的发展水平没有太大差别，农民的信息消费意识、消费能力都很强，美国农村信息化基本可以概括为"全面信息化模式"。经济发展水平稍低的韩国和我国的广东省基本上可以概括为"整村推进模式"，但韩国政府的投入力度更大。而经济发展水平较低的印度和我国的宁夏都把农村信息服务站建设作为主要的载体，可以概括为"以点带面模式"。而经济最不发达的我国云南省通过"数字乡村"工程实现了每个农村的基本信息网上发布，可以概括为"网络宣传模式"。

第七章　J镇的农村社区建设

本章主要在介绍J镇及5个重点行政村的地理环境、经济社会概况的基础上，全面描述了J镇农村社区建设的情况，分析了其农村社区建设的经验与不足，这既是总结农村社区建设一般规律的需要，也为进一步具体研究J镇农村社区的信息化建设与信息化条件下的治理提供了社区的社会背景。

一、J镇的农村社区建设背景

（一）地理环境

J镇总面积106.32平方公里，东西宽12.14公里，南北长17.07公里。位于长江三角洲的中心地带，武进区西南滆湖（又称西太湖）之滨，距常州市区约20公里，扁担河、孟津河、夏溪河、成湟河纵横交错，大小河塘星罗棋布，沿滆湖12公里的湖岸线多为自然保护湿地，是典型的江南"鱼米之乡"。境内路网密集，239省道和宁常高速公路穿境而过，水陆交通便捷。

根据地质史研究考证，远在25000年前，这里是一片汪洋大海，由于长江水夹带大量泥沙，不断沉积，日积月累形成了冲积平原。地势平坦，略成西高东低，平均海拔5~8米，土质以黄泥土和沙质土为主。

由于离海洋较近，受海洋气候影响颇为显著，属北亚热带季风性湿润气候。夏季偏南风长驱直入，高温多雨，冬季受偏北风影响，寒冷少雨，春季气候多变，秋季天高气爽。具有春季温和、夏季炎热、秋季凉爽、冬季寒冷四季分明的气候特色。春、秋两季短，夏、冬两季长。由于全球气候逐渐变暖，近年四季温差缩小，冬季最低温度在零下10℃以下。全年雨水充沛，年降雨量平均1100毫米左右。灾害性气候，如终霜期过晚、持久的热雷雨、台风、寒潮、失时的梅雨、大雪、严寒、长期阴雨和干旱等时有发生。

J镇物产丰富，种类繁多。盛产粮油、豆类、蔬菜、瓜果、花木、药草，禽畜、鸟类、鱼类品种丰富，地方土特产有蜜糕、月饼、砖瓦、小磨麻油等。

（二）社会概况

J镇2007年总面积106.32平方公里，耕地面积因开挖鱼塘，修筑道路、旅游景点开发、工业建设用地和房屋的建造等多种原因面积不断减少。20世纪80年代耕地面积81139.7亩，水面积12333亩，人均耕地面积1.04亩。20世纪90年代耕地面积72561.7亩，水面积26457.2亩，人均耕地0.9亩。2007年耕地面积67157亩，水面积19983.7亩，人均耕地面积0.93亩。

2007年全镇总户数27919户，共72098人，其中女35816人，男36282人，女男性别比为1：1.01。人口状况的主要特征是家庭规模趋向小型化，年龄老龄化，2007年全镇60岁以上老人占总人口的19.15%，其中90岁以上的有151人，百岁以上的有4人（均为女性）。全镇四代同堂有34户。2005年、2006年、2007年人口自然增长率为负增长，分别为 –0.15‰、–0.72‰、–0.33‰。

J镇经济发达，过去农民以种植水稻为主，近年来转为以种植中高端苗木、花卉为主，一亩花木收入为4000元至80000元，远高于种植水稻的收益，现在花木产业已成为当地的支柱产业和农民致富的"摇钱树"，2006年该镇的夏溪花木市场已成为华东地区13个省市的花木集散交易中心和最大的花木专业批发市场，市场交易额达20亿元，先后获得"中国花木之乡""全国花卉生产示范基地""全国科普示范基地""常州市农户十强乡镇""武进区农业先进镇"及"全国农业示范景点"等称号。到2009年人均国内生产总值超3万元，农民人均纯收入达万元以上，财政收入超1亿元。但由于工业规模较小，就其经济总量而言，村集体和镇政府财政收入并不高，据当地干部讲是"老百姓富，政府穷"。

J镇现有 29 个行政村，4 个镇区居委会，县辖镇直属部门共 49 个，镇机关包括党委、政府、人大、政协、纪委五大常设机构及武装部、统战部、计生委等基本组成单位，镇事业部门除包括传统的"七站八所"，还有安监办、食安委、长江工程办等在内共 32 个。镇机关事业工作人员共计 242 人，其中，公务员编制人员 57 人，全民事业编制和其他身份人员 187 人。

政府性社会组织建构完整，J镇总工会于 2007 年 12 月 22 日成立，覆盖全镇 258 个大小企事业单位，17389 名职工，入会人数（会员总数）17217 人，建立工会 92 个，其中村联合工会 26 个，企事业单位工会 62 个，外资（合资）企业工会 4 个。此外，共青团、妇联、工商联组织健全。新型社会组织也有所发育，笔者调研期间，在各村的村委办公楼发现了一些房间挂着老年人协会、残疾人协会、老年体协、关系下一代工作委员会等标牌。但进一步了解后得知，这些社会组织一般都是依托村"两委"组建，少有有实际的运行，或仅仅是一块牌子而已。J镇农村已有少量的经济合作组织，如捕捞村的嘉盛渔业专业合作社、三星村的三星农业土地股份合作社、丰杨村的叠风林果合作社和跃进村的鲜花合作社。这些经济合作组织的服务功能主要局限于为入社农户提供生产性和交易性扶持。

（三）研究涉及的主要行政村简介

1. 捕捞村简介

捕捞村位于滆湖之滨，是一个从事渔业生产和管理的专业行政村，也是武进区渔业生产基地之一。2007 年全村 203 户，户籍人口 480 人。村民集中居住点捕捞村位于 J镇东侧，紧邻镇区。生产区主要在滆湖。村党总支下设党支部 2 个，共有党员 36 名；村委下辖 3 个村民小组、8 个围网养殖场、1 个大圩塘养殖场。2008 年全村生产销售水产品总量 8500 吨，年产值达到 6800 万元，村民人均收入 12100 元，村级收入 38 万元。捕捞村先后被全国妇联，文化部等评为"美德在农家""江苏省巾帼示范村""省滆湖管理工作先进集体""武进区五好党支部""武进区文明村"等。通过 2007 年的环境整治全村基本上实现了路面硬化，村庄绿化，路灯亮化，垃圾袋装化。建有村民健身广场、老年活动室、图书馆、残疾人康复室、党员干部现代远程教育及船文化活动中心等，且各种场所设施齐全。

2. 满墩村简介

满墩村距镇区 8 公里。2007 年全村总面积 3741 亩，其中耕地面积 2541 亩，种植花木面积 2400 亩，河塘面积 160 亩，人均耕地 0.89 亩，村民小组 29 个，自然村 21 个，820 户，人口 2280 人。其中，外来人口 400 人。大专以上 58 人，高中 60 人，初中 81 人，小学 87 人。2007 年全村农业收入 3860 万元，副业收入 28 万元，苗木收入 1806 万元，人均收入 8900 元。全村现有农用汽车 5 辆，客车 6 辆，轿车 38 辆，运输大卡车 3 辆，各类汽车合计 52 辆，平均每百户拥有 6.4 辆。另有吊车 2 辆，挖掘机 2 台，中型拖拉机 3 台，插秧机 1 台，电脑 80 台。水泥及柏油硬化路面实现村组通、组组通，建有村委办公大楼 1 座，村民文体健身广场 2 处。自 1995 年先后获武进县人民政府颁发的"亿元村""武进区先进基层党组织""武进区计划生育先进协会""常州市文明村""武进区科普示范村、巾帼生态示范村""常州市农村老年体育工作百佳先进村""武进区勤政廉洁村支书""常州市科普文明村"等荣誉。

3. 上埠村简介

上埠村位于 J 镇西部，宁常高速、嘉成公路穿村而过。2007 年全村总面积 3446 亩，其中耕地面积 2824 亩，花卉苗木 2600 余亩，水面 300 余亩。全村有自然村 23 个，村民小组 29 个，总户数 821 户，人口 2441 人。其中，大专以上 65 人，高中 87 人，初中 1731 人，小学 502 人。2007 年全村农业总收入 3800 万元，其中苗木收入 2800 万元，人均收入 8590 元。全村拥有大卡车 7 辆，农用汽车 3 辆，客车 4 辆，轿车 92 辆，各类车辆合计 106 辆，平均每百户拥有 13 辆。另有中型拖拉机 1 台，洋马收割机 1 台，农用手扶拖拉机 42 台，电脑 145 台。2007 年经环境整治后，村容村貌，服务设施大为改善，先后被区政府评为"2007 年度全区新农村建设先进村""清洁村庄、清洁家园、清洁河道先进村"，被省爱国卫生运动委员会命名为"省级卫生村"。

4. 窑港村简介

窑港村紧邻 J 镇镇区，西邻滆湖，2007 年全村总面积 3919.4 亩，其中耕地面积 1831 亩，河塘面积 170 亩，人均耕地 0.96 亩。有村民小组 20 个，620 户，人口 1910 人，其中外来人口 10 人。大专以上 60 人，高中 55 人，初中 75 人，小学 80 人。2007 年全村农业收入 100 万元，副业收入 320 万元，苗木收入 500 万元，其他收入 120 万元，人均收入 8534 元。全村有农用汽车 1 辆，客车 1 辆，轿车 60 辆，运输卡车 2 辆，各类汽车合计 64 辆，平均每百户拥有 10 辆。有挖掘机 25 台，中型拖拉机 5 台，电脑 100 台。2007 年社会公益事业投入 200 多万元，整治了村庄环境，实施了改水、改厕、道路硬化为内容的环境美化工程，村庄面貌焕然一新。

5. 三星村简介

三星村位于 J 镇的西北边缘，2007 年全村总面积 3748 亩，其中耕地面积 2597 亩，河塘面积 157 亩，人均耕地 1.2 亩，村民小组 24 个。有自然村 22 个，733 户，人口 2086 人，其中外来人口 89 人。大专以上 38 人，高中 260 人，初中 1368 人，小学 390 人。2007 年全村农业收入 1310 万元，副业收入 18 万元，苗木收入 301 万元，人均收入 7828 元。全村现有农用汽车 6 辆，轿车 25 辆，运输大卡车 4 辆，各类汽车合计 35 辆，平均每百户拥有 5 辆。有中型拖拉机 2 台，插秧机 4 台，电脑 55 台。公共服务设施较为完善，建有颇具规模的公共服务中心 1 个（除 1 个 50 平方米以上的小型超市，还有台球室、棋牌茶室、户外旅游用品店、移动通信服务站、"扬子晚报"订报点、提供上门服务的小饭店）、村委办公楼 1 座、健身广场 2 处。

二、J 镇农村社区建设现状分析

2016 年，民政部等 10 部门联合印发了《城乡社区服务体系建设规划（2016—2020 年）》（以下简称《规划》），提出：从我国基本国情和经济社会发展水平出发，按照全面建成小康社会以及加强和创新社会治理的总体要求，到 2020 年，基本公共服务、便民利民服务、志愿服务有效衔接的城乡社区服务机制更加成熟；社区综合服务设施为主体、专项服务设施为配套、服务网点为补充的城乡社区服务设施布局更加完善；网络联通、应用融合、信息共享、响应迅速的城乡社区服务信息化发展格局基本形成；以社区党组织、社区自治组织成员为骨干，社区社会工作者和其他社区专职工作者为支撑，社区志愿者为补充的城乡社区服务人才队伍更加健全。结合《规划》的要求，本研究主要从社区建设领导协调机制、社区建设规划、社区综合服务设施、社区各项服务、社区各项管理五个方面考查了 J 镇的乡村社区建设情况。

（一）社区建设领导机制

1. 镇村两级领导机制与工作制度

目前 J 镇还未形成明确、清晰的农村社区建设的意识和思路，还未系统地从社区建设的视角思考新农村建设的模式，即全方位地谋划要建什么样的新农村这个问题，因而，从社区工作着手建立组织领导体制、机制也就无从谈起。从 J 镇党政主要领导的分工情况看，还未有专门的领导负责农村社区建设工作，与农村社区建设工作有直接相关性的领导是镇党委副书记兼人大主席，他分管农业、农经、农机、农林、水利、新农村建设、自来水、污水工程、劳动和社会保障工作 9 项工作，新农村建设也仅是其众多工作中的一项。现在 J 镇的社区建设归属于民政办的一项工作，由镇人大副主席分管，下设民政助理 1 名，未设有独立编制的民政办公室，包含社区工作的民政日常工作由民政助理 1 人负责，现有兼任镇敬老院院长的周××同志帮忙处理一些民政工作。在与民政助理吴××交流时，其坦言目前 J 镇的农村社区建设工作还很薄弱，没有成立明确的领导协调机制，没有形成明确的农村社区工作领导协调机制，没有出台相应的建设规划，农村社区建设工作还未明确纳入党委、政府的重要议事日程。由于镇级没有明确的领导体制、机制，相应的村级领导体制、机制也未形成。

虽然没有规范性的在农村社区建设工作统领下建立的领导协调体制、机制，但从笔者实际调查来看，并不意味没有任何实质性的农村社区建设领导机构、机制。近年 J 镇确立了创建"历史古镇，花木名镇，湖滨天堂、休闲胜地"的总体发展目标，环境建设首当其冲。为此，J 镇成立了由镇长任组长，人大主任、纪委副书记任副组长，城管、交通、水利、党校、农林、民政、广电、文化、公安等单位负责人为领导小组成员的镇村环境长效综合管理领导小组，负责全镇环境的整治及长效管理的决策、领导、指挥，并下设常设工作机构"J镇村环境长效综合管理办公室"。该办公室由 4 名工作人员组成，具体负责镇区及农村社区的环境整治及保持的指导、监督、管理工作。2010 年，为了加大环境的整治力度，实施镇村一体化管理，又新成立了涉及城管、市管、爱卫、环卫、绿化、交通、水利、建设、环保等部门的环境长效综合管理指挥部，由镇长任总指挥，人大主席任副总指挥，纪委副书记任副总指挥兼办公室主任。指挥部下设四个分片办公室，三个直属督察队（道路督察队、河道督察队、市镇督察队），参照城区管理办法管理农村，分派城管队员至村任环境长效管理联络员。各村成立专业保洁队，由各村妇女主任兼任保洁队队长。指挥部每天对分片办公室进行考核，分片办公室通过联络员及各村妇女主任对各村保洁队进行考核，形成三级管理网络。

在完善领导机制的同时，自 2009 年，J镇制定《关于深入开展镇村环境长效综合管理的实施意见》《J镇 2009 年度镇村环境长效管理工作计划》《武进区 J镇 2009 年度镇村环境长效管理责任书》《2010 年 J镇环境长效综合管理工作目标及重点措施》等文件，并执行《武进区农村环境长效综合管理考核细则》《常州市镇村河道长效管护考核细则》等上级文件、规定，明确了对各行政村和职能部门的工作要求、考评细则、奖惩办法，形成了分工明确、职责清晰的工作机制。

在镇政府领导、推动下，各行政村也建立了相应的村级社区环境长效综合管理领导机构，形成了较有效的工作机制。在笔者调查的 6 个农村社区，都建立了以村支部书记为组长，村委其他成员为副组长和成员的村环境整治领导小组，以及相应的工作制度、机制。以环境整治工作较好的满墩村为例，该村建立了较为完善的组织、制度，形成了有效的工作机制。现就该村有关情况作一个介绍。

（1）满墩村环境整治领导机构建设情况，见表 7-1。

表7-1 满墩村环境整治领导小组成员构成及分工

姓名	性别	职务	成员	职责
吕××	男	村支部书记	组长	负责全面工作
吴××	男	副主任	副组长	负责全面具体工作，抓好工作进度
庄××	女	村委会计	副组长	负责做好台账，落实资金
藏××	男	农业助理	成员	负责主干道路、绿化及河塘整理
周××	女	妇女主任	成员	负责村庄家园整治
严××	男	民兵、农机	成员	负责绿化
严××	女	联队会计	成员	负责保洁队伍管理
黄××	女	联队会计	成员	负责道路保洁员队伍管理
蒋××	男	联队出纳	成员	负责房前屋后整治

资料来源：《武进区J镇满墩村"三清一绿""五化三有"考核指标资料汇编》。

（2）满墩村长效环境管理工作队伍建设情况，见表7-2。

表7-2 满墩村环境长效管理保洁员组成及分工

成员	职责	任务区
金××等18人	清扫	分片负责村前等29个自然村
尹××等4人	清扫	全村主干道
李××等2人	河道管护	全村河道
何××1人	绿化管护	全村绿化
陈××1人	管理员	全村建设广场
沈××2人	垃圾清运	全村垃圾

资料来源：《武进区J镇满墩村"三清一绿""五化三有"考核指标资料汇编》。

（3）满墩村长效环境管理工作制度建设情况。

满墩村为了规范长效环境管理工作，制定了《J镇满墩村河道管护制度》《J镇满墩村垃圾收集管理制度》《J镇满墩村道路保洁员管理制度》《J镇满墩村村容村貌管护制度》等制度以规范各项工作要求，并与各工种人员分别签订了《满墩村河道长效管理承包协议》《满墩村垃圾收集员协议》等合同书，细化了对各项工作的具体要求、报酬、奖惩办法。

此外，在窑港村还建立长效环境管理保洁员月考核制度，一次月考核不合格将从保洁员工资中扣除30元，例如，从2008年5—10月的《窑港村长效管理保洁员月考核表》的汇总表里就发现了保洁员卢××等4人次被考核为不合格。这是一种较为有效的过程管理和结果管理相结合的制度机制，可以及时地发现和解决问题。

在调查涉及的12个村里，领导机构和各项工作制度化的水平是不平衡的，诸如满墩村、捕捞村、窑港村、夏庄村、三星村、跃进村等几个村的各项工作制度较完善，特别值得注意的是三星村，该村虽处在J镇的西北部边缘地带，经济也相对落后，但该村给笔者的感觉却是治理得井井有条。

2. 农村社区建设资金投入

由于环境治理纳入了J镇党委、政府的重要议事日程，把其作为一项长期战略性举措，依托农村社区环境治理工作，农村社区建设形成了较为稳定的环境专项资金筹措和投入机制，镇村两级已经将环境长效管理经费列入年度财政预算，镇财政有稳定和明确的对村级社区的资金支持，村有专门的环境建设经费投入。以2009年为例，镇级财政给予每村每人每年3元的保洁补助，对村主要道路的硬化给予12元/平方米的补贴。2010年，J镇又新出台了《2010年J镇环境长效综合管理工作目标及重点措施》，将以往的环境建设的补贴政策改为奖励政策，总体以8~10元/人的标准进行补贴，按《W区农村环境长效综合管理考核细则》对各个行政村进行考核，根据考核结果将各行政村得分排名，根据排名的不同分为一、二、三等奖，给予不同标准的奖励。具体为：1~10名为一等奖，以10元/人标准补贴；11~20名为二等奖，以9元/人的标准补贴；20~29名为三等奖，以8元/人的标准补贴。这实际上是调高了补贴的标准。村级也建立了经费投入机制，如夏庄村在2008年年初经"两委"研究决定，安排了该年度专项环境长效管理经费，具体为：保洁员工资24000元，垃圾清运工工资20000元，全年合计安排经费支出44000元。

就总体而言，J镇还处在无明确、系统的农村社区建设意识阶段，现存领导机制是在上级政府专项工作要求的推动下建立起来的，工作机制的重点还主要是着眼于村容、村貌、基础设施建设方面，而农村社区建设是一个更为系统的工作，目前存在的领导协调机制及其工作的着眼点还不能适应新农村建设社区化的要求。

（二）社区建设规划设计

1. J镇的经济、社会发展规划

目前J镇依托发达的花木产业，比邻西太湖的自然区位，姬山古镇遗址的历史文化遗存，总体发展目标定位为"花木之乡、滨湖天堂、休闲胜地、历史古镇"，确定了"环境兴业、花木富民、三产强镇"的发展战略。常州市武进区政府将J镇的发展方向定位于"花木大世界、都市后花园、滨湖水天堂、休闲新胜地"，并将其经济产业定位为"集现代农业、花木生产、科教观光、休闲度假为一体的，全国最大的复合型花木基地——中国花木之都"。区镇两级政府实际上是把J镇的发展定位于走一条绿色休闲之路，但能否依托绿色的花木、优美的湖河引来八方来客，环境建设成为战略规划能否实现的核心工作。基于此，J镇的农村社区建设以环境整治为主要切入点，带动其他各项工作的开展，农村社区建设规划也主要体现为环境建设规划。

2. 以环境治理为切入点的农村社区建设规划

2008年年初，J镇出台了《关于开展整治村庄环境、共建美好家园专项行动的实施意见》，明确了农村社区环境建设规划的指导思想、工作原则、行动步骤、工作标准、筹资渠道、保障措施。该实施意见确定：一是在2008年全镇29个行政村要全面完成以"清垃圾、清河塘、清粪污、村庄绿化"为内容的"三清一绿"工程；二是自2008—2010年，利用三年时间，依各村不同发展水平，分阶段全面完成各行政村以"道路硬化、卫生洁化、河塘净化、村庄绿化、环境美化，有环境卫生长效管理机制、有公共服务活动中心、有乡村文化"为内容的"五化三有"工程。具体规划部署见表7–3。

表 7-3　J镇各行政村"五化三有"工程分阶段实施计划

时　　间	完成村名单
2008 年	上埠村、甘荡村、丰杨村、夏庄村、朝东村、章庄村、窑港村、捕捞村、观庄村、士桥村、满墩村
2009 年	观后村、成章村、章簖村、夏溪村、J镇村、周庄村、西城村、晨山村、闵墅村、金鸡村
2010 年	厚余村、宋庄村、龚家村、南庄村、三星村、塘门村、江头村、千峰村、跃进村

资料来源：J镇 2008 年制定的《关于开展整治村庄环境、共建美好家园专项行动的实施意见》

该实施意见还明确了"三清一绿、五化三有"工程的资金筹措机制，即以市、区、镇三级政府的专项补助、奖励资金为引导，同时在增加村组集体投入、发动农民投入的基础上，积极引导村企结对，鼓励工商企业回报农民、造福乡邻，积极参与和支持整治村庄环境、共建美好家园的专项行动。积极探索吸引社会资本投资新农村建设的运作机制，努力拓宽专项行动的投入渠道。

3. 以行政村为单元的农村社区建设规划

J镇以"三清一绿、五化三有"为主要内容的农村社区建设工作，以行政村为其基本的规划单位。全镇有 29 个行政村，每个行政村包含若干个自然村。如：窑港村有 8 个自然村、人口 1910 人、面积 3919.4 亩（约 2.6 平方公里）；满墩村有 21 个自然村、人口 2280 人、面积 3741 亩（约 2.5 平方公里）；三星村有 22 个自然村、人口 2086 人、总面积 3748 亩（约 2.5 平方公里）。也就是说，每个农村社区规划单元都包括较多的自然村，2000 人左右的人口，2.5 平方公里左右的区域范围，以此为资源依托进行社区建设规划布局。按照常州市武进区"五化三有"行动的考核细则要求，除了其他七项要求外，规划要求在每个行政村建设一个公共服务中心，具体为：建有村级事务办公场所，建筑面积不少于 600 平方米；建有可供村民活动的室内文体活动场所，面积不少于 200 平方米，日常管理制度健全；建有设施齐全的室内外健身休闲场地，面积不少于 600 平方米；按规定建有警务室、社区卫生服务中心等公共服务设施；建有小型便民商业超市。

（三）社区服务基础设施

社区公共服务提供水平对农村社区居民能否享有丰富、便利、舒适的现代生活具有基础性作用，而农村社区公共服务水准又取决于服务设施的建设水平。没有结构完善、布局合理、达到一定水准的设施硬件就无法支撑起高水平的公共服务。检视各村社区的公共服务设施硬件建设情况，是了解社区公共服务水平的重要视角之一。为了更全面地反映 J 镇的农村社区的公共服务设施的建设水平，主要基于不同经济水平、集体收入水平的指标，由高到低选取了满墩村、捕捞村等六个村加以介绍，为了方便直观的考量，以列表的形式进行汇总，具体情况见表 7-4。

表 7-4　六个村综合服务设施建设情况

	项目	满墩村	捕捞村	上埠村	江头村	窑港村	三星村
社区基本公共服	社区行政办公场所	★★★	★★	★★★	★★	★★	★★★
	村务公开栏	★★	★★	★★	★	★★	★★
	综合调解服务站	★	★	★	—	★	★
	室内文体活动室	★★	★★	★	★	★★★	★
	图书室	★★	★★	★★		★★	★★
	警务室	★	★	★	★	★	★
	党员活动室	★★★	★★	★★	★★	★★	★★★
服务类设施	卫生、计生室	★★★	—	★★★	★★	—	★★★
	残疾人活动室	★	★	★	—	★	★
	老年活动室	★	★	★	—	★	★
	室外健身场所	★★	★★	★★	★★	★★★	★★★
第三部门	社区工会	★	★	—	—	—	—
	妇代会	★	★				
	专业农村合作社	—	★★★	—	—	—	★★★

续表

项目		满墩村	捕捞村	上埠村	江头村	窑港村	三星村
组织设施	关心下一代工作委员会	★	—	—	—	—	—
	老龄委	★	—	—	—	—	—
	老年体育健身协会	★	—	★	—	—	★
	残疾人协会	★	★	—	—	★	★
成人教育服务类设施	法治学校	★	—	—	—	—	—
	科技学校学	★	★	—	—	—	★
	健康教育学校	★	★	★	—	—	—
	家长学校	★	★	—	—	—	—
其他服务站点	便民服务站	★	★	—	—	—	—
	食品安全工作站	★	—	—	—	—	—
	消费者维权服务站	★	—	—	—	—	—
	会计服务站	★	—	—	—	—	—
	三农保险服务站	★	★	—	—	—	—
	暂住人口管理服务站	★	—	—	—	—	—
商业服务类设施	小型商业超市	★★	★	★★	★★	★	★★★
	机动车维修服务点	★	★★	★★	★	—	★
	电信服务站点	★	—	★	—	—	★★★
	金融服务站点	—	—	—	—	—	—

注：★表示有该服务设施，但只是挂了一块牌子；★★代表该服务设施状况一般；★★★代表该服务设施状况较好。对各村设施状况的判断依据是观察和对村干部、村民访谈而作出。

　　从表7-4可以看到，各农村社区的服务设施建设还有许多空白点。结合调研中的观察，笔者认为以行政村为单元的农村社区，除三星村外，基本还不具备功能完善、布局合理的社区服务中心。目前，各村以村委会办公楼为依托的硬件设施不具备承载社区系统化服务功能需求的能力。社区内商业网点布局大多没有经过合理规划，而是业主随机选择的结果。现在农村社区服务的不足首先表现为设施硬件的缺失，基本设施形态都还不具备，服务项目更无所依托。至于设施布局和服务半径在仅约2.5平方公里的社区范围内倒不是太大的问题。

　　各村社区的公共服务中心及其他服务网点建设滞后主要受以下几方面的因素

制约：第一，村集体经济收入低，不具备建设功能齐全的服务设施的财力。到各村调研时，大多数村干部都抱怨村集体经济收入太少，除去日常的行政开支，所剩无几，根本没有财力搞基础设施建设。表 7-5 是六个行政村的 2008 年行政收支情况。表中的数据显示，各行政村的年收入基本都在几十万元的水平，扣除开支后确实所剩无几。第二，单个行政村区域内的居民消费总量还不具备维持某些商业服务网点的运行，无法吸引其进驻布点。第三，一些村本身距离集镇区很近，例如，窑港村、捕捞村紧邻 J 镇区，村民到镇区购买商品、办理业务也比较方便，由此影响了村级社区内相关服务业的发展。

表 7-5　六个行政村 2008 年收支情况　　　　　单位：万元

村 名	总收入	总支出	净收入
夏庄村	42.55	38.59	3.96
丰杨村	24.2	33.48	−9.28
闵市村	68.97	37.55	31.42
满墩村	34.64	33.85	0.79
三星村	14.85	25.59	−10.74
上埠村	45.96	76.59	−30.63

（四）社区服务提供体系

从党的十六届六中全会到党的十九大，一直强调要建立起惠及城乡全体居民的基本公共服务体系，并逐步实现基本公共服务均等化。据此，农村社区居民也应享受均等的基本公共服务。常修泽认为，基本公共服务内容主要包括：就业服务和基本社会保障等"基本民生性服务"；义务教育、公共卫生和基本医疗、公共文化等"公共事业性服务"；公益性基础设施和生态环境保护等"公益基础性服务"；生产安全、消费安全、社会安全、国防安全等"公共安全性服务"。[①]基本公共服务主要由政府来提供，政府提供的基本公共服务为公民提供了最基本的生活保障，此外，还需要以志愿服务、互助服务等为主要内容的社会性服务来

---

① 常修泽.中国现阶段基本公共服务均等化研究 [J].中共天津市委党校学报，2007（2）.

补充。基本公共服务及志愿服务、互助服务等社会性服务是不以赢利为目的的公益性服务。只靠公益性服务不能满足社区居民的全部服务需求，还有其他大量的服务需要通过市场化途径，以商业服务的形式提供。可以说，农村社区的服务水平取决于政府提供的基本公共服务、市场提供的商业服务、社会提供的志愿服务和互助服务。

1. 社区基本公共服务的提供情况

（1）就业服务和基本社会保障服务。

第一，就业服务。J 镇农村社区居民以种植苗木为主，基本以在自家承包田里种植苗木实现了就业，外出务工和从事非农村产业工作的需求不是很大，农民的就业服务需求主要来自失地农民和农村富余劳动力。J 镇政府劳动部门为有就业需求的农民提供一些就业信息和岗前技能培训服务，负责就业工作的 J 镇劳动所专门接入市人力资源和社会保障综合系统用于失业、就业人员信息登记和再就业后办理社会保险。但在与工作人员交流时，其坦言农民到劳动部门主动获取就业信息和失业登记的很少，只有在找到工作之后，在与用工单位签订劳动合同时才去补办有关失业登记信息。在窑港新村与失地农民老金进行交流时也印证了工作人员所言非虚，他在最近几年的拆迁过程中，失去了全部土地，现在靠打零工挣钱维持家庭生活，工作都是自己找的，主要通过自己的社会关系实现就业，没有到劳动部门寻求帮助。他说周围的同乡也基本是这样。在调查期间，无论是 J 镇区还是我们所及的农村社区，都未发现专门的就业信息服务机构。

政府提供的劳动培训主要是由镇劳动所负责实施。在劳动所调查期间，查阅了该所组织培训工作的台账。针对农村劳动力的培训项目有缝纫工、花木养护、女经纪人、行车工、电脑操作等内容。培训都是免费的，由政府劳动部门提供师资、场地、设备，每次培训前把培训信息通知到各行政村，再由村委会通知到农户，农户自愿参加。劳动部门将每次参加人员的个人信息进行登记造册，以备将来有针对性地提供用工需求信息。村级社区独立培训服务还很少。

第二，基本社会保障服务。当前，我国的基本社会保障以养老保险、基本医疗保险、失业保险、工伤保险为主要措施，以开展社会救助、社会福利和慈善事业等为辅。J 镇面向一般农村社区居民主要提供了农村社会养老保险（简称"社保"）和农村医疗合作保险（简称"新农保"）两项保障服务。社保是"养老、医疗、失业、工伤、生育"五个险种合一体征缴，缴费标准较高，一年要 5000 多元。新农保缴费标准较低，一年只需 600 元左右。目前，农民参保以参加缴费标准较低的新农保为主，参加社保的还较少。2008 年年末，全镇社保参保人数累计 15000 多人，约占全镇总人口的 20%，但参保人数增加得较快，以我们掌握到的几个村的 2009 年的数据来看，相较 2008 年，社保参保人数增加得很快，例如，2009 年江头村户籍人口 2455 人，参保 986 人；三星村户籍人口 2216 人，参保 1251 人；上埔村户籍人口 2456 人，参保 1500 人。相对于农村养老保险，农村新型合作医疗保险发展更为迅速，2008 年年末，全镇参加新型合作医疗保险的人数达 69000 多人，参保率达 95% 以上，基本实现了对农村人口的全覆盖。从很高的参保率可以看到新型农村合作医疗保险受到农民的欢迎，农民对农村合作医疗服务比较满意。

（2）义务教育、公共卫生和基本医疗、公共文化。

第一，义务教育及其他教育。J 镇在四个镇区分别设有 4 所中学、四所小学、4 所幼儿园，教学条件都较好，基本满足了全镇义务教育阶段学生的入学要求和幼儿入园要求。2008 年年末，全镇在校学生 6991 人，小学升学率和初中升学率都达到 100%。但有一很大问题：一些农村社区幼儿园、离学校较远，路上存在安全隐患，由于无专门校车，家长每天都要自己接送孩子，不太方便。以满墩村为例，孩子入幼儿园、上学都要到距离 1.5 公里外的厚余镇区，路途虽不算远，但要走 239 省道，路上过往车辆很多，且很多车辆是大型货车且车速较快，对家长和孩子都不太安全。成人教育由镇党校负责，党校和成人教育学校是一套人马两块牌子，一般上课要到镇区。至于各村存在的科普学校、法治学校、健康教育学校、家长学校，更多地仅仅意味着一块牌子而已，活动程度很低。即使中组部专门配发到各村的党员远程教育系统利用率也很低，一位村干部更是直言"仅仅是样子、摆设，用来应付检查的"。

第二，公共卫生和基本医疗。公共环境卫生好。在 J 镇农村调研期间，我们看到了一种完全不同于传统农村脏、乱、差的社会主义新农村,在调研到的几个村庄看不到泥泞的路面、乱堆的杂草粪便、乱跑的家禽牲畜、污浊的池塘,到处干净整洁。一栋栋白色的三层小楼周围各种花草树木郁郁葱葱,干净的池塘散落其间,清澈的小河在村中流过。J镇农村良好的公共环境卫生,得益于最近几年大力实施的"三清一绿""五化三有"等环境整治工程。在基础环境得到改善后,村民的卫生意识大大增强,生活方式发生了很大的改变。我们到三星村走访期间,在与村民的交谈中,了解到他们都自觉地把每天的生活垃圾装袋投放到村庄设置的垃圾桶内,垃圾桶由村中专职保洁人员及时清运集中处理。

农村居民卫生防疫工作开展较好。以2006年的数据为例,J镇的镇卫生院防疫区内,12月龄儿童计划免疫"五苗"覆盖率100%;接种各类预防性疫苗1160份;传染病总发病85例(结核病、性病);慢性病防治覆盖20%的村民;血防工作1986—2007年的查螺11429.373平方米,科学灭螺16300平方米;肠道寄生虫防治3150人。此外,为了培养农村居民的健康生活习惯,增强防病防疫意识,卫生部门及村委会以举办健康教育培训、培训专兼职健康教育人员、知识讲座、义诊咨询、入户分发健康材料、社区设置公共健康宣传栏、利用电视及互联网等途径普及健康知识。我们调查到的12个村庄,在村庄新建的室外健身广场里都有健康知识宣传栏。但在调查中,我们也了解到目前的宣传工作还不能令社区居民满意,有些工作流于形式与走过场。笔者在上埠村与一村民交流时,问他是否看过健康宣传栏里的健康知识,或是否有工作人员给他发过宣传材料,他坦言从未看过或收到过。笔者也发现各村健康宣传栏里的知识更新不够,玻璃后的彩色宣传材料很多都已褪色,甚至脱落,显然已长期没有更新。

禽畜防疫工作好。在兽医站调查时,站长介绍说,现在J镇实行免费强制免疫措施,农村禽畜养殖户必须与兽医站联系进行强制免疫,否则无法上市销售,现在基本做到了禽畜的100%免疫。他们每天的工作主要就是到各村提供免费的禽畜免疫工作。由于是免费提供防疫,养殖户也很欢迎,很配合。

基本医疗有保障。2008年年末,全镇有镇级医疗机构3个,医生160多名。除3个镇级卫生院外,下设18个社区卫生室,负责全镇30个行政村,4个镇区居委会居民的医疗保障工作。调查期间，笔者专门到上溇（隶属上埠村）社区卫生服务站和三星社区卫生服务站进行了调查。进入卫生服务站的第一感觉是整洁、卫生，医生都穿着干净的白大褂。两个卫生站各有 3 ~ 4 名医生，医生大多由原来的乡村医生转换身份而来，他们都经过了镇级卫生院的统一培训、考核，由区卫生局颁发医疗执业许可证。卫生站的药品由镇卫生院统一采购，有 300 多种药品，上溇村卫生站的董××医生认为基本满足了常见病的用药需求。两个卫生站各有 4 张病床，可以提供康复输液服务。董医生估计年接诊量约有 8000~9000 人，三星村卫生站的值班医生估计年接诊量约有 6000 人左右，他们都认为可以基本满足周围社区居民看"小病"的需要。

第三，公共文化体育服务。笔者在调查期间的一个感受是：J 镇农村虽然经济发达，村民富裕，但公共文化资源比较匮乏，文化活动的内容比较单一，文化活跃的程度不高。下面是笔者在调查中发现了几种主要文化形式，基本反映了 J 镇农村社区公共文化服务的现状。

健身广场：农村公共文体活动的主阵地。J 镇各行政村都建有健身广场，健身广场为村民提供了扭秧歌、跳健身舞等活动的场所，这也成为农民在夜晚和农闲时候最主要的文化活动形式。在三星村，村委还专门为村民配置了一套大功率的音响设备，用来为村民放伴奏音乐。我们到村时，有的村民则反映健身广场没有照明设施，没有放音设备，夜间文化活动很不方便。同样都有健身广场，但各个村健身广场文化活动开展得并不平衡。

窑村文体活动室：一个活跃的农村文体活动场所。窑村的文体活动室是由前任村支部书记金××个人捐资 2 万元创办，约有 200 平方米左右的面积。活动室里外两间，外面的大房间里摆放着一副台球案、一副乒乓球案、一台背投电视、一套具有卡拉 OK 功能的音响设备，里面小房间里摆放着两张麻将桌。所有设施都很干净，一看就是经常使用。相关人介绍说，这里晚上非常热闹，来的人很多。在我们调查的其他 12 个村再也没有见到类似的室内文体活动室，如满村的室内文体活动室内仅有一张乒乓球台，球台和地上都满是灰尘，一看就知道很少使用。

图书室：少有人问津的农村"知识库"。各个村在村委会办公楼里都设置了图书室，基本都有几千册图书。但据笔者观察发现图书比较陈旧，少有更新，且基本处于闲置状态。正如窑村的金书记所说："农民普遍性的缺乏看书的习惯，图书室利用率不高。"在村埠调查时，发现该村的图书室里堆满了办公桌椅，在凌乱的杂物后面陈放着几橱书籍。据此可见，图书室还没有真正发挥传播知识、提高农民文化水平的作用。

文化下乡：农民文化生活的点缀。镇里的有关部门每年都要组织一些文化下乡活动，形式有文艺演出、送图书、送宣传资料等。此外，还有一些文化下乡是上级组织的。但这种文化活动的经常性不够，而且覆盖率低，每年只能把文化送达少数村庄。

镇影剧院：没有演出的文化场地。全镇现有3所影剧院，分布在三个集镇社区。以我们的观察来看，影剧院外没有张贴任何的演出、放映信息。在与镇上的居民交流时，了解到影剧院从来不放电影，只是有时作为开会的场地使用。

农村文化节：新农民自己的文化创造。2007年，跃村为繁荣农村文化，由村委牵头，知名人士和企业赞助2万多元，以叙"邻里情"、感"乡亲恩"为主题，举办了跃村第一届"乡里乡亲"文化节。这是富裕起来的农民的自我文化创造。

有线电视和互联网：农民文化娱乐现代化的依托。J镇农民生活富裕，很多农户都购买了电视、电脑，100%接入了有线数字电视，很多家庭还接入了互联网。收看丰富的数字电视文化节目已成为农村家庭男女老幼的共同娱乐方式。除了收看电视，上网已成为20~40岁村民的重要文化休闲方式。

（3）公益性基础设施和生态环境保护。

第一，公益性基础设施。J镇农村社区的基础设施条件都较好，实现了村村通公路、主要街道安装路灯、通公交车、通电、通电话、通自来水、通有线电视、天然气管道铺到村口、各村有垃圾箱、全镇有集中的垃圾处理站。基础设施建设需要加大投入的主要有两个方面：一是进一步提高自来水入户率。表7-6是三星村等几个行政村自来水入户情况，表中数据说明各村自来水入户率都有很大提升空间。二是入村主干道以及村与组、组与组之间的道路需要加宽。据笔者调查中的观察，入村主干道大货车错车比较困难，村与组、组与组之间的道路轿车错车困难，两车如果在路中间相遇，错车很麻烦，往往需要一车后退到宽阔地带。

表 7-6 四座行政村自来水入户情况

村名	总户数	接入自来水户数	入户率
三星村	738	389	约 53%
江头村	831	488	约 59%
上埠村	835	600	约 72%
满墩村	828	580	约 70%

注：上表数据来自《村基本情况统计表》，入户率是笔者计算所得。

第二，生态环境保护。近几年，由于地方政府强力推动实施了"三清一绿""五化三有"两项环境治理工程，各村的生态环境得到了极大的改观，村庄实现了绿化、净化、美化，各村街道上看不到柴堆、粪堆、垃圾堆，坑塘、河道也都比较干净，少有杂物。在整治村庄街道环境的同时，各村还大力实施了各家各户的改厕工程，建卫生厕所及三格化粪池，同时在村里建起了垃圾收集房、公共厕所。这些措施较有效地消灭了农村污染的主要来源。可以说，J 镇农村生态环境得到了良好的治理和保护。

（4）生产安全、消费安全与社会安全服务。

第一，生产安全。J 镇农村以苗木种植为主，生产安全问题不是很突出。近几年随着镇村工业发展，农村生产安全服务问题开始凸显，为此，J 镇于 1999 年成立了以镇党委书记为主任的安全生产委员会。此外，镇政府还设有独立的安全生产监督办公室负责日常的安全生产管理服务工作。自 2007 年起，镇政府与 30 个行政村和 123 家生产经营单位签订了《安全生产责任告知承诺书》，形成了安全生产的责任机制。同时，安全生产部门还为村庄、企业提供经常性的安全知识服务。"2005—2007 年三年中，通过会议和培训的方式教育宣传共 7 次，悬挂宣传横幅 50 余条，标语 1000 多张，板报、墙报 50 多期。全镇 123 家企业法人代表参加安全生产管理知识培训，经过学习、考试，并领取了安全生产管理证。"

第二，消费安全。目前，消费安全问题在很多农村地区比较突出，很多农村集市和农村小卖部成为假冒伪劣商品的集散地，但以我们对J镇农村观察来看，农民的消费安全得到了比较好的保障。笔者到三星村、满墩村、上埠村等7个村庄的小型超市，对出售的奶制品进行了专门的观察，发现都是正规厂家的品牌牛奶，没有发现以奶制品饮料冒充纯奶制品的现象，而以奶制品饮料冒充纯牛奶制品在很多经济欠发达地区的农村是比较常见的。特别让人眼前一亮的是在三星村村委办公楼下有一家超市。据老板介绍该超市有100多平方米的营业面积，有1000多种商品。放置饮料的货架上，各种名牌饮料一应俱全。看来当地农民已形成了品牌消费意识。此外，这家超市在100多平方米的范围内还安装了9个监控摄像头，颇有点现代超市的味道。

农村社区消费安全的状况是和政府有关部门的管理服务工作分不开的。J镇成立了专门的食品药品安全委员会负责全镇的食品药品管理服务工作。以2009年为例，他们与30个行政村、4个社区签订了34份食品、药品安全责任书，每个村的村委会有一名干部专门负责本村的安全监督工作。在加强监管明确责任的同时，还通过多种形式宣传食品安全法，增强农村居民的安全消费意识。此外，2009年，该委员会在武进区食品药品监督局的统一部署下，在全镇开展了食品药品安全专项整治工作，督促无证照经营户办理证照150户，取缔无证无照经营户40户。现在全镇基本形成了"种植养殖、生产加工、市场流通、餐饮消费"等四个环节的全过程消费安全监督服务机制。

除食品安全外，农村居民的用药安全也得到了较好的保障。我们在上漢村、满墩村、三星村等几个农村社区卫生服务站调查了解到，药品都是由镇卫生院统一配送，实行统一定价，各卫生服务站无权私自选购药品。统一规范的配送渠道基本保证了农村居民的用药安全。

第三，社会安全。到J镇派出所调研时，副所长蒋××接待了我们。蒋副所长为人说话直爽。我们向他了解农村社会治安、农村警务室的建设和运行情况。而蒋所长正好负责经办全镇各行政村的农村警务室的建设工作。目前，J镇、夏溪、后余、成章设立4个片中心警务室，各行政村也都有警务室。全镇在编正式警务人员 16 人，协警约 30 人。由于警力紧张，只有 4 个中心警务室有民警在岗执勤，其他村级警务室只是挂了一个牌子而已，但各个行政村的主要路口都安装了数量不等的在线监控摄像头，并与派出所的监控系统平台连接。

蒋副所长介绍，J 镇的社会治安总体较好，多发案件以偷盗为主。偷盗案件主要有两类：一是偷盗电瓶车；一是入室盗窃，当地人叫"白日闯"。第一类案件是偷农民的电单车或运树苗的电动三轮车。农民在地里干活时，由于距离比较远，加之苗木的遮挡，放在田间地头的电动车易被盗走。蒋副所长认为此类案件多以外来人流窜作案为主。第二类案件是入室盗窃。由于白天年轻的村民或到田里干活，或是外出做生意，或是外出打工，往往家里只剩老人、小孩在家，这给了小偷可乘之机，其胆大妄为，会硬生生闯入民宅盗窃。加之此地的村民大都种植买卖花木，且习惯现金交易，经常需要现金，而村里没有银行网点，存取都要到镇上银行，为了图省事，家里经常放不少的现金，这也是此类案件多发的原因。蒋副所长认为此类案件多以熟悉情况的当地人作案为主。偷盗案件多发和农村居民的防范意识薄弱有关，蒋副所长坦言从这个意义上说明他们的工作还不到位，应进一步加强防盗宣传，增强村民的防范意识。我们到位于 J 镇西南边缘的闵市村与村民谈到村里治安问题，村民也认为其他案件很少，多以"小偷小摸"为主。

2. J 镇农村社区商业服务提供情况

J 镇农村社区的商业服务提供主要依托 J 镇及其所辖的另外三个镇区，只有很少种类商业网点延伸到农村社区，离镇区较近的村庄，如窑港村、江头村、捕捞村基本没有商业网点，购置生活、生产品都是到 J 镇购买。一些离镇区较远的村，如三星、上埠、满墩的商业网点以小型超市为主，主要卖一些食品、日杂、小件农用工具，有的可以提供电信充值服务。目前，50 平方米以上的超市，三星村有 1 个、上埠村有 2 个、满墩村 2 个。此外一些有主干公路通过的村庄，如满墩村、上埠村，在过村公路旁还分布一些汽车、摩托车修理网点。除了这些传统的商业服务业外，在满墩村和捕捞村两个村村委办公楼设有中国人民财产保险公司的分支机构开设的农业保险服务点。总体来看，在笔者调查到的村庄中，只有三星村有一个具有一定规模的公共服务中心，依托公共服务中心的设施吸引了较多的商业网点的进驻，其他村庄的商业设施，无论从数量、规模、种类都很少，与其服务的人口与服务的地域面积相比较显然严重不足。大件商品、农用资料、机具的购买，办理金融业务都要到镇区。由于农村商业服务发展滞后，农民经常性需要的私人必需品，诸如购买服装、蔬菜、肉食、农具、农资、文化用品以及交电话费、存取款、寄信、办理保险、看电影等都要到集镇区甚至市区，处于偏远地区的村民要跑很远的路，给村民生活带来许多不便。

商业服务业承担为农民提供诸如柴、米、油、盐等日常生活中最经常、最大量的基本生活和生产必需品，承担着农民改善性的生活需求，J镇很多商业服务业止步于"最后一公里"，成为农村服务水平整体提升的抑制因素，给农民生活带了许多不方便。这还是主要就一般的日常生活、生产需要而言，如果从农民对改善性和发展性需要的高度来衡量，现有的商业服务离满足农民的要求有更大的差距。

3. 志愿服务和互助服务等社会性服务的提供情况

志愿服务、互助服务的充分发育和繁荣离不开公民社会的充分发育。目前在这方面，我国还未得到充分发展，J镇农村也不例外。

正是由于民间组织匮乏，制约了社会性服务的发展，在J镇农村主要发现了几种低水平的社会性服务，主要是：第一，志愿服务。调研时，负责志愿服务工作的镇团委书记介绍说："J镇农村还没有规范的志愿服务组织，只是有一些不定期的、零散的志愿服务活动，主体是在校的中小学生。主要形式有：利用集市的时候向农民发放一些涉农宣传资料、在镇区搞环境卫生等。"第二，互助服务。通过与村民的交谈，笔者了解到J镇的互助服务主要还是传统的亲朋好友之间、邻里之间的互助，体现在农户婚丧嫁娶等重大家庭事务上，一家有事的时候，亲戚朋友、关系不错的乡邻一般都会帮助料理一些事务，还要随500元到1000元的礼金。这既是礼尚往来、乡风民俗使然，也是一种经济上的互助。第三，慈善救助。J镇2008年6月成立了光彩基金，2008年6月11日召开J镇光彩基金认捐大会，到2008年12月8日止，已捐赠到账金额350万元。该基金主要用于扶贫助弱，解决贫困户的临时性困难。第四，个人公益捐款。J镇有不少通过做生意富裕起来的农民，其中有些人热心村内的公益事业，如窑港村的文体活动室是由前任村支书金××个人捐资2万元创办，约有200平方米的面积。

（五）社区运行管理体系

农村社区的管理运行依靠各类社区主体的充分发育和良好运行，社区各项管理制度、措施的落实依靠各类社区主体的参与，社区主体参与状况、在社区管理中的地位、在社区建设中发挥的作用状况反映了社区运行管理体系状况。下面笔者通过对调研时发现的各类农村社区主体的描述、分析来反映J镇农村社区管理体系的真实运行情况。

1.农村社区党组织

村党支部：各村都建立了规范的党支部，一般由支部书记、副书记和党委委员组成，由村全体党员选举产生，以支部书记为第一责任人的党支部是各村工作的领导力量，也是主导力量，农村的各项工作的第一责任人几乎都是党支部书记。以近年各村的"五化三有"工作为例，我们调查的12个村都成立了村级领导小组，而组长毫无例外地都是党支部书记，应该说各村党支部是当前J镇农村社区建设中最核心的主导力量，而支部书记又是社区建设中最为关键的个体。

2.农村社区自治组织

村民自治委员会（简称村委会）：村委会由主任、副主任、村委委员组成，村委会主任一般都兼任村党支部副书记。有的村委会主任由书记兼任，如三星村。有的村没有村委会主任，如窑港村。村委会作为农村最重要的村民自治组织，在村党支部领导下担负着农村社区建设的具体工作。各项具体管理制度、措施的实施、落实都是由村委会的成员分工负责的。

村务公开监督、理财小组：J镇要求各村都实行严格的村务、财务公开制度，各村都成立了村务公开监督、理财小组，成员一般由村中威信较高，年龄较长的村民组成，如满墩村村务公开监督、理财小组的成员组成情况就大体如此，具体情况见表7-7。

表7-7　满墩村村务公开监督、理财小组的成员组成情况

职务	姓名	性别	年龄	文化程度	是否党员
组长	谢××	女	53	高中	是
成员	吴××	男	53	初中	是
成员	李××	男	53	初中	否
成员	杨××	男	58	初中	否
成员	黄××	女	61	初中	是
成员	蒋××	男	63	初中	否
成员	吕××	男	56	初中	是

资料来源：《武进区J镇满墩村村务公开民主管理案卷（2009年）》。

村务公开监督、理财小组可以说是目前J镇农村社区村民参与社区管理最具体、最直接、最具经常性的组织载体，其在监督、规范村"两委"的行为，维护村民和村庄的公共利益方面，发挥着最主要的作用。还以满墩村为例，该村的村务公开监督，理财小组每季度对该村的村务、财务进行一次审核，审核内容、审核意见都做详细记录，审核结论要经参加成员逐一签字确认。

村民小组：J镇各行政村都由若干村民小组组成，一般是在原自然村的基础上转化而来，每个村民小组设组长1名，村民小组长在村级事务的管理中一般不承担具体的工作。调查中，一村支部书坦言，村民小组长在村务管理中作用不大，其主要作用体现在作为村民代表，以参加村民代表会议的形式参与村务管理并发挥其作用。

村民代表会议：村民代表由村民直接选举产生，按有关法律法规要求，村民代表会每年至少召开两次以上，依实际工作需要，经1/3以上代表提议可以临时召开。从调查了解到的情况看，村民代表会议的运行情况并不乐观，有些村的村民说村里很少召开村民代表会议。但有时候基于临时工作的需要，有些村又充分发挥了村民代表及村民代表会议的作用，如三星村的支部书记孙××说，在近几年的村庄道路硬化过程中，由于涉及每个自然村、每一户的具体利益，有大量问题需要解决，在修路期间，该村召开不同范围的村民代表会议或村民会议不少

于 100 次。正是利用村民代表会议这种民主形式有效地解决了修路过程中遇到的各种利益纠纷，顺利地完成了入村到户的路面硬化。

村民会议：由于各个行政村都有 2000 到 3000 人，所以，村民会议一般难以召开，以《村委会工作台账》较完善的满墩村为例，在 2009 年度几十页的活动记录中，没有发现任何召开村民会议的记录。按规定，村民会议不能召开，可授权村民代表会议行使村民会议职权，可除了召开村民会议谁又有权授权给村民代表会议呢？

3. 农村社区民间组织

J 镇农村的民间组组织发育程度不高。有少量经济性的民间组织，主要是几个经济合作组织，即捕捞村的嘉盛渔业专业合作社、三星村的三星农业土地股份合作社、丰杨村的叠风林果合作社和跃进村的鲜花合作社。其中，嘉盛渔业专业合作社由 5 个养殖大户发起，现有社员 55 户。合作社为养殖户提供了技术培训和指导、产品销售等服务。合作社注册了商标，成功申报了江苏省无公害水产品基地三处和 9 种无公害水产品，促进了该村养殖的发展和提升。三星村农业土地股份合作社是以村集体和各村民小组整理复耕的荒地及部分村民的土地入股组建而成，把集中起来的土地统一承包给专业苗木种植大户，承包收益按股分红，这是一种挖掘农村闲置土地资源的很有效的方式。除合作社外，其他形式的民间组织，如老年人协会、残疾人协会一般都是依托村"两委"组建，少有实际的运行，或仅仅是一块牌子而已。

4. 村民

J 镇农村社区居民受市场观念和功利主义的影响，他们关注的着眼点在于以家庭为单位的私域的发展，对以社区为单位的公域的事情不太关注。由于家庭收入较高，J 镇的农民是自足的，他们的生活需要通过市场可以得到有效的满足。而且各村的集体经济规模都很小，小额的集体财产的管理、使用、分配情况引不起大多数村民的兴趣。我们接触到的村民，大多数对村集体的事务不太关心，他们认为自己过自己的生活，很少而且也不需要和村委会、镇政府打交道。同时，他们认为很少有机会参与村庄事务的管理，很多事情也不知情。笔者询问一些村民是否了解村干部的工资，他们的回答是"谁知道呀！"。为了求证是因为村民不关心而不知道，还是因为没有公布而不知道，笔者专门到一些村的财务公开栏查看，结果是：有的没有财务公开材料；有财务公开资料的，干部工资一栏的数据却是空着的。这说明村务公开还有很多事情要做，很多村民自治、民主管理的制度措施需要更好地落实。另外，如何培育村民的责任意识、参与意识也是当前农村治理中的大问题。

三、J镇农村社区建设的经验与启示

（一）J镇农村社区建设的经验与不足

总体而言，J镇经济较发达、百姓富足、社会安定、民风淳朴，农村社区建设成效显著，在社区范围内农村居民能获得基本的生活和服务保障。社区建设做到了有领导，有规划，各项基础设施建设较完善，各村公共服务设施建设也都达到了一定的水平；各项基本公共服务都延伸到了农民身边，可以较便利地获取政府提供的公共服务；农村各项管理制度、措施较完善，且得到较好运行，保证了各类社区主体参与社区事务的权利，保持了农村社区的和谐稳定，为农村社区居民的生产、生活、文化、娱乐等活动提供了较好的社区社会环境。但无须讳言，在农村社区建设中，还有很多工作需要改进，还有许多问题需要解决。

（1）农村社区规划不够全面、系统、完善。J镇的农村社区规划主要是基础设施建设规划和环境整治规划。社区规划应是系统地、全方位地涉及农村经济、政治、文化、社会发展诸方面，应以全面满足农村居民的生存、发展需求为目标。

（2）社区民主管理制度措施需要完善。面向农村社区的各项工作的落实主要以村"两委"，即书记＋村民自治委员会成员为依托来落实，正是"上面千根线，下面一根针"。这种农村工作模式带来的问题，一是村干部工作超负荷，疲于应付，很多工作无法真正落到实处；二是会影响民主管理制度、措施的落实。工作主体结构的单一、集中，可能会带来集权和腐败，即使没有问题，但由于其他主体参与不够导致不知情而产生误解，影响农村的和谐稳定。为此，应切实按

照农村各项民主管理制度的要求,以更开放的理念促进各类社区主体的发育,吸引包括村民、各类社会组织参与到农村社区的建设与管理中来,这样才能更充分利用社区资源,更好地促进社区发展。

（3）基本公共服务功能需要进一步提升,社会服务功能需要培育,商业服务业态及内容需要拓展。

在基本公共服务中,农村基本医疗、计划生育、消费安全、社会安全等服务项目得到了较好保障,但也有进一步提升的空间,如基本医疗保障的标准、报销比例都有提高的需要;计划生育服务也需要更贴近农村居民,现在一些边缘村庄的妇女到计生站还需要跑很远的路,很不方便,可以考虑增加站点;社会安全较好,但偷盗案件还是时有发生,可以通过增加警力、增加探头,或是利用社区居民联防（派出所的蒋副所长就提议能否像城市社区,把身体健康,在家赋闲老年人组成红袖章巡查队）等措施进行更好地防范;公共环境卫生总体较好,但有些环节也需要改进,如垃圾箱的清理有的还不够及时,有的垃圾散落在外面,有的村民反映垃圾箱夏天的臭味和蚊蝇令人作呕,偏远村庄的垃圾清运处理还不方便,如三星村的垃圾运到J镇垃圾处理站成本太高,就地填埋又存在环境隐患,对此,应该加强监督、检查和增加垃圾处理站点。在基本公共服务中最薄弱的环节就是农村社区公共文化的匮乏,如何培育多元化公共文化提供主体、拓展文化服务内容、丰富文化形式、发挥好现有文化设施的功能都需要下大力气解决。

志愿服务、互助服务、慈善事业等社会公共服务发展滞后。促进社会性服务事业的发展,第一,政府要重视通过宣传培育各类主体的公民意识,营造社会氛围;第二,需建立相应的利益导向制度、机制引导更广泛的社会主体参与社会公益事业;第三,需积极培育、推动各类志愿服务组织、协会、基金会的发展,为它们的发展减少制度障碍。

商业服务业态少是J镇农村社区存在比较突出的问题,以超市为主的商业形态不能满足农村居民就近、便利获取多种商业服务的需要。需要引导更多形态的商业网点在农村社区布局,解决"最后一公里问题"。

（4）公共基础设施的维护需要建立长效机制。J镇农村的公共基础设施的建设水平较高，基本实现了硬化路面入村到户，电、自来水、煤气、电话、有线电视、互联网络等基础设施已基本到位，硬件建设的基本任务已经完成，接下来需要建立有效养护机制，如很多入村道路已经破损，需要维修。另外，道路的建设标准需要逐渐提高，应满足大型货车通畅入村拉运农产品的需要，现在入村道路还比较窄，很多地方错车都很困难。

（5）公共服务中心建设滞后，需要完善功能导向的设施形态建设。很多村虽然名义上建立了所谓的公共服务中心，但服务设施硬件建设不到位，除了提供一定的政务服务，其他服务的提供基本处于空白状态。需要筹措资金，加大投入，逐步完善服务设施，建立起村民触手可及的服务体系。这对培育社区归属感，把农民留在农村，具有重要的现实意义。

（二）J镇农村社区建设的启示

近年来，党中央一直强调要建立起惠及城乡全体居民的基本公共服务体系，并逐步实现基本公共服务均等化。按照中央的要求，发展农村基本公共服务成为各级政府特别是农村基层政府的重要工作任务。学界对农村基本公共服务和公共产品的提供也比较关注。应该说，在相关主体的选择性关注下，近几年，各地农村的基本公共服务发展较为迅速，但基本公共服务在满足农民需求中究竟起了多大作用，解决了哪些问题？除公共服务和物品外，农民还有哪些需要？非公共物品的提供有没有问题？如何进一步完善农村服务体系？这些问题很有研究的必要，而回答这些问题，需要对农民需求，农村各项服务的发展定位有一个整体性的思考。在理论分析的基础上，结合对苏南J镇农村的实证调查，对农村社区服务体系建设的主导机制定位需要再思考。

服务的功能与价值在于满足人的需求，服务体系的建构应从人的需求出发。人的需求是多样化的，服务体系的建构应着眼于满足人的多样化需求。服务的实质是为居民提供各种有形和无形的产品。在市场经济背景下，为人生产和提供服务性产品不外乎政府、市场和社会三种机制，它们的运行分别依托政府机构、市场主体、社会组织三类主体。由于政府失灵、市场失灵和社会失灵的存在，任何一种机制、一类主体都不可能独自完全担负起满足人的多样化服务需求的任务，现代经济学的一个重要任务就是划分三者的责任范围。现在，从经济理性出发达成的一个基本共识是根据服务和产品的特性来确定提供机制和责任主体，这样能实现相对优化的效率。其中政府组织主要提供公共物品、市场主体提供私人物品、社会组织作为补充提供前两者的不能提供的物品中的一部分。由于现实生活中物品属性的划分是十分复杂的事情，这三者之中，特别是在政府组织和市场主体之间谁应该对某种服务的提供负主要责任往往在具体情境下才能做出决定，但从总体而言，现代市场经济的一个重要共识是：在满足人的需求方面，市场能解决的问题远比政府多，更有效率，能取得更好的效果，适合政府组织提供的只是人们所需要的总的服务和产品中的一小部分。前面的分析主要是基于经济理性的思考。从人类社会已有的经验认识，我们知道上述的三种机制全部用上也不能解决人的全部需求问题，总有一些需求无法得到很好的满足但又不得不解决，特别是当市场主体和社会组织发育迟滞时，这样的问题会比较多。此时政治理性就发挥了作用，政府应该对这些问题暂时负起责任，当找到了更好的解决机制后，政府再行退出。这样从规范的角度，政府能较好地提供和应该提供服务的有两类：一是就经济合理性而言，适合政府提供的那一部分服务。二是就政治合理性而言，应该由政府提供的那一部分服务。从规范的要求出发，思考政府在服务提供上的能力和责任得出的是一种理想状态的结果。在现实的社会运行中，受现实的政治经济结构，以及自身组织状况和运作技术水平等因素的制约，政府在满足人的需求方面，实际能做的比规范的要求还要少。正是在应然性分析和现实考量的双重逻辑驱使下，我国政府对国民的服务责任定位是提供基本公共服务。基本公共服务不是公共服务和产品的全部，是公共服务中处于"基本"位置的那一部分。对于其具体内容，常修泽有一个概括，他认为基本公共服务内容主要包括：就业服务和基本社会保障等"基本民生性服务"；义务教育、公共卫生和基本医疗、公共文化等"公共事业性服务"；公益性基础设施和生态环境保护等"公益基础性服务"；

生产安全、消费安全、社会安全、国防安全等"公共安全性服务"。①就其概括的内容来看，政府提供的基本公共服务项目是非常有限的，主要着眼于满足公民的基本生存性需求，并为人的发展提供一些基础性条件。这些在人的总需求中只占一小部分，而且是需求结构中比较基础和低端的部分。

基于上述分析，特别是在我国公共服务处于起步阶段，农民和市民享有的服务实质不均等状态下，要提升农村社区服务的总水平不能主要寄希望于政府提供的基本公共服务，它不可能成为满足农村社区居民多样化服务需求的主要途径。特别是在农村社会正逐步由生存型向发展型转变的背景下，要真正满足农民对现代生活服务的需要，离不开农村商业服务和农村社会服务的发展，而且市场必然是满足农民服务需求的主要途径，社会途径也将起到重要的补充作用。可以说，一个农村社区居民享有服务水平取决于由市场提供的商业服务、政府提供的基本公共服务和社会组织提供的社会性服务三者共同构筑的服务体系的总水平。进一步而言，如果仅有基本公共服务的发展，而商业服务和社会服务滞后，将制约农民需求的满足。概括地讲，从农民的需求结构出发，应构建一个以市场为主体、政府为基础、社会为补充的农村服务体系。

从J镇农村的情况来看，基本公共服务、商业服务和社会服务呈现不平衡的发展态势。其中，基本公共服务水平迅速提高，除公共文化发展缓慢外，诸如社保、医保、义务教育、就业服务、卫生、交通、环保、安全等方面的基本公共服务都达到了较高的水平，为当地农民的生活改善、生产发展提供了较好的基础性环境。同时，农村社区商业服务发育欠缺，除了超市等少量服务业态外，大多数商业服务业态止步于集镇区，还没有延伸到农村，把服务送到农民身边。而这些商业服务业承担为农民提供诸如柴、米、油、盐等日常生活中最经常、最大量的基本生活和生产必需品，承担着农民改善性的生活需求。商业服务业止步于"最后一公里"，成为农村服务水平整体提升的抑制因素，给农民生活带了许多不方便。这还是主要就一般的日常生活、生产需要而言，如果从农民对改善性和发展

①　常修泽.基本公共服务均等化的主要内容[EB/OL].（20007-01-30）[2018-01-30].http：//www.southcn.com/nflr/dangjian/wzck/200701310095.htm.

性需要的高度来衡量，现有的商业服务离满足农民的要求有更大的差距。此外，在 J 镇农村具有普遍性的社会服务基本以传统的邻里相帮、礼尚往来为主，现代社会服务处于起步阶段，发育十分不足，这导致由于政府无力提供和市场不愿提供而出现的一些服务盲区无法解决。

农村基本公共服务的提供主体是政府，其发展主要取决于政府的提供能力与提供意愿。商业服务是由市场主体来提供的，其发展主要取决于农村市场机制的发育水平和完善程度。志愿服务、互助服务主要是由各种社会主体来提供的，其发展主要取决于农村社会组织的发育水平。从 J 镇的经验看，农村基本公共服务迅速发展的原因主要可以归结为强政府主体的推动，但政府的服务功能是有限的，即使政府提供了较完善的、较好的基本公共服务也只能满足农民的部分需要。因此，在看到基本公共服务的必要性和重要性的同时，必须转变观念，不能仅仅关注公共物品的生产与提供。农村商业服务滞后的主要原因是弱市场，为此，要真正全面提升农村服务水平，满足农民对私人物品的需求，必须采取措施扶强农村商业服务市场，吸引多种市场服务主体进入农村，超越"最后一公里"，让市场成为满足农民现代服务需求的主导机制，因为只有市场具备成为满足农民现代性生活需要的主导机制的功能潜力。还有，社会性服务发展水平低，发展缓慢，主要原因是农村社会组织缺乏，因此，要弥补政府和市场留下的服务空白，培育和促进各种现代性民间组织的发展是必然的选择。

最后，需要指出的是，为了构建一个相对完整的农村服务体系，政府不应该认为为农民提供了基本公共服务就履行了自身的全部责任，不应该认为其他服务会自我发展而政府可以无所作为，还应该为农村商业服务和社会服务的发展构建适宜的经济社会环境，特别是制度环境。

第八章 信息技术在J镇农村社区
建设中的应用

J镇的农村社区建设达到了较高的水平，信息化在其中发挥了或直接或间接的作用。考察这里的信息化建设，发现信息化技术在农村社区建设中的价值，总结、借鉴其经验，对更好地利用信息技术服务于农村现代生活共同体的建设具有普遍意义。

一、J镇的区域信息化背景

（一）J镇所在区域的信息化实践

1. 总体信息化发展情况

依托较为发达的经济及地方政府的积极推动，J镇所在的江苏省成为我国信息化起步较早，发展水平较高的省区之一。国家统计研究所和信息化统计评价研究组发布的报告认为江苏省的信息化水平处于第二类地区（信息化发展中高水平地区），2008 信息化发展指数（IDI）为 0.70[①]，除北京、上海、天津外，在所有省份中的排名仅次于广东、浙江，位列全国第三。江苏省在信息化基础设施

[①] 信息化发展指数（IDI, informatization development index）是全面衡量和评价中国各地区信息化发展水平及中国在国际比较中地位的综合统计指数。该指数从信息化基础设施、使用、知识、环境效果、信息消费五个方面诠释国家或地区信息化的总体水平。

建设、消费和应用方面走在了全国前列。^①另据江苏省信息化工作领导小组办公室和江苏省统计局发布的《江苏省地区信息化发展水平总指数报告》显示，2008年江苏省信息化水平总指数为68.3（以100为基数），在5个分类指数中，基础设施建设指数为65.2，使用费率与负担能力指数为77.9，知识与应用能力指数为70.4，使用与普及程度指数为66.9，环境与应用效果指数为65.2，各类指数都达到了中等偏上水平。其中，互联网的普及程度较高，2009年，江苏省网民人数为2765万，普及率达36.0%，在全国各省份中排名为第五位。^②整体信息化的发展，也为江苏省各级政府电子政务的发展打下了较好的基础和较好发展环境。汪向东和姜奇平的《国内23个省级地区电子政务发展阶段调查结果的描述分析》报告显示，江苏省的政府上网水平在全国也处于前列，仅列于广东、江西。^③

　　而J镇所在的常州市更是江苏省信息化发展水平最高的地区之一。《江苏省地区信息化发展水平总指数报告》显示，常州市信息化发展总指数为69.8，位列全省第四。其中，信息化投入占固定资产投资总比重为7.9%，每百户宽带接入用户数为32.7，地区有线电视普及率为71.1%，每百户居民电脑拥有量为46.8%，互联网宽带接入费率占人均国民总收入比重为1.6%，居民通信费、上网费支出占生活消费支出比重为3.0%，具备电脑应用能力的人口比重为14.2%，每千人互联网站数为3.8家，公共服务网上办事率为252.0/1000项，公众信息化认知与满意度为68.5。地区信息化的发展也为常州市各级政府的电子政务建设提供了良好的社会与技术环境，从市政府到区（县）、行政职能部门、乡镇乃至行政村都建立了门户网站或网页，其中常州市政府及J镇所在的武进区政府的门户网站都达到较高水平，在全国同级别政府网站建设处于领先位置。以常州市政府门户网站为例，据《2010年常州市政府信息公开年度报告》披露，在2009年全面建成市级"三合一"网络平台（即行政权力网上公开透明运行系统）的基础上，

① 杨京英，熊友达，姜澍.2009年中国信息化发展指数（IDI）研究报告[J].北京邮电大学学报（社会科学版），2009（6）.
② 互联网信息中心.第25次中国互联网络发展状况统计报告[EB/OL].（2010-01-15）[2018-1-30].http：//www.cnnic.cn/dtygg/dtgg/201001/t20100115_13723.html.
③ 汪向东，姜奇平.电子政务行政生态学[M].北京：清华大学出版社，2007：346..

2010 年，常州市进一步完善"三合一"网络平台的应用功能，全面实现了对上与省级平台，对下与辖市、区平台实现了互联互通。通过电子政务平台运行、政府门户网站公开实现了行政服务、法制监督和行政监察三大功能的网上合一，47个行政机关（机构改革中人事局与劳动保障局合并为人社局）的 6183 项行政权力在线。2010 年全市两级平台面向企业和市民在线办件达到 167.2 万件，在线服务满意率稳定在 99% 以上。2010 年，市民通过政府门户网站政府信息公开专栏和窗口查阅政府信息的有 40000 多人次，点击次数达 102 万次。[①]

2. 农村信息化发展情况

江苏农村特别是苏南农村经济发达，这为农村信息化的发展奠定了比较好的经济基础，加之江苏省各级政府较为重视农村信息化，近年农村信息化水平提升迅速，基本实现了"村村通宽带，户户能上网"。据李道亮对 2005 年江苏农村信息化发展情况的调查显示：农村每百户拥有电视机数 100 台，农村每百户拥有固定电话数 89.38 部，农村每百户拥有移动电话数 78 部，农村每百户拥有收录机数 11.76 部，农村每百户拥有家用电脑数 2.88 台，行政村通邮率达 100%。按其建立的指标体系测算，江苏农村信息化的总指数为 52.52，在全国各省份中位于浙江、广东、福建之后，居全国第四位，属于信息化水平较高的第二类地区。[②]而据贾丹华等人的研究表明，2006 年，在农村信息化基础设施与普及应用方面，江苏省指数为 39.6，居全国第四位；在农村信息化人才资源方面，江苏省该项指数为 8.5，居全国第七位。[③]经过几年的发展，据我们在农村的实地调查，相关数据已大为提高，如家庭电脑拥有率在很多苏南农村已超过 50%。在整个农村信息化中，农业信息化受到了政府的格外重视，发展也最为迅速，已初步形成了较为系统的农业信息服务体系，主要包括：①在全省 30 家主要农产品批发市场和

---

① 常州市人民政府办公室.2010 年常州市政府信息公开年度报告[EB/OL].（2011-03-18）[2018-02-10]. http://xxgk.changzhou.gov.cn.

② 李道亮.中国农村信息化发展报告（2007）[M].北京：中国农业科学技术出版社，2007：202-206.

③ 贾丹华，樊玮，蒋萍.江浙新农村信息化建设状况的比较研究[J].南京邮电大学学报(社会科学版)，2009（3）.

农村基层发展信息员 1.8 万人。②建设了农业政务网、农业商务网、地方特色农业网三类农业网站。其中：农业政务网站已成为发布公告、宣传政策、申报项目、推广科技、推介良种、交流经验的重要渠道和工作平台，提高了行政管理效率和办事透明度；江苏农业商务网注册用户已达 6192 家，其中农业企业3499 家，已发布供求信息 3.5 万多条；地方特色农业网如丰县的中华果都网按照专业特色网站内容覆盖果树品种、产地、栽培、植保、产品加工、市场销售等方面，其辐射范围由丰县及周边地区拓展到全国，通过"网上发信息、网下做交易"方式，销售农产品达 10 多亿元。③建立了"农业一线通"智能电话系统。此外，"耕地资源管理信息系统"，基于地理信息系统（GIS）的全省农业指挥决策系统，卫星定位技术和遥感技术等复杂专业服务信息系统也已得到初步应用。①

J 镇所在常州市的农村信息化也走在了全省前列。从农村信息化基础设施看，2007 年，常州电信对所有自然村实现了宽带全覆盖，2009 年实现了天翼 3G 信号城乡无缝全覆盖。2010 年，农村地区普遍提供 8M 以上的带宽提供能力，截至2010 年年底，常州区所有 36 个乡镇均建成为信息化示范镇，在各村委建立了综合信息服务点 725 个。从农民的信息消费看，固定电话和移动电话在农民家庭得到全面普及，农民用于购置通信工具、通信服务消费的支出大幅增加，2010年，常州市农民人均用于购买通信工具的支出达 128 元，相当于 2005 年的 2.4倍，年均增长 18.8%；人均通信费为 282 元，比 2005 年增加 76 元，年均增长6.5%。至 2010 年，全市每百户农民家庭拥有照相机 23.4 架，彩电 164.8 台，移动电话 198.8 台，家用电脑 37.1 台。②其中，在农业信息化方面，重点建设起了 12316 "三农"服务热线平台、以网站商务销售与科技信息发布为主的特色网站"金土地农情网"，发布农业信息的"农务通"手机短信信息服务平台、农业政务网站"常州农林网"（在 2007 年度全省省辖市农业部门政务网站测评活动

① 傅兵.江苏农业信息化：现状与创新 [J].江苏农村经济，2008（7）.
② 常州市统计局.农民收入稳步增长　生活质量继续提高（农村居民收支篇）[EB/OL].（2011-10-12）[2018-01-30].http://cztjj.gov.cn/node/ztbd_115/2011-10-12/1110121162849168172.html.

中以 71.0 的高分名列第二，在常州市政府网站测评中名列第七位）、农村农业
信息服务站等农业信息化设施。

（二）J 镇所在区域信息化政策与组织

政府是江苏省及常州市信息化发展的重要推动性因素之一，而政府的作用主
要体现在制定政策和组织实施两个层面。

1. 形成了较完善的信息化建设政策体系

就目前来看，江苏省在信息化建设方面已形成较为完整的政策体系，其基本
构成有三个层次：第一，纵向和横向的信息化建设战略规划体系。纵向规划包括
从省政府到市、县级政府的战略规划。早在 1997 年，江苏就制定了《江苏省信
息化建设规划纲要（1997—2010 年）》，市、县两级政府也出台了相应的地方
性信息化建设规划。横向规划包括各职能部门制定的行业信息化建设规划。自
1997 年，随着全省总体性建设规划的出台，包括工业、农业、水利、税务、民
政等十几个职能厅及下属的市县局级职能部门也制定了到 2010 年的信息化建
设规划。第二，地方政府及职能部门制定了落实规划的实施指导意见、办法，
如《省政府办公厅关于加快推进农村信息化工作的意见》，省经济与信息化工
作委员会的《关于加开推进"十二五"时期农村信息化的意见》，常州市政府
的《关于强化服务，促进中小企业信息化的意见》《常州市关于实施村级"四
有一责"建设行动计划的意见》，具体实施意见的出台进一步明确了落实规划
的标准、组织、人员、措施、资金等方面的具体工作要求。第三，制定了信息
化专项法规和具体工作考核办法。2011 年省人大制定出台了《江苏省信息化条
例》，规范性法规保证了信息化建设有序推进。而一些地方、部门则出台具体
的考核办法，如 2008 年常州市制定了《2008 年全市农业信息化工作目标任务及
考核办法》，考核办法把责任落实到人，既形成了硬的约束机制，又产生了激励
作用。

2. 建立了从上到下的信息化工作机构

早在 2002 年，江苏省就成立了高规格的省信息化工作领导小组，由省长任

组长，常务副省长任副组长，各厅局一把手为组成人员，地方市县政府也都建立了相应的由主要领导负责的工作机构。此外，各职能部门也都建立了负责部门、行业信息化工作的组织机构。其中，农业、农村信息化工作都成立了专门的负责机构，如常州市各辖市区农业部门均成立信息化工作领导小组，以局领导一把手为农业信息化领导小组组长，局属各科（室）站负责人为小组成员，乡镇则明确一名副职领导专（或兼）职信息化工作。

除了建立政府性信息化推进组织外，江苏省及地方还建立了相应的技术性支撑组织。如常州市所有乡镇均成立了信息服务站，且达到"七有"标准（即一个办公场所、一套设备、一条上网专线、1~2名专兼职人员、一个组织网络、一套设备、一套管理和服务制度），在100个村建立了"五个一"标准的信息服务点，还依托一些专项信息化工程组建技术服务小组，像金坛市农林局组建了包括24名农业专家的"农技110"的服务队伍。

二、J镇农村的信息化设施建设

（一）镇村政务信息化现状

1. 镇政府机关事业部门的信息化

（1）政府机关信息化硬件建设。J镇政府各行政科室和事业部门都配备了较好的信息化硬件设备。笔者走访调查到的30多个行政科室都配备了一台以上的电脑，并接入了互联网，且大多数科室已经配备了打印机。各事业部门，如经管站、企管站、计生站、劳动和社会保障所、土地所、交管站、农林站、兽医站、农机站、医保中心等各部门负责人及内部分支办公室全部配备了17英寸高清屏或液晶屏个人台式电脑并接入了互联网，其中一些较重要的事业部门，如计生站、劳动和社会保障所、土地所、交管站还配备了复印机。而新成立不久的农博苑项目管理办公室，更是配备了先进的信息化硬件设备。办公室每个工作人员都配有一台高配置台式液晶屏电脑或笔记本电脑，全部具备登录互联网功能，办公室配备了多台小型打印机和一台打印复印一体机。此外，该办公室还有可以容纳十几人的多媒体小型会议室。除各分支部门具有较好信息化硬件设备之外，镇政府还设有专门的文印室，负责打印各部门的文件资料和资料电子文本的保存。镇政府的大型会议室也配备了多媒体会议系统，具备接收远程视频会议信号的功能。为保证各部门高速登录互联网，早在 2003 年，镇政府就接入了专门的光纤上网业务，保证了和外部信息网络世界的高速联通。

（2）政府管理信息系统建设。第一，镇政府门户网。J 镇政府建立了政府门户网站，并成立了政务信息中心专门负责门户网站的建设、运行和维护，现具备一些简单的政府门户网站功能，不过网站信息存量还很少，内容更新比较滞后。第二，武进村务公开网。该网站由武进区信息化领导小组办公室主办，武进区信息中心承办，旨在推动武进地区农村信息化的网站，设有村况概览、村务公开、招商引资、特色产业等栏目。其为每个行政村制作了专门的网页链接，通过登录该网站就可以查询了解 J 镇每个农村社区的经济、社会概况，村务、财务、管理等各种公共事务的运行情况，借此实现了村村"政府"上网，将电子政务建设延伸到了行政村。目前，网站的运行较好，信息得到较为及时的更新。第三，部门专业信息系统。J 镇政府目前还未建立一体化的政务信息服务平台系统，只是在一些业务部门存在孤立、零散的信息系统。表 8-1 反映了信息系统的具体分布情况。

（3）机关工作人员使用信息化设备的情况。我们在调查中发现，主要因年龄、学历等因素影响，机关工作人员使用信息化设备呈现不均衡分布状态，基本上可以分为三个层次：一是 50 岁以上的工作人员很少使用信息化办公设备，甚至简单的互联网浏览都很少，对信息化设备比较生疏，不感兴趣；二是 50 岁以下的工作人员，基本上都经常登录互联网，掌握基本的电脑操作技术，如文字录入、文档处理。三是年轻工作人员，特别是近几年毕业的大学生，经常登陆互联网，且有网络依赖现象，都比较熟练地掌握了常用电脑操作技术，是运行、使用、维护各部门专业信息系统的主要群体，如计生站的"江苏省育龄妇女信息系统"是由一名新借调来的女大学生村官负责操作。

表 8-1　信息系统部门分布情况

部门	系统名称	主要功能	延伸到村
劳动和社会保障所	武进新农保信息管理系统	农村居民社会保险信息登记、业务办理	否
	常州市人力资源和社会保障综合系统	失业登记、就业登记	否
	常州市离退休人员社会化管理服务信息系统	离退休人员信息登记，业务办理	否
土地所	农村宅基地管理信息系统	宅基地登记、证件办理	否
经管站	新中大财务管理软件账务处理系统	镇政府及各行政村财务管理	否
医保中心卫生院、	武进区卫生室卫生门诊收费系统	居民门诊收费及报销	是
	天地同正新型农村合作医疗保险管理系统软件——镇子系统	农村医保信息登记及业务办理	否
计生站	江苏省育龄妇女信息系统	计生信息登记及管理	否
派出所	公共安全信息管理系统	人员信息、在线监控	是
司法所	武进区司法行政综合系统	治安信息汇总、上传	否
党校	中组部党员远程教育系统	农村党员教育	是
人事办	武进人事 QQ 群	公文传递、信息沟通	否
综治与信访办	武进综治 QQ 群	公文传递、信息沟通	否

注：此表不是对 J 镇机关事业部门信息系统的完全统计，限于调查者的发现，可能会有遗漏。

2. 农村社区"两委"的信息化

（1）农村社区"两委"信息化硬件建设。笔者调查到的各村都配备有电脑、打印机、复印机、远程教育设备等信息化设备，电脑都接入了互联网，具备登录互联网的功能。表 8-2 列举的 5 个村的信息化硬件设备，基本反映了当前 J 镇农村社区村"两委"信息化建设状况。

表 8-2　5 个村"两委"信息化办公设备建设情况

村名	电脑	所在科室	远程教育系统	打印机	复印机	互联网
满墩	1 台	会计室	1 套	1 台	1 台	接入
窑港	1 台	书记室	1 套	1 台	1 台	接入
三星	1 台	会计室	1 套	1 台	1 台	接入
江头	1 台	会计室	1 套	1 台	1 台	接入
上埠	1 台	会计室	1 套	1 台	1 台	接入

注：数据是通过观察和询问工作人员所得。

（2）农村社区"两委"人员使用信息化设备情况。由于目前 J 镇各村"两委"组成人员年龄结构存在老化问题，主要领导年龄偏大，信息化办公设备的使用度不高。笔者在调查期间接触了几位村支部书记，并了解他们使用电脑及上网的情况。其中，窑港、捕捞两村的支部书记平时使用电脑并上网浏览新闻，但还不会收发电子邮件，也没有通过网络同上级政府联络、传递公文，平时办公也基本不使用电脑；而上埠、三星、江头等村的支部书记不使用电脑，不上网，其办公室也没有电脑。总体看，各村的电脑主要由会计人员使用，如满墩村的 30 多岁的庄会计不但上网，平时工作中也经常使用电脑，还能熟练地操作打印机和复印机。

（3）延伸到农村社区的信息系统。J 镇各行政、事业部门已有的专业管理信息系统，数据库平台基本都设置在镇级以上行政机构，信息系统终端基本仅延伸到镇政府，在最基层的农村社区不仅未发现独立的信息系统数据系统平台，而且只有少数几个上级管理信息系统终端延伸到了农村社区。具体情况见表 8-3。

表 8-3　延伸到农村社区的信息系统情况

信息系统名称	平台位置	终端位置	主要功能
武进区卫生室卫生门诊收费系统	镇卫生院及上级卫生部门	农村社区卫生服务站	门诊收费报销
党员远程教育系统	上级行政机构	村会议室	党员培训、学习
公共安全监控系统	镇派出所	各村主要路口安装在线摄像探头	安全监控
环境监控系统	武进区环保局	J 镇主要河流安装在线监控装置	水环境监测

注：资料是通过观察和询问工作人员所得。

（二）农民家庭信息化情况

目前，J 镇各行政村及自然村全部实现了通电话、通有线电视、通互联网，现代化的信息基础设施基本到位，在农民生活中也得到了较为普遍的应用。具体情况如下。

1. 农村家庭电视、电脑的普及情况

从我们了解到的情况和掌握的数据来看，J 镇农村家庭数字电视、个人电脑普及率很高，且呈快速增加之势，表 8-4 是 2009 年四个村的家庭电视、电脑入

户数据。

表 8-4 中几个村的相关数据比较直观地说明了 J 镇农村电脑、电视的普及程度。J 镇农村家庭较高的电脑拥有率是和当地较为发达的农村经济分不开的。2009 年，四个村人均年收入都在 10000 元左右，家庭收入在 40000~50000 元。在和村民交谈时，一些村民说："几千块钱一台电脑，一年 900 元左右的上网费，不算啥！"另外，村民购买电脑的愿望较高与 J 镇农村的高度市场化的生产经营模式分不开的，农民的市场意识较强，各家各户都需要花木交易的信息，使用电脑登录互联网是获取相关市场信息的有效途径。如窑港村的花木经纪人金先生说："在做生意初期，互联网为我建立客户群起了很大的帮助，通过互联网结识了很多生意伙伴，现在我经常通过 QQ 和客户沟通、联系。"

表 8-4 上埠等四个村居民家庭电视、电脑拥有情况表

村名	常住户数	拥有电视户数 / 占比		拥有电脑户数 / 占比	
满墩村	828	720	约 90%	680	约 82%
上埠村	835	800	约 95%	700	约 81%
江头村	831	828	约 99%	268	约 32%
三星村	738	723	约 99%	120	约 18%

注：数据出自 2009 年《村基本情况统计表》，占比由笔者依数据计算得出。

2. 农村网民年龄结构特征

在走村入户和村民的交谈中，笔者形成了对农村网民年龄结构的大体印象。农村网民以 18~45 岁年龄阶段的村民为主，其中又以年龄在 30 岁左右的为最多。18 岁以下的孩子都处在上学阶段，家长怕影响孩子学习，一般不购买电脑，并且反对孩子玩电脑，特别是反对孩子去网吧。45 岁以上的村民由于文化水平的限制，掌握电脑操作技术难度较大。而且年龄较大的人对新鲜事物的敏感度不如年轻人高，上网体验网络生活的迫切程度较低，这个年龄段的村民更多的是以看电视、打麻将等方式打发休闲时间，满足文化娱乐的需要。

3. 农村网民网络应用情况

在 J 镇的农村网民中，常见网民形态已都有所显现，主要网络功能都已有所应用。根据我们的调查发现，农村村民主要涉及以下网络应用：第一，发布、获取商品交易信息，拓展客户关系网络。通过登录花木交易网站发布供求信息，或在花木交易网上购买广告位，已是家庭种植花木的网民，特别是花木经纪人网民中经常性的网络应用，前面提到的窑港村花木经纪人金先生就是如此。还有，笔者在三星村遇到一位开面包车搞出租服务的村民，除了服务于本地熟人用车外，他还做盆景容器生意。为了扩大销路，他每天的一个重要事情是登录提供免费信息发布服务的各个网站，上传产品信息。第二，网络炒股。调研期间，在各村都听说有村民利用网络炒股。第三，网上发帖，网络问政。在调研期间了解到不少较年轻的农村网民都会在网站上发帖子，而且他们表示如果在现实生活中遇到一些不能化解的难题，遇到或看到不公平、不合理的事情，特别是与村干部和镇政府工作人员有关的，他们很可能以在网上发帖子，给镇长、区长、市长邮箱发邮件等形式寻求帮助，并希望促成问题的解决。此外，一些网民还有在网上论坛跟帖留言，发表个人观点的习惯。调研中笔者就接触到多位曾在网上论坛发过帖子的网民。我们在 J 镇政府门户网站的镇长信息里，发现 2010 年 1 月到 4 月共有 15 条留言，涉及环境、修路、回迁房建设、信息化建设、违章占用河道等多方面问题，有建言献策、有反映问题、有对基层政府的批评。第四，网上购物。在夏庄村调研时，一位大约 30 岁的女士说自己几年前和邻居学会了网上购物，在网上买过衣服、化妆品，而且经常浏览淘宝网等购物网站，特别关注家居和女士用品。第五，网络成瘾和网上赌博。听村民介绍，他们周围已有 20 来岁的年轻人网络成瘾的案例，还有利用网络进行赌博的，网络的负面功能在农村社区已有所显现。

三、信息技术在农村社区建设中的应用

（一）信息化是推动农村经济的又一只手

当前 J 镇乃至武进区没有专门的服务于农村经济的专业信息服务系统，如农

业专家决策支持系统、农业管理系统、农业地理系统等。信息化对 J 镇农村经济
发展的助推作用主要体现在互联网对花木产业发展的促进作用，具体有以下几个
方面：第一，提供花木的种植需求信息。根据市场的需求调整种植结构是现代
市场经济的基本要求，专业的花木交易网站有大量的市场的需求信息，农民通
过上网可以便捷地了解市场需求的花木品种，避免种植的盲目性。传统的农民
的种植结构是趋同的，习惯跟风式种植，网络提供的信息在一定程度起到了引
导农民关注细分市场，进行差异化种植的作用。但从总体看，信息化对农民家
庭种植结构的调整作用还不具有普遍意义，大多数农民还习惯于跟风种植，各
家各户苗木种植结构趋同现象比较普遍。可以说，J 镇农村已经具备了利用网
络市场信息的设施条件，但农民还缺乏充分利用网络信息的意识，特别是不具
备分析互联网提供的市场信息的能力。第二，提供花木养护技术。通过浏览专
业花木网站，农民学习到了花木的种植、养护、施肥等技术，提高了种植水平，
增加了种植效益。但通过网络学习种植技术还局限在少数有文化的年轻人身上，
然后再以他们为中心逐渐向其他家庭扩散，一般农民的苗木种植技术来源还主
要依靠农户之间的口口相传，有意识地通过网络学习种植技术还不普遍。第三，
花木交易。J 镇农村信息化对农村经济发展的促进作用主要体现在花木交易环
节。如该镇的常州顶大苗木合作社依托夏溪花木交易市场投资安装了电脑电子
显示屏幕，为广大社员免费发布苗木信息，并代客发布苗木供求信息，为广大
社员、苗商和园林绿化企业建立信息共享平台，促进了花木交易，年交易额达
数亿元。此外，一些分散的苗木种植户及花木经纪人利用常州花木交易网及各
种花木交易网站获取和发布交易信息，扩大了 J 镇花木产业的知名度，为花木
产品增加了些销售渠道，促进了农村苗木产业的发展，增加了农民的收益。第四，
绿化园林设计。随着花木种植、交易的发展，作为产业链条的延伸，J 镇这些年
发展起来不少园林设计公司，信息化技术、设备为这些公司的发展提供了不可或
缺的帮助。笔者在镇农林站调研时，遇到了一位南京林业大学毕业的女大学生，
她自己创办了一家园林设计公司。她说："利用电脑软件为客户制作设计方案效
果图，利用互联网发展客户关系几乎是每天都必须做的事，现在公司的发展和运

行一刻也离不开信息化手段。"

（二）用电脑和网络武装起来的村两委

就目前而言，在 J 镇农村"两委"的运行、管理中，信息技术应用还处于较为初级的阶段，但信息化的作用确实又有所显现，正在初步改变着沿袭已久的农村党委和村委治村理政的方式。

1. 提高了财务、村务的公开化程度

现在 J 镇政府实行乡财镇管的财务制度，各村所有的财务收支都由镇经管站统一管理。镇经管站引进了"新中大财务管理软件账务处理系统"，实现了财务管理的信息化，未来将和建设中的"武进村务公开网"相链接，各村的财务收支情况将全部在网上公开，让村民只要登录该网站就可以方便、清楚地了解本村的财务收支。此外，"武进村务公开网"已初步实现各村基本情况、发展规划、重要公共事务、重大开支的上网公开，为村民了解本村重大事务、监督村委工作提供便捷的渠道。

2. 促进了管理的民主化

财务公开及村务公开，让村民了解村里的各种公共信息，保证村民的知情权是村民积极有效参与农村社区治理的前提。此外，村民参与的积极性还受到参与成本因素的制约，如果参与公共事务不方便，参与的时间成本太高，则村民就会选择放弃参与，一些好的意见和建议就此无法被表达，管理者也就无从知晓采纳。如果村民和村镇干部之间沟通渠道不畅，沟通活跃度低，民主化管理也就无从谈起。村民上网及各种信息化沟通系统的出现，如 J 镇政府网站、区政府网站、市政府网站的行政首脑邮箱以及武进村务公开网上的民情民意诉求专栏，为村民以低时间成本和低社会成本的参与社区身边事物的管理，发表意见和建议，提供了很好的渠道，对提高农村社区管理的民主化水平提供了帮助。笔者看到各村的村委会办公楼外墙上都挂有村民意见箱，从锈迹斑斑的铁锁判断，使用率很低，很难发挥实质功能；而一些政务网站、地方性网站论坛却有不少表达诉求、建议的帖子，如 J 镇政府网站的镇长信箱的帖子既有提建议的又有询问何时修路的，还有反映工厂污染问题的，总数虽然不多，但基本涉及村民生活的方方面面，且有的表述言辞激烈，直接责问镇村干部。

3. 提升了管理效率和管理水平

就目前 J 镇各"村委"信息化设备及人员应用水平而言，信息化最直接、最主要的效用在于村级政务办公效率的提高，电脑、打印机、复印机等信息设备使公文处理告别了手写时代，大大提高了工作效率。笔者在各村调研期间体会颇深，收集的资料大多是在各村委会现场打印、复印得来。

此外，农村社区管理者借助信息化系统可以快速获取国际、国内及各级政府发布的各种政治、经济、社会信息，这对农村社区内部管理的各环节，诸如社区规划、村级组织文化、村干部的观念、工作方式、管理方式等潜移默化地起着作用。

（三）信息系统把社区服务送到农民身边

J 镇信息化硬件设施建设较好，但专业信息系统，特别是延伸到农村社区的信息系统开发应用还比较滞后，只有少数几个信息系统在农村社区的服务提供中得到应用。笔者对有关情况作了了解和梳理，下面是对几种信息系统及服务提供情况的简要介绍。

1. 医疗门诊报销服务

在 J 镇目前有 18 个农村社区卫生服务站，都接入了"武进区卫生室卫生门诊收费系统"。该系统的接入运行方便了农村村民的门诊就医，就诊村民只要拿新农保卡或仅仅提供一个新农保卡号码（忘记也没关系，卫生站有服务区参保居民的全部档案资料，随时备查），就可以按比例直接扣除应报销的金额，仅付自己应承担比例的金额，大大简化了报销手续，方便了参保村民，也降低了政府提供医疗保障服务的成本。

2. 公共安全监控系统

目前，J 镇各行政村的主要进出路口都安装了警用在线视频监控探头，监控平台设在镇派出所，对各村实现了 24 小时的在线监控，起到了震慑犯罪分子、预防犯罪的作用，农村社区居民有了更多的安全感。同时，也为侦破农村社区内的违法犯罪案件提供了大量有价值的线索，提高了涉农案件的破案率，有效地打击了犯罪行为。镇派出所的蒋副所长介绍，现在他们的破案手段不再仅仅依靠传统的挨家挨户排查了，在线监控是非常有效的破案助手。同时，他指出目前视频探头密度不够、有的探头的清晰度较低。应该说他的意见是中肯的，如上埠等村的干部和村民也认为，虽然在村里安装了监控探头，但仅仅在主要路口安装还不够，违法犯罪分子还可从非主要路口进村，从而躲开监控，所以现在还是有偷盗案件发生。

3. 党员远程教育系统

J 镇各村的村委会会议室都接入了党员远程教育系统，该系统可以接收远程视频信号，通过这套系统农村党员可以接受远程教育培训，及时学习党和国家的方针政策，提高了农村党员的政治水平、文化水平。同时借助该系统还可以召开视频会议，方便了农村社区干部、居民及时了解政府会议内容，降低了涉农会议成本。

4. 公交刷卡收费系统

J 镇农村社区实现了村村通公交，村民通过办理公交 IC 卡，乘公交车时就可以在公交车车载收费机系统上刷卡付费，同时可以享受一定比例的优惠，既方便了村民乘坐公交车出行，又降低了出行费用。

5. 河道环境在线监控系统

J 镇所在的武进区的环保局建立起了覆盖农村的环境在线监控装置，系统平台设在区环保局，系统终端则安装到过村的各主要河流，依靠该系统环境治理部门可以及时发现农村河道污染情况。

（四）信息化让农村文化不再边缘化

J 镇农民生活较富裕，数字电视（J 镇已实现了模拟电视向数字电视的全部转换）和互联网已普遍性地进入农户。收看丰富的数字电视文化节目已成为农村家庭男女老少的共同娱乐方式，有的家庭甚至接入了网络电视，可以收看到 900 多个频道的节目。另外，J 镇很多 20~40 岁村民已经养成了每天浏览互联网的习惯，上网已经成为他们重要的生活内容，甚至出现了网络成瘾的现象。在走访过程中，很多年轻网民都说，没事的时候，每天有 3~5 小时泡在网上，如果不上网会有无所事事的感觉，已对网络形成了一定的心理依赖。上埠村一位 30 多岁的女士说，她每天除了做家务外，其余的时间基本都是泡在网上看新闻、聊天、玩游戏，一天上网七八个小时很正常，现在迷上了 QQ 农场游戏，已经到 20 多级。还有，她非常喜欢网络购物，已有几年的网上购物史，化妆品、时装都是她网络购物的对象。笔者询问她网络购物的程序是如何学会的，她说跟一位邻居学的。可见通过网络购物在上埠村的年轻妇女当中已不鲜见。在窑港村，一位 50 来岁的刘女士说，她家里没有电脑，也不上网，但她 20 多岁的儿子每天都使用手机上网，而且还时常去镇上的网吧上网。

总体看来，在网上听音乐、看电影、看电视剧、聊天、玩游戏、阅读网络小说、了解天下异闻趣事、了解明星八卦已成为这里许多农村网民的重要休闲活动。大量研究表明基于文化娱乐休闲需要是一般民众购买电脑、登录互联网的主要动因。但数字电视、互联网对农村文化的改变又不仅仅在于丰富了农民各种休闲娱乐形式与内容，它同时在根本上改变着封闭的传统农村的文化资源贫乏、文化信息滞后、文化价值单一的状况。如今，通过上网浏览各大新闻网站，了解国内、国际每天发生的新闻事件，已经成为当地很多农村网民，特别是男性网民最经常性的网络应用行为，在许多方面的信息获取上已与城市居民实现了同步化。信息化对农村文化的改变体现在了文化结构的各个层面。

（五）信息化助力传统小农的现代化转型

1. 信息化改变着村民

农村的信息化改变了传统农村的封闭状态，报纸、电话、电视等传统信息媒体与新兴的互联网媒体共同推动农村由封闭型社会向开放型社会转变，农民可以更便捷地获取包括民主观念、国家政策等信息资源，实现了知识在农民中的扩散。农民开始向"知识型农民"转变，他们知道国家政策，有了法律知识。知识化的农民有了更多自立的意识、用以博弈的信息，加之经济实力的提高使其可以自足的生活，不要需要过多甚至很少依赖镇政府和村干部，村民就有自强的资本。

2. 信息化改变着基层官员对村民的看法

信息化改变了农民，也改变了镇村干部对农民的看法。镇土地所的杨所长就认为，现在的农民都是知识型的农民了，懂国家政策，而且知道把对自己有利的政策用足。

3. 信息化为农民提供了维护自己权利的新工具

现代信息媒介开始使农村社会由单向透明向双向透明的转变。互联网络的互动性使位于底层的农民可以轻易把信息向更高一级政府和更广泛的外部社会反馈、传播而不必经过村委会、镇政府乃至区县政府，这无疑增加了基层干部的压力，因担心媒体报道关于自己负面的信息，使其更小心地做事，更平等地对待治域之内的村民。现在常州市的各级政府门户网站都开设行政信箱，这对下级政府官员是一种新的压力。就此笔者与 30 多位镇村干部进行了交流，他们都坦言不愿看到和担心上级政府领导的信箱里出现关于本地，特别是与本部门、本村或本人有关的负面信息。而这种压力恰恰证明网络是一种对农民有效的权利伸张工具。通过百度搜索，我们可以轻易地找到几条 J 镇乡民发的帖子，这些帖子表达了他们的不满与诉求，同时，这也说明他们已把网络作为维权工具。

四、小结：J 镇农村社区信息化建设的经验与问题

总体而言，J 镇镇村两级农村社区的管理机构具备了较好的信息化硬件设施，专业化的信息系统在一些部门得到了应用，绝大多数镇政府工作人员都参加过信息技术培训，能较熟练地使用信息化设备，实现了办公的自动化，信息化的发展为政务管理水平、工作效率的提升起到了较明显的作用。同时，大多数工作人员都经常登录互联网，由此实现了和外部世界的沟通，开阔了知识视野，一些适应科学发展要求的政治观念、管理思维、行为模式在网络影响下得以更快生成，

为构建更和谐的村民与政府间关系起到了积极推动作用。J镇农村社区也具备了较好的信息化基础设施，农户电脑保有率很高，富裕起来的农民已经步入了信息化时代。各种信息设备、系统在农村社区的经济、政治、文化、社会建设各方面发挥着积极的作用，为农民生活提供了多种便捷的服务，提升了生活品质，带来多元的现代观念，促进着权利意识的觉醒，开拓了农民表达诉求的新渠道，在整体上作为一种积极的社会力量推动着传统的农村社区向现代农村社区转型。

J镇农村信息化的发展经验有以下几个方面值得借鉴。

第一，成立了信息化领导机构和制定了信息化发展规划。作为镇政府虽未成立专门的信息化领导机构和农村信息化发展规划，但其上级的区、市、省政府却为推动地方信息化成立了相应的工作机构并制定了明确的发展规划，并形成了相对完整的保障规划落实政策支持体系，这对推动该镇农村信息化起到了重要作用。

第二，最基层的镇政府虽未有明确的农村信息化发展规划，但对村镇行政机构的信息化还是比较重视，硬件设备投入也比较大，为镇村工作人员接触、接受和使用信息化设备创造了比较好的物质环境。同时对工作人员也进行了相关培训，特别是发挥了青年大学毕业生在信息化技术应用方面的长处，使现有的信息化设备得到了较好的应用和一般性的维护，并带动提升了工作人员整体的应用水平。

第三，农村经济发达，农民信息消费能力与消费意愿较高，这有利于吸引信息化设备及信息服务运营商的进入，市场机制和市场主体成为农村信息化的主要推动力。同时，镇村组织机构并不是旁观者，例如，服务运营商开发农村信息化市场时，一方面，它们为相关企业的设施、服务进入农户积极地进行协调，减少障碍；另一方面，镇村工作人员又代表村民同信息服务供应商进行谈判，降低了服务价格。

第四，镇政府免费为农民提供信息技术培训，提高了农民的应用能力和信息消费意识。比如，2007 年，镇政府的劳动和社会保障所就组织了 5 次培训，场地、设备、师资都是由政府提供，免费为农民提供培训，调动了农民参与的积极性，参加培训的村民年龄最大的有 50 多岁的，每次至少有上百村民参加，涉及十几个村。

在看到 J 镇农村信息化建设取得较好成绩的同时，也应该看到其与先进地区的农村相比还存在一定的差距，信息化的巨大潜能还远未得到发挥，在信息化建设、利用信息化技术推动农村社区建设方面还有很多工作要做，还存在一些问题和不足，需要采取针对性的措施加以改进，主要涉及以下几个方面。

第一，镇政府缺乏专门领导机制、专项规划、专项资金。目前 J 镇政府的领导分工中没有人专门负责信息化建设工作，仅仅有一名镇长助理负责分管政务信息化管理工作（信息化是其多项分管工作的一项）。镇政务信息中心的史主任（其没有信息技术专业背景，只是接受过技术培训）介绍说，她一人负责镇政府门户网站的维护和网站有关信息的汇总，镇政府没制定专门的信息化发展规划，也没有用于信息化建设的专项资金。基于此，笔者认为要进一步提高全镇信息化的硬件建设，特别是软件的建设和应用水平，可以采取以下几个方面的措施：其一，领导层要给予足够的重视，提高对信息化建设的重视程度。其二，制定全面、系统，具有前瞻性的信息化发展规划。其三，在镇政府年度财政预算中列支信息化建设专项资金。其四，补充专业人才，充实信息化建设组织机构。

第二，专业信息系统开发、应用滞后，系统集成度不高，存在"最后一公里"问题。J 镇专业信息系统开发、引进、应用比较滞后，以当前的信息化硬件水平和 J 镇的经济实力，完全有条件更广泛地利用信息系统用于政府管理、社区服务。同时，目前零散分布于一些部门的信息系统，可以通过建立一体化的政务平台加以集成，从而节约成本，获得系统集成效益。还有，已有的一些信息系统应将系统服务终端向下延伸到各行政村，解决信息系统延伸不到村的"最后一公里"问题。当然，要解决系统终端到村的问题需要加强农村社区服务中心的信息化硬件建设和信息技术人才的配备，以目前 J 镇各村的经济实力而言，是可以做到的，而最根本的是认识是否到位的问题。

第三，农村社区"两委"的办公信息化硬件水平和工作人员应用水平需要提高。目前，各村"两委"，一般都只配备了一台电脑，只有少数村干部有使用电脑办理公务、上网浏览新闻的习惯和应用能力。信息化、全球化、市场化是建设新型农村社区的时代背景，不能使用现代信息技术获取外界信息，就很难开阔村干部的知识视野、培育现代管理理念。主要村干部都应配备电脑，提高应用能力，培养使用信息化技术手段的意识。

第四，农民的信息技术应用水平较低，信息获取、消费观念滞后，应用信息系统参与社区管理的意识还需进一步加强。这方面需要改进的有：其一，虽然农户电脑拥有率很高，并且呈出快速增加的势头，但大多数村民，特别是年龄 45 岁以上的村民操作电脑的能力普遍较低。为此，应进一步更广泛、更有效地利用多种形式培训农民，提高使用水平。其二，农村居民使用电脑、上网主要是满足文化娱乐的需要，利用网络信息用于改善生产、生活的意识较差，分析信息、利用信息的能力不强，因此应通过多种形式引导和培养农民获取信息、使用信息的意识。同时，为了帮助农民提高分析信息、利用信息的能力，可以开发建设以服务于花木产业为主的"花木产业专家决策系统"，为农民提供专家级的信息服务。其三，目前农民上网更多的是登录浏览大型综合网站，很少登录涉及地方社区事务的地方网站，通过网络参与社区事务管理，提出意见、发表建议的意识较差，例如，镇政府门户网站的镇长信箱里仅有十几条留言。为此，在完善地方网站服务功能的同时，镇村两级领导干部要高度重视对网络信息的反馈，及时解决有关问题，让农民意识到网络是参与身边事务、解决身边问题的有效渠道和机制，养成农民有好的建议上网留言，有难处通过网络向领导反映的习惯。这对农民、政府、镇村干部而言都是一种低成本解决问题的有效形式。

组织、政策悬浮于农村之上，需要进一步下沉。就江苏省信息化建设组织机构来看，从省、市到区县各级都成立了信息化建设领导小组，下设办公室，并制定了较为系统的规划、政策及考核办法，但到了乡镇一级，负责信息化推进工作的就由组织变成了一个人，到村级社区往往连一个真正负责的人也没有，更不要说制定地方化的措施。针对这种情况，推动农村社区信息化建设需要相应的组织及政策进一步下沉到农村。

第九章　信息化背景下 J 镇农村社区的治理生态

美国学者尼尔·波斯曼（Neil Postman）曾指出："一种新技术并不是什么东西的增减损益，它改变着一切。到 1500 年，即印刷机发明之后的 50 年，欧洲并不是旧欧洲和印刷机的简单相加。那时欧洲已截然不同。电视问世之后的美国不只是美国加电视的美国；电视给每一场政治运动涂抹了一种新的颜色，使每个家庭、每所学校、每所教会、每种产业都带来了新的色彩。"[①] 同样的道理，我们可以说："互联网进入农村后并不是传统农村和互联网的简单相加。"随着整个国家及农村社区的信息化进程，互联网在改变着农村社区外的宏观社会环境，也改变着农村社区内的微观环境。农村内外整体生态的变化对农村的治理体系意味着什么？

按照政治生态学的理解，如果一种政治体系不重视甚至无视与外部环境的沟通和适应，长期不能满足环境的正当要求，会持续地失去环境的支持，最终会归于失败，即使能在一定时期维持下去，由于无法实现政治系统的内外生态平衡性，其系统效率和系统效益都会受到影响。[②] 也就是说，农村的治理体系必须回应互联网引致的新社会环境所提出的要求，进行适应性的调整与建构。生态哲学家萨克赛（Hans Sachsse）也曾指出："机体不是被动地继承形式，如同蜡接受浇注

---

① 波斯曼. 技术垄断——文化向技术投降 [M]. 北京：北京大学出版社，2007：9-10.

② 刘京希. 政治生态论 [M]. 济南：山东大学出版社，2007：12-15.

模具的形状那样，而是在个体和环境交界处按照环境条件来塑造自己。"①这就提出了一个问题，信息化给农村治理生态带来了怎样的变化？只有弄清楚这个问题，才能科学地建构符合内外环境要求的治理体系，实现农村社区治理体系的生态性，提高治理效率与效益。

本章为了具体地观察、分析信息化给农村治理的内外生态带来的影响，一方面结合近几年国内发生的典型的涉农网络事件来透视互联网作用下的 J 镇外面的国家与社会之变；另一方面深入 J 镇农村观察互联网对农村社会内部带来的变化，以及通过那里的案例来分析网络背景下社区、社会、基层政府、国家之间的互动与博弈的新方式。

一、信息化重构着农村社区外的社会与政府

（一）乡村之外的社会趋向网状结构

传统的乡村社区，无论是以村落、乡镇还是基础市场交易圈为单元，总体而言是一个小范围的社会共同体，社区内部具有很强的内聚性，对外则是排斥性，社区与社区之间相对封闭，就像一个蜂巢里的蜂室与蜂室的关系，相互之间的横向信息与资源交流主要靠工匠、商人、僧侣及流民，传播方式主要是面对面的口口相传、书信等形式，交流的空间广度十分有限，在时间上没有效率可言。这样，在传统交流方式的制约下，某个农村社区的地方性消息很难及时在大范围社会传播开来，地方性事件无法获得大范围社会的关注，也就无法得到其他地方的横向回应，更无法争取外部社会资源的支持，地理上分散的众多社会单元之间很难实现彼此之间的协调、整合与联动。

然而，随着整个国家的信息化进程，延续了千年的传统社会结构方式正在被打破。借助互联网，不同地域、不同阶层、不同身份的社会成员相互之间具备了及时发送—反馈信息的技术条件，他们可以基于兴趣、价值观、正义感或是对某

---

① 萨克赛.生态哲学 [M].北京：东方出版社，1991：20.

个社会事件的关注等诱因，组成临时和长期的"无须邻近的团体"①，形成一个呼吁、支持和社会控制的网络。信息化带来的社会网络化，将不同社会单元之间原有的自然或社会阻隔打破（只要社会成员愿意），为超越地域、血缘、文化、阶层等因素的整合提供了可能。

（二）乡村之上的政府开启网络问政

在传统蜂巢状社会结构下，不仅横向的社会单元之间缺乏协调互动的手段，从纵向看，底层社会和上层社会之间的联系也被局限在国家认可的政权—乡绅—村民的狭小通道。在这种等级化的结构中，农村社会很难和体制内的上层社会精英进行联系，获得他们的关照与支持。然而，近年来，随着我国政府电子政务的发展，网络问政渐渐成为底层农村社会和各级政府的联系与互动的新渠道。

2002 年的联合国电子政务发展报告，将电子政务的发展分为五个阶段，即：起步阶段（Emerging）：主要表现为政府建立起了独立的门户网站，在此阶段，政府网站上的信息数量有限，内容局限于基础信息，且缺乏经常性更新；强化阶段（Enhanced）：政府网站上的内容和信息经常定期更新；互动阶段（Interactive）：用户可以通过政府网站下载表格，与政府官员联系，如进行预约和咨询；交易阶段（Transactional）：用户可以通过网站为某些服务付费或进行财务方面的交易；全面无缝整合阶段（Fully integrated or seamless）：政府网站可以提供超越原有行政部门界限的电子服务功能，实现政府电子服务的全面整合。②

按此阶段划分，"网络问政"基本属于电子政务发展到互动阶段（Interactive）的行为。网络问政包括两个方面的内涵：一方面是政府通过互联网了解公民的诉求、建议和意见，起到汇聚民智、为施政作参考的作用；另一方面是公民个人或社会组织通过互联网表达诉求、建议和意见，了解政府的政策、规章、部门分工、职责、权限、办事程序等与政府相关的信息。第一方面是"政府问公民"。第二方面是"公民问政府"，网络问政的实质是政府和公民通过互联网进行双

---

① 汉普顿. 在线与脱机形式的网络社交 [M]// 卡斯特. 网络社会——跨文化的视角. 周凯，译. 北京：社会科学文献出版社，2009：241，253.

② 汪向东，姜奇平. 电子政务行政生态学 [M]. 北京：清华大学出版社，2007：50.

向互动。

近年来，中央政府非常重视互联网技术在政府管理中的应用，我国政府门户网站及电子政务平台发展迅速，成为政府与民众交流互动的重要渠道。

J镇所在的常州市政府建立了高水平的门户网站，成为"网络问政"的重要平台。一方面，政府主动在门户网站公开了大量的政府信息，譬如，2010年市级机关主动公开政府信息4155条，全文电子化率为100%。其中，机构概况及人事任免类信息135条，占3.24%；政策法规类信息87条，占2.09%；规划计划类信息25条，占0.6%；业务工作类信息2024条，占48.71%；其他类信息1884条，占45.34%。其中，由市政府办公室主动公开的政府信息247条，包括政府文件59条，政府办文件134条，政府重要会议7条，政府重大项目和重点工作13条，规划2条，政府人事任免30条，国民经济和社会统计信息2条。所辖市、区政府主动公开政府信息4808条，全文电子化率为99%，其中，由各辖市、区、县政府办公室主动公开的政府信息911条。另一方面，在政府门户网站上建立了多种公民与政府的网上互动渠道，主要有：①24小时开通的市长信箱、部门信箱、市纪委的网络信访举报室；②不定期的就专门问题进行交流的在线访谈、政风热线、热点专访；③就专门主题了解民意的民意调查；④市民论坛。通过多样化的互动渠道，政府了解大量的民情、民意，公民的大量诉求得以向政府表达。如设置在政府门户网站的"市长信箱"2010年共收到有效网上来信6725封，处理率达到100%，办结率达到96%以上。①

除通过门户网站进行信息公开，建立政府与公民互动渠道外，常州市政府还建立了"三合一"网络平台，公开了所有政府市级部门及下面所辖市、区、县级部门的行政权力目录，对每一项权力进行编码，并就权力类型、权力主体、运行程序、办理条件等各项内容进行了详细说明。便利了行政对象了解行政权力主体的权力边界，防止行政部门滥用权力。

网络问政对于农村的意义在于建立了一个连接农民和各级政府的开放式的、

---

① 常州市政府.2010年常州市政府信息公开年度报告 [EB/OL]. （2011-03-18）[2018-02-05].http：//www.changzhou.gov.cn.

全天候的信息交换通道。一方面，通过网络，农民可以更方便地从政府公开的信息中了解与自己相关的国家法律、政策等信息。还可以在一定意义上绕过身边的基层政府，直接向高层政府表达诉求。另一方面，各级政府也可以通过网络问政于农民了解到最底层的农村发生的事情。

二、信息化影响下的农村内部基础结构变迁

（一）农民上网与社区观念结构的演变

"一种技术，当它在社会中普遍得到认可和运用，并且这种运用成为人们日常生活的行为方式，就会衍生为一种文化。"[①]农民使用电脑和上网意味着一种文化新景观在农村出现。当然，互联网作为一种独特的技术对农村的改变还远不止于为农村增添了新的文化现象，更重要的是，互联网等现代信息传媒还为农村送来了网络文化。网络文化是多元的，表现为文化形态的多样化、参与主体身份的多元化、思想的碎片化、观点的多元化。还有，通过互联网这一信息之窗，农民了解到了外部更丰富的世界，开阔了眼界。互联网带来的种种变化在影响着农民对村庄、传统、生活乃至人生的判断与取舍。在 J 镇的调研中，笔者或强烈或隐约地感受到了发生在农民精神世界里的变化。

第一，村民观念更加多元化，更具包容性。笔者调研时，发现农民通过上网、看电视了解到大量的、各种各样的原来在村里少见的新鲜事，受此影响，观念也在发生着变化。

第二，对农村的归属与认同产生了双向作用。一方面，现代信息传媒使农民更加直观和全面地感受到丰富多彩的城市现代生活，在外面世界的吸引下，J 镇农村二三十岁的年轻人大都表现出了比较明显的向城市流动的愿望。SX 村的青年小潘，今年 22 岁了，初中毕业后没考上高中，就选择上了一所常州市的技工学校，毕业后在常州的一家汽车修理企业工作。他是一个有点网络成瘾的青年，手机 QQ 基本上除了睡觉全天在线。他说："其实在家种植花木收入比在市

---

① 沈阳. 论信息技术文化 [J]. 云南师范大学学报（哲学社会科学版），1999（3）.

里打工挣的钱肯定少不了，但就是想到外面体验一下。原来在电视上、网络上看到城市人的生活现在自己也体会到了，下了班后，晚上几个人坐在路边的小摊上吃点小吃、喝点凉啤酒，看着街上的风景，觉得很惬意。另外，不在父母身边感觉自由了许多，还有，城市发展的机会毕竟要多一些，现在，村里和我年龄差不多的没几个愿意在家待着的。"除了类似小潘这样向往城市生活的年轻人，笔者在 YG 村还接触到了另一类年轻人。小金夫妻俩都是湖南农业大学的毕业生，毕业后在城市没有找到合适的工作，就回村做起了花木生意，现在生意做得不错，住着一栋三层小楼，买了一辆十几万的轿车。他说："每天在网上的时间很长，没事都坐在电脑前，除了看看新闻，一个重要的事儿就是到一些花木交易网站浏览交易信息，而且还有过自己建网站的打算，现在建了一个花木交易 QQ 群，很多生意伙伴都加入到群里来了，联系起来很方便，我觉得有了网络在村里也挺好的，不耽误生意，空气又新鲜，住的也宽敞。"在 YG 村，像小金夫妇这样在外面接受了高等教育又回到村里发展的有十多个人，虽然人数不多，但代表了一种对农村新的认同趋向。当然，类似小金夫妇这样的年轻人之所以选择留在村里是和当地农村整体发展环境分不开的，当地发达的花木种植产业及交易市场为这些年轻人提供了机会，网络的发展只是使农村变得有吸引力的一个条件。

第三，人格上从依附走向自立。人都有自立的愿望，但在种种社会条件的束缚下，基于生存和物质理性的考量往往又使人选择了依附，只有当自己能摆脱某种束缚，无须依附他人就能实现某种需要时，自立才具备现实的可能。有的学者从发展公民权的角度，看到互联网的积极意义，把它看成是充权（Empowerment）工具，其实，互联网对农民走向自立还有更直接的意义。笔者在 SX 村遇到一位开面包车跑出租的农民老孙，聊起了互联网，他说每天都上网，网络对他帮助很大。原来，他除了跑出租，还开了一家生产某种机械用胶辊的小加工厂，每天他都要在网上发布销售信息，搜索需求信息。而过去的销售一般都是通过传统的人际关系网络，有时不仅要求人家有路子的人帮忙，还要被人从中渔利。现在通过网络切切实实地扩大了的销售渠道，而且能和客户直接联系上，不需要求别人了。发生在老孙身上的变化反映了互联网为农民扩大了社会关系网络，增加了社会资本，提供了走向自立的现实社会条件。

第四，生活上由节俭主义转向消费主义。SP 村的刘女士，今年 35 岁，丈夫在当地镇政府上班，自己在家种植花木，家庭年收入八九万元。几年前，跟邻居学会了网络购物，现在算得上是个网络购物爱好者，经常到淘宝网上挑选服装、化妆品、家庭用品等商品。她说："现在条件好了，看到网上漂亮的女装，价钱又不高，就想买，趁着年轻赶紧打扮打扮。"从直观上看，J 镇年轻女人们的衣着在款式上和城镇居民没有特别明显的差别。可见，手里有余钱的农民在各种炫目的电视、网络商品信息刺激下有了更强烈的消费冲动，"守财奴"式的生活观念在新一代年轻农民身上渐渐退去，他们在追求财富的同时，对生活有了新的理解，正在由只知道劳作的"生产型"农民向注重生活品质的"生产生活型"农民转变。

（二）互联网推动"三重权力"呈均衡趋向

金太军认为乡镇领导、村庄体制内精英、村民构成了治理村庄的三重权力主体，他根据三种权力强弱的相对关系将村庄的权力结构概括为八种类型。[①] 这种划分在类型学意义上实现了理论的精致。但笔者认为，就现实而言，如果在绝对意义上比较三种权力在农村治理过程中的影响力，目前由乡政府、村庄体制内精英到村民的权力影响力递减的结构状态在我国各地农村最具普遍性，其他结构状态一般不具有普遍性。也就是说，三种权力普遍地呈不均衡状态，而这种不均衡又普遍的表现为：乡镇府的权力强于村庄体制内精英的权力，体制内精英的权力强于村民的权力，即村民权力最弱。农村不平衡权力结构形成的现实根源在于三种权力主体资源拥有量的显著不平等，"具体地说，乡镇行政较村民及村委会拥有多得多的政治资源、经济资源、组织资源和文化资源。"这种不均衡的资源分布结构既有现实的制度根源，又是长期封闭的农村社会环境禁锢农民的结果，而以互联网为主体的现代信息网络对传统体制和封闭的环境具有很强的突破性、超越性，其作为一个有效的解禁工具可为最底层的农民送去某些必要的资源，进而

---

① 金太军. 村庄治理与权力结构 [M]. 广州：广东人民出版社，2008：177–178，172.

改变其资源拥有状况，以致由资源状况的相对改变转变为权力对比状况的相对改变。

在 J 镇，笔者对镇政府的党政办、宣传办、民政办、建管所、计生站、经管站、统计站、党校、兽医站、农林站、环保办、农机站、国土所、政务信息办、旅游办、团委、综治办、信访办、司法所、妇联、人事办、派出所、农村环境综合治理办公室等近 30 个部门的负责人进行了半结构式访谈，其中就政府工作人员和村民的关系进行了交流。在与镇土地所的杨所长交流时，他说："现在的农民都是有知识的农民，他们对有利于自己的法律、政策知道得非常清楚，我在执法过程中就遇到农民拿着从网上下载打印下来的文件来理论、争辩的事情，所以我们执法过程都严格按照法律、政策办事。"这让我们看到互联网带来的政策信息流的上（中央政府、地方较高层级政府）下（农民）直接贯通，改善着农民的信息资源状况，削弱了过去封闭状态下乡镇府的政策解释权，利益驱使下的政策曲解或政策利益截留的空间被压缩了。而农民通过网络了解到了政策信息，当觉得自己的行为符合法律或上级政策时，也就多了份伸张自己权力的勇气。

当然，单单信息资源状况的改变还不足以有效撬动原有的权力结构。如果没有其他资源的支持，农民是无法与乡镇政府抗衡的。值得欣慰的是，笔者在调研时看到，互联网等信息传媒在给农民提供着除信息资源之外的更多支持。在同农村干部就上级的市长信箱和区长信箱交流看法时，干部们普遍表示网上的领导信箱给他们带来了一定压力，不愿乃至害怕对自己或部门不利的事情反映到上级领导的信箱里。当然从实际来看，无论 J 镇上级的常州市政府网站的"市长信箱"还是下面的区政府网站的"区长信箱"里，农民的发帖量并不高，但它又确实对乡镇底层领导形成了一定的"威慑"，最起码这给农民提供了以上级政府组织制约身边组织的工具性手段。此外，互联网具有"公共舆论场"的功能，农民只要上网发帖也可以为这个舆论场提供话语资源，地方政府领导一般是怕被这种大社会参与的舆论场所关注的。J 镇派出所的一位副所长就说："互联网可以把一些小地方的小事情放大，变得不好控制。"利用互联网社会舆论场功能，个体农民可以实现以外部的大社会对抗身边的小政府。

总体看来，互联网虽既不能在短期内，也不能单独根本改变"三重权力"的结构状况，但确实又在农村累积着约束传统政府强权乃至使其相对"弱"下来，伸张农民弱势权力乃至使其相对"强"起来的资源。

（三）"节点"化后行动单位和行动结构变迁

贺雪峰在研究村治模式时把"认同与行动单位"作为核心变量[①]，认为它是农村社会基础结构变化的基本方面，而基础结构的变化又来源于农村价值结构的变化，价值之变又是各种现代性进村的结果。[②]互联网不仅本身是一种现代性装置，同时又是各种现代性进村的加速装置。当农村社区通过农村网民融入互联网，成为其中的一个"节点"后，给农村社区带来了现象层面的生活内容之变，精神层面的价值之变，并渐渐地引起农民的行动单位和行动结构之变。

在传统农村，血缘之所以能成为家庭之上的农民行动单位的基础性因素，一方面，是由于血缘造就了天然亲近感；另一方面，在于他们的行动局限在村域社区范围内，并且接受着基本相同的信息，有大致相同的精神生活和现实生活需要，血缘共同体是农民个体满足精神和物质生活的有力支撑。互联网等现代性事物进村后，血缘亲近感还在，所以还有基于血缘的行动单位。例如，在 J 镇农村，在举办婚事和丧事时还是以家族为行动单位的，不出五服的家族成员都会参与，帮着操持事务、随礼钱。但由于互联网信息内容的多元化，不同的农村网民必然会接收到内含全然不同的价值取向的信息，由此，过去同一化的村民精神生活开始裂变为多元化，导致血缘单位内不一定能求得共识。同时，受互联网的影响，村民的行动也变得更加多样化了。譬如，从业余生活看，传统农村主要有街头聊天、打麻将等形式。后来有了电视，看电视成为重要的业余活动。互联网在农村兴起

---

① 贺雪峰在划分"认同与行动单位"主要基于血缘亲疏维度，视角是内向的，主要目的在于分析认同与行动单位的差异对村庄秩序、村庄公共产品等村庄层面治理标的物的影响。笔者认为在村庄社区传统衰落，村民行为日益功利化的背景下，血缘亲疏不是区分行动单位的理想维度，农民的认同与行动单位是弹性的，在不同的目标指向下，认同与行动单位可以完全不同，而且可能是超出村庄范围的，例如，有的地方村里的"小混混"和外部的黑社会势力进行联合干扰村庄社区内的事物。再就是，当前农民结成某种行动单位的目的主要不是解决村庄社区层面的问题，而是为了个人与家庭的需要。

② 贺雪峰. 村治模式 [M]. 济南：山东人民出版社，2009：2–5.

后，围绕网络产生一些新的活动形式，在网络普及程度较高的 J 镇农村，上网聊天、网络赌博、网上购物等因网络而生的行动已不新鲜，有些已成为中青年农民生活中的重要活动内容。当然，传统的业余活动并未消失，互联网发展带来的是农民行动内容的多样化，行动单位进一步分裂。在农村社区不仅有家族、宗族，还出现了"网络一族"。

还有，农村的市场化、开放化打破了"自给自足"的地方性生活，农民的物质需要在村域社区内很难得到满足，需要超村庄的行动，这时地方化的血缘行动单位就很难为农民提供有效的支持，农民对非血缘基础的行动单位产生了需要，而互联网等传媒为新的、多样化的行动单位的形成提供着信息，起着桥接作用。在 J 镇，许多做花木产业生意的农民通过互联网联系生意，他们的经营网络是远远超越村庄范围的，对他们行为产生影响的主要不是社区内的成员，而是存在于社区外的生意伙伴，自己的行为需要和各地的生意网络成员协调联动。此外，随着村民生活水平的提高，村民的需求变得日益丰富和多样化，有些非传统的需要很难在社区内通过社区成员之间的协调得到满足，可原来又不知道如何满足，而网络提供了机会。例如，PL 村的村民钱先生，做生意赚了不少钱，总想到全国各地的名胜旅游，但觉得自己去没意思，结伴吧村里又找不到人，但从 2007 年上网后，通过网络结识了不少旅游爱好者，他逐渐地成了一名"驴友"，现在已经和各地的网友一起游览过不少地方。

在看到互联网给农村行动单位与行动结构带来的种种改变的同时，笔者也注意到，互联网带来的变化并不是以在形式上否定农民之间原有的以血缘、地缘等为纽带形成的社会关系的方式发生作用，而是使农民的社会关系方式更丰富，关系范围更广泛。这与汉普顿对位于加拿大某城市郊区的"网谷"社区的研究所得出的结论基本是一致的，他认为："互联网带来的空间阻力的减小并没有使地理或地方变得无关紧要。"但如果进一步考察社会关系的内在结构，还是会发现一些变化，新的行动单位的出现必然会分散农民对原有行动单位的注意力和依赖程度，甚至发展到对传统地缘、血缘的行动单位的认同仅仅是出于情感的需要而不是现实利益的需要，这种变化实际上弱化了传统行动单位对社区事务的参与能力。

YG 村的 40 多岁的老金就说："自己过自己的日子，他们（指村干部）爱干啥干啥，平时跟他们也来往不着。"

生活的富裕、现代信息传媒的发展使农民的行动变得更加多元化，行动的范围超社区化，宗族和社区精英不再是行动的主要依托。这对于村庄层面的治理可能产生两个方向的影响：一方面，弱化了依托宗族的非体制精英的行动能力，强化了体制内精英把持村务的能力；另一方面，体制内精英将面临村民更分散化的行动取向及利益诉求，协调村民关系的难度不是降低而是增加了。

三、内部行动者和外部行动者的非线性连接及博弈机制变动

以农村社区为参照，可以将位于社区内的村民、村"两委"、民间组织看作是内部行动主体，把社区外的各级政府组织、社会主体、公民个体看作外部行动者，现代信息传媒的发展改变着各种行动主体之间的互动方式、互动结构、互动机制，进而产生着区别于以往的政治社会后果。

（一）互联网改变着农村社区与高层政府的互动方式

传统农村社区和各级政府之间的体制内连接方式主要是由下而上的单向、单线串联方式，且只有单线反馈回路，与其联系最紧密的基层政府是体制内信息上传和反馈的必经之路（见图 9-1）。当农民变为网民后，借助互联网，农村社区和各级政府的连接方式由串联变为并联，在一定意义上实现了社区和各级政府的直接的、多线路，多反馈回路的连接与互动（见图 9-2）。

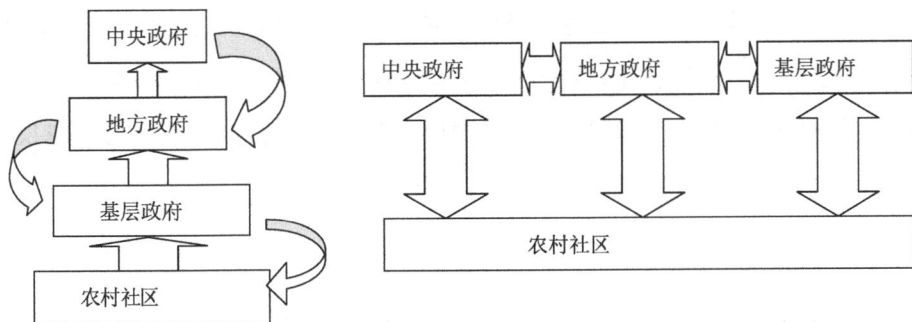

图 9-1：传统的农村与国家间信息与行动流　图 9-2：互联网背景下的农村与国家间信息与行动流

在传统方式之下，农村社区向地方高层政府和中央政府表达要求性信息一般只能经由身边的县、乡基层政府逐级上传，如果对基层政府而言是良性信息，基层政府有上传的积极性；但如果对基层政府而言是恶性信息，基层政府必然会进行截留或篡改，这样农村社区很难把对他们有利而对基层政府不利的要求性信息反映到地方高层政府和中央政府。① 位于底层的农村社区和位于高层的政府之间的普遍的、经常性的直接交流、互动几乎是不可能的，即使有直接的交流，成本也是高昂的，典型如高层派员到地方调查以及底层民众的逐级上访，底层农村社会和国家高层之间的交流效率、交流内容的完整性与真实性无法充分实现。

互联网从根本上改变着农村和国家高层的互动方式，底层的农民可以直接和自下而上的各级政府进行同步的信息交流，基层政府作为信息中介的角色弱化了，农民可以把一些对基层政府而言的恶性信息直接上传给国家，而国家高层政府也通过信息媒介，一方面可以把给予性、保护性信息直接告诉农民；另一方面还可以直接向农民了解农村的真实情况。可以说，互联网既在培养着"知情公民"（Informed Citizenry），又在培养着"知情国家"。

在中央政府、地方政府、基层政府存在利益分化的背景下，互联网等现代信息传媒桥接下所建构起的农村底层社会和国家高层的沟通方式对农村社区政治生态的影响体现在：第一，过去，基层政府在高层国家和底层农村之间扮演着信息中介的角色，由于可以获得对上和对下的双向信息不对称优势，其可以在国家和底层之间获得比较大的政策信息解释权，进而可以借此拓展自己的赢利空间，而互联网使基层政府的信息优势弱化了，解释政策的自由度被压缩了。第二，底层与高层沟通的便利与充分有利于达成共同指向基层政府的合意，这对于将基层政府的行动向符合农民需要的善政校准是有积极意义的。

---

① 从现实来看，农民对于通过自己或基层政府能解决的问题一般没有必要，也没有动机向高层政府反映，农民需要国家上层帮助时，传递的往往是对基层政府而言的恶性信息，基于保护自己的本能，欺下瞒上就成为基层政府最合乎理性的反应。

（二）地方事件即时社会化和压力型体制的回应逻辑

在传统蜂窝状社会结构下，受制于封闭的政治体制，以及信息扩散渠道的匮乏，发生某个农村社区的事件很难被更广泛的外部社会及时知晓，小社区与其外部的大社会之间是割裂的，当小社区的农民遭遇外部组织化的力量（如大公司、基层政府组织、黑社会组织）入侵时，很难得到外部社会力量的支持。这样，缺乏组织化的小社区的农民既得不到大社会的支持也得不到政府高层的支持，只能独自面对组织化的力量侵害。

随着互联网的发展，农村社区孤立无援的状况得到了极大的改变，"互联网能将地方性的事件变成一个全国性的新闻，从而吸引传统媒体的报道，并且，在线的公共舆论在初期能够影响媒体对事件报道的态度和立场。"[①]借助互联网，农民可以成为信息的编辑和发布者，农民自己就可以把发生在自己社区的地方性事件在第一时间告知大范围社会的民众。如果事件能引起网民的大规模关注与回应，这时事件的性质就发生了变化，即：由地方性小事件变为全国性大事件。在事件性质发生变化后，政府面临的社会舆论压力陡然增加。在大范围社会压力下，基层政府的行为取向往往不得不作出调整，因为大范围社会的行动是基层政府所无法控制的，后果是基层政府所无法预料的。2006 年 J 镇发生一起 FZ 山庄的违法用地案件，某报的记者在接到当地群众来信后，对该事件进行了调查，随后在 7 月 12 日进行了报道，各大网络媒体纷纷转载报道了此事，产生了广泛的社会影响，该违法用地案件最后给当地方政府的相关部门带来了很大的压力。

不仅如此，在事件性质发生变化后，地方高层政府乃至中央政府就都有了采取行动的动机。[②]当上面的政府真正采取行动之后，压力型体制就发挥了作用，在这种命令型体制下，上级政府只要愿意，是有足够的手段去调整乃至终止基层政府组织的某种行政行为的。2008 年在 J 镇又发生了一起 HYL 山庄的违法用地事件，经当地农民在网上发帖后，引起广泛关注，在社会舆论的压力下，该镇所

① 黄荣贵. 互联网与抗争行动 [J]. 社会，2010（2）.

② 中央政府出于维护执政合法性和政权稳定的目的有约束地方政府的需要。地方高层政府不也有约束下级基层政府的动机，因为基层政府行为如招致社会负面评价往往同样有损于地方高层的社会形象。

在市政府紧急叫停该项目，并对该镇土地管理所的所长予以调离岗位处分，对镇党委书记、镇长予以行政记过处分。此外，J镇的一些农村干部还谈到，现在市里的领导比较重视媒体的反应，有些事件虽然没有引起全国性媒体的关注，但只要被反映到政府信箱或被地方电视台报道，基本上都会有上级相关部门打电话来了解情况，督促解决。

四、结论及余论

以互联网为代表的信息技术作为一种迅速兴起的社会技术力量不仅改变着农村社区外的社会与国家，影响着身处农村的人们的观念、生活、关系结构、行为取向，而且以其强大的技术功能将偏僻的农村小社区、社区之外的大社会、社区之上的各级政府"网络"到一起，为各类关注、影响农村的行动主体之间的即时的、近乎无障碍的交流与互动提供了必要的工具，使身处其中的农民不在仅仅面对一直在"管理"着自己的小政府，还有机会面对更大范围、更多样的社会主体以及更高层的政府。在农村政治图景里，不再仅仅是代表国家的基层政府、农村精英、普通农民三者的互动与博弈，更广泛的社会主体、更高层的国家政权组织随时有可能参与进来。这样，农村社区得以进入了一个由社区—社会—基层政府—高层政府（县以上的政府机构）所组成的三层四维政治空间。相对于过去封闭的、等级化的农村政治空间，这一新政治空间具有开放性、话语权的平等性。

在看到互联网带给J镇农村政治治理生态带来的积极变化的同时，我们又必须认识到，由于各地农村在信息化发展水平、经济发展水平、传统政治文化等方面的不同，互联网在改变各地农村社区治理生态上的影响力及其结果也具有明显的差异性。从总体来看，互联网所生发的逻辑力量，就像刚刚扇动翅膀的那只蝴蝶，足以根本改变农村底层社会治理生态的飓风还远未形成，其影响还是比较有限的。具体表现为：第一，互联网为地方性事件演变为大范围社会事件提供了可能，但从现实来看，只有少数的地方性事件能成为引起广泛关注的、典型的社会事件并得到持续的社会关注。第二，网络问政虽为农民与政府之间搭建起了桥梁，但网络问政在我国还处于起步阶段，其运作的制度化水平还比较低，其作用的大小在很大程度上还取决于地方政府的重视程度。第三，网络化信息传媒在一定程度上使国家和底层农民摆脱了对基层政府官员的信息依赖，农民甚至可以通过将事件社会化的途径引起高层政府的关注，从而借助高层政府来约束身边的基层政府，但这一机制发挥作用是有前提条件的，只有在高层政府和基层政府利益分化的时候，高层才有约束、调整基层行为的动机。另外，在现有体制下，由于基层政府一直是高层政府解决底层社会问题的基本依靠力量，所以来自高层的约束往往又是柔和的、有所保留的。第四，互联网等信息技术引起的农村内外的一系列政治与社会变化改变着农村基层政府的生存环境，其可能同时需要面对：来自下面的日益觉醒的"信息化小农"的要求；来自上面的高层领导的问责；来自外面的大范围社会舆论的压力。

综上所述，一方面，我们看到，网络的发展带来了国家与乡村社区间信息交换与互动方式的改变乃至乡村政治社会生态的变迁；另一方面，我们又必须承认各种传统结构的力量依然强大，面对如此的社会图景，乡村社区的治理者该如何应对？笔者认为，乡村社区的治理机制需要进行适应性调整、转型，这是面向未来的选择。

第十章　农村社区信息化建设模式改进和治理模式转型

本章主要在前文宏观和微观案例的基础上，一方面，归纳出农村社区信息化建设模式内含的一般机制，指出了我国各地农村信息化建设存在的共性问题，并给出了改进的路径、措施；另一方面，指出由于农村信息化建设的推进，信息技术日益进入农村社会生活的各个层面，进而渐进改变着农村社区的治理生态，这使原有治理模式的运行面临着越来越大的挑战，需要进行适应性调整。

一、当前农村社区信息化建设模式的缺陷和模式改进

（一）农村社区信息化建设模式的缺陷

通过前文的案例分析，可以看到我国各地农村社区信息化建设在技术模式上有所不同，但其内在机制上基本都遵循了"政府扶持、市场运作、社会参与、资源整合"的原则。应该说这一机制是有效的，也具有可持续性，只是由于主客观因素的制约（对比国外，特别是美国、韩国的经验看），国内相关主体的功能运行处于低水平状态，制约了农村社区信息化的发展。主要表现在以下几个方面。

（1）政府投入不足。在政策层面看，从中央政府到各省都出台了规划性的政策文件，本研究案例所及的市县政府也有制定了相应的地方性规划。可以说，各级政府，包括地方政府对农村信息化在促进农村经济社会发展中的重要作用都有了一定程度的认识。但由于信息化从设施建设到产生比较明显的应用效益，特

别是经济效益需要比较长的周期，在现有的政绩考核指标体系下，信息化工作和投入对地方政府政绩评价指标的改善效应很难在短期内显现出来，这导致信息化工作在很多地方政府领导的头脑里并不占十分重要的位置。比如，J镇政府没有专门的机构和专门的领导分工管理农村信息化工作，即使是层级比较高的地方政府也并不一定十分重视，这种判断从各地政府在农村信息化建设上的投入就可以得到印证。政府不重视的最直接后果是政府财政对农村信息化投入十分不足。以农村信息化的示范省区宁夏为例，2006—2008年，宁夏实施了全区的信息服务站全覆盖工程，3年累计建设农村信息服务站2362个，总计投入2000万元左右。同期3年宁夏财政累计收入为432亿元，全区农村信息服务站覆盖工程的政府财政投入仅占全部财政收入的0.05%，也就是1亿元财政收入中仅拿出了不到5000元，以2007宁夏的341万农村人口为基数，3年人均累计投入仅为6元左右。再以云南的"数字乡村"建设工程为例，自2007年启动至2009年基本完成，累计总投资3.5亿元左右，同期云南省财政总收入累计3960亿元，用于"数字乡村"建设工程的政府财政投入仅占全部财政收入的不到0.1%，也就是1亿元财政收入中仅拿出了不到10000元，以2007年云南3088万农村人口为基数，3年人均投入累计投入不到20元。又如经济实力雄厚的广东省，自2003年以来，连续5年，省政府每年仅投资3500万元用于发展全省农村信息化。和发达国家相比，我国各地政府的财政投入就显得少得可怜。表10-1是我国广东、宁夏、云南与韩国在单个农村信息化单位的投入情况。

表10-1 韩国及广东、宁夏、云南单个农村信息化单位的投入情况

地区	技术模式	设备构成	单位投入	与韩国投入比
韩国	整村推进	每户配电脑，接入宽带	约120万元	1
中国广东	信息化体验中心	1~2台电脑，接入宽带（省二类站）	不超过5万元	0.04
中国宁夏	信息服务站	1台电脑、1摄像头、1台电视机、1台打印机，接入宽带	约1万元	0.01
中国云南	行政村网站	每行政村一个村网站（网页）	约2.7元	0.02

注：表中数据为笔者根据有关资料计算得出，不一定很精确，但大致反映了基本情况。

政府投入不足制约了各地农村信息化的发展，需要政府切实转变认识，加大对农村扶持的力度。

（2）市场主体存在信息化"市场失灵"现象。当前信息化产品供应商参与农村信息化建设主要是沿着两个途径进行：一是通过承包政府农村信息化建设工程合同，为政府投资建设的农村信息化工程提供软硬件设备及系统运行服务；二是基于农村的市场化需要为农民提供私人信息化服务。前一种途径受政府的制约，政府到哪里市场主体就跟进到哪里。在政府投资力度有限，政府介入农村信息化建设广度、深度不足的情况下，市场主体也很难在这一途径下对农村信息化建设发挥太大的作用。后一种途径下，市场主体对农村信息化建设的介入程度主要取决于农村信息化市场的需求规模。而从农村的信息化消费市场来看，存在着明显的局限性，一是当前农民购买信息化产品主要是为了满足娱乐性消费，比如看电视，上网看新闻、聊天、玩游戏等，农村深度信息化需求市场还远未开发出来。二是即使农民有深度应用的需要，以目前个体农民的经济实力也很难消费得起，或是受操作技能所限无法使用和维持较复杂的信息化设备，比如很难做到像美国农场主那样给每一台农业机械都加装卫星定位系统，或是使用土壤分析系统分析土壤成分。农村信息化消费市场发育不足的体制方面原因在于小农家庭无力支撑高水平的信息化，而这方面"瓶颈"的缓解需要依赖农村经营模式的改变，不是一朝一夕就可以解决的。农村信息化消费市场发育不足的另一个原因在于农民的信息消费意识不足，认识不到信息化服务对自身生产、生活改变的重要性。克服这一方面的局限，可以通过信息化公共服务，让农民有更多的机会接触和使用信息化产品，逐步提高农民使用和消费信息化技术的意识，目的是通过信息化公共服务促进和培育私人信息化消费市场。就像20世纪80年代电视在农村的普及过程一样，各地农村的第一台电视几乎都是生产队集体购买的，一个村的农民凑到一起看电视，后来各家各户才自己买了电视。这是一条以信息化公共服务带动私人消费进而推动农村信息化建设的路子。但从目前来，相关信息化运营商普遍缺乏免费为农民提供信息化公共服务产品的积极性。2007年海尔、英特尔两家公司在广东出资建设了100个农村信息化体验中心，虽有所作为，但建设规模、覆盖面、软硬件水平、服务跟进远远不够，且在相当大程度上是政府有关部门协议推动的结果，而不是运营商的主动作为。

（3）社会主体参与积极性不高。从一般社会发展经验来看，非政府组织、志愿者个体等社会主体在社会建设中可以成为政府和市场力量的有效补充，弥补二者的盲区与不足，同样的道理，各类社会主体在农村社区信息化实践中也可以发挥重要作用。从各地的信息化实践看，社会主体在一定程度上参与了农村信息化建设，譬如，在2008年，广东省扶贫基金会向潮州市四家镇卫生院捐赠了一批医疗卫生和信息化设备。同年，实施了"万名学子帮扶十万农民学信息"志愿者队伍下基层行动。2008年，宁夏组织了300多名专家为农民提供免费在线咨询。但总体来看，社会主体参与规模、力度、经常性、覆盖面、主动性还比较欠缺，如J镇对农民进行的电脑培训全部依赖政府，师资、场地、设备全部由政府出资组织。

（4）政府主导下的农村信息工程所提供的信息服务内容不能满足农民多元现代生活需求，主要表现在以下两个方面：一是重生产轻生活。由于农村信息化工程主要是政府主导举办，政府以经济发展为主的思想也较充分地体现在农村信息化建设中。从各地农村信息化建设规划目标及相关的成果报道来看，农村信息化建设主要是经济定向的，各地建设的信息系统主要着眼于向农民提供种植养殖技术、交易信息等经济性服务，如云南"数字乡村工程"项目下建设的网站首页共41个栏目，其中农村经济与农业生产性栏目占25个，农村管理类栏目2个，社会服务栏目2个，文化栏目2个，党建1个，其他综合类栏目9个，网站内容主要是农业服务方面的内容，而农村社区发展需要的政治、法律、社会、文化知识非常缺乏。宁夏回族自治区党委、政府唯一指定的专业涉农平台是宁夏农村综合信息网，虽名为农村综合信息网实为农业信息网。这种情况不能适应农民对生活服务性内容的需要，不适应全面推动农村社区建设的需要。二是信息内容陈旧，更新缓慢。由于很多地方政府把农村信息化建设作为政绩工程，建设初期比较重视，建成之后的维护、信息内容更新滞后，很多信息在建成后就没有更新，无论云南还是江苏J镇的网站经常存在村级网站无法登录的情况，这样信息系统成了摆设，很难为农民及时提供信息服务。

（5）多元主体的不充分作为制约了信息系统从建设到应用的转化。农村信息化设施发挥作用的基本途径是农民应用信息系统，如果农民不想用、不会用，任何先进的信息化工程都不可能对农村社区建设发挥实质性作用，所以在设施建设到位后的最重要的工作是农民的应用到位，但从各地的实际情况来看，农民的信息应用情况并不尽如人意。2008 年，广东省信息产业厅邹副厅长在一次"农村信息化论坛"上介绍，在广东一些农村由政府统一出资配置的电脑和电脑触摸屏真正得到应用的很少，不少村子的电脑甚至锁起来成了摆设。我们在 J 镇的很多村委会发现，组织部统一配发的农村党员远程教育系也没得到充分利用，甚至有的村干部直言不讳说"这就是摆设"。出现此种情况的一个重要原因是对农民的信息应用技术培训滞后导致信息应用意识不足，更没有养成使用习惯。而培训滞后一方面有农民自身的原因，例如，意识不到位、文化水平低导致产生畏难情绪而不愿学等，另一方面是推动农村信息化的相关主体在农民培训上的缺位或不积极作为，主要表现为：①政府不到位。各地政府虽然意识到了对农民进行信息技术应用培训的必要性，但实际又没有积极开展相关工作，投入的精力远远不够。例如 J 镇政府组织了多次面向农民的电脑操作培训。培训都是免费的，由政府劳动部门提供师资、场地、设备，每次培训前把培训信息通知到各行政村，再由村委会通知到农户，农户自愿参加，劳动部门将每次参加人员的个人信息进行登记造册，以备将来有针对性地提供用工需求信息。这种培训模式的问题是：其一，每次培训信息很难及时送达每个有需求的村民；其二，有的村离培训地点太远，村民嫌麻烦而不愿参加培训。以 2007 年组织的第五次电脑培训为例，培训地点选在了镇中心小学，参加培训的村民来自 14 个村，有些村离培训地点较远，最远的村离培训地点有近 10 公里的路程，不太方便，这导致有的村参加人数很少，如一个有 2008 人的村仅有 7 人参加；其三，培训知识的层次结构单一，一位 30 岁左右的年轻人认为"劳动部门电脑培训的内容太简单了，对提高操作技能没什么帮助，没有参加的必要"。②市场主体和社会主体缺位。一般农民想学习和应用电脑只是出于兴趣或为了日常的娱乐性应用而不是为了从事与电脑有关的工作，抱着一种玩的心态，自己花钱参加培训的积极性不高，而市场主体在没有利润的情况下是没有为农民提供技术培训的动力的。在没有相关政府激励措施的情况下，市场主体缺位于农民信息技术培训是必然的。而社会非营利主体发育不足，也不可能指望它们在培训农民工作上起多大的作用。

（二）农村社区信息化建设的改进路径

（1）进一步提升农村社区信息化的战略地位，有条件的地方纳入政府基本公共服务的范畴。目前我国各地的基本公共服务项目主要是生存保障型的，随着经济社会的发展，适应农民需求结构由生存需求向发展性需求的转型，政府基本公共服务的范围、水平也应进一步提升，逐步增加对农民发展性需求的服务和支持水平，为农民个人的发展提供更好的社会技术条件。信息化以其自身特有的广泛的社会功能，在推动了落后地区向现代社会转型过程中所发挥的重要推动作用已得到世界各地发展实践的普遍性验证。信息是改变人的知识结构和自我发展能力的重要工具。当前推动农村可持续发展的核心路径应着眼于农民素质的提高，只有不断提高农民的素质才能为农民社区建设提供最重要的依靠力量。政府可以把信息化建设作为根本改变农村和农民面貌的有效突破口，通过信息化建设缩小城市和农村的差距，为农村注入更多的现代性因素，恢复农村社区活力。因此，各地政府应该在现有农村信息化建设的基础上进一步提升农村信息化在整个政府工作中的战略地位，经济发达的地区可以率先把信息化建设列入农村基本公共服务的范畴，把农村信息化建设从阶段性政府工程提升为政府日常性工作内容，设置专门的常设机构，配备专门的工作人员，并列入政府财政的经常性单列项目以保证对农村信息化的持续性投入，逐步提高政府对农村信息化的投入水平，向广东这样的经济发达省份应向韩国的投入水平看齐。

（2）建立促进农村社区信息化建设的制度保障机制。从政府来讲主要是建立一套有利于农村信息化建设的激励、考核、评价机制，把农村信息化建设情况列入对地方政府的考核指标体系中，并建立起农村信息化成果、水平的科学评价制度，不仅要考核信息化设施的有无，还要评价信息化系统的运行情况以及实际运行效果如何，以克服重设施建设轻设施运行维护及信息内容更新的情况。从市场主体来讲，主要是制定出台能激励、吸引其主动参与农村信息化建设乃至主动为农民提供免费信息化公共产品的政策。目前信息化运营商参与农村信息化建设的主要动力一方面来自农村信息消费市场的利润吸引；另一方面来自政府的项目下的协议推动。在农民消费意识普遍不高、农村信息消费市场未充分启动的情况下，信息化运营商巨大的人才、技术、资源能力在农村得不到释放。可以通过制定税收优惠政策、政府合同优先承包权等措施调动其在无利、微利甚至免费的情况下主动为农民提供信息化产品和服务。从农民来讲，为了鼓励其购买信息化产品、使用信息化技术，可以出台信息化产品服务消费补贴政策措施。

（3）培育规模化信息消费主体。个体农户的消费和应用能力低下制约着农村社区信息化建设，而农村个体家庭经营模式不可能在短期内发生大的改变，为此，需要探索能突破分散的家庭经营模式的体制局限的路径。就目前来看，可以依托各地已有的"公司＋农户"的农业产业化平台，以农业经营公司为突破口，通过公司的信息化服务连接和带动分散农户的信息化，改变传统的公司和农户之间网下合作的模式，推动公司和农户之间的交易与服务向网上转移。这样既可以降低公司的管理运行成本，又可以方便农民。除此之外，农村专业合作组织、供销社也可以成为推动农村信息化的规模性、综合性载体。

（4）推动政府管理服务系统由镇下延进村，以政务信息化带动社区管理及服务信息化。从 J 镇的情况看，镇政府各机关事业部门的电子政务已达到一定的水平，基本实现了和上级管理服务系统的连接，但几乎都止步于此，需要进一步推动政府管理服务系统延伸到村级社区。一方面，政务管理系统接入村委，使村委有能力通过电子政府系统办理农村社区和上面县、乡镇府的政务往来；另一方面，信息服务系统则应该向农村开放，赋予农户网上办理个人事务、查阅个人信息的用户权限。这样，可以带动农民由网下找政府向网上找政府的转移。

（5）探索农民信息化培训的新模式，以培训促应用。从广东发展农村信息化的经验和教训来，培训农民是农村信息化建设的一个关键环节。正如广东信息产业厅邹副厅长在反思和总结广东经验时说："至此，我们开始更深入的思考，终于意识到，问题的关键在于：首先，农民缺乏利用信息的能力，如果把农民的信息能力提高了，信息化就会有一股动力在前进；其次，专家和技术人员认为是有用的信息，却不一定是农民需要的。因此农村信息化工作方向中最重要的就应该是让农民参与信息化建设，培养他、教育他、引导他、结合他的实际，这样信息化才能真正解决农民的问题，农村的问题。由此得出结论，在农村信息化建设中，政府最该做的就是建立农民信息化服务体系和培育体系。这也是我们几年来开展农村信息化工作，得到的最大的体会。"① 应该说，各地对农民信息化培训的重要性都有了一定的认识，也做了一些切实的工作，但从效果来看却并不理想。提高信息化培训的效果，需要探索新的路径，形成新的模式与机制，以解决政府不到位、市场主体和社会主体缺位，农民觉得无所谓的情况。

在培训模式的选择上应该是多元化的，但任何一种模式的核心机制都应该着眼于调动政府、市场、社会等各种力量积极参与进来，以有效整合各种资源，形成合力。例如，J镇的一元政府直接培训模式，可以改为"政府＋市场＋社会＋农民"模式，政府可以把现在用于直接培训的投入转变为对市场主体、社会组织主体的补贴，由它们组织培训，政府则根据其培训农民的数量与质量对其进行财政补贴和其他政策性回馈。这样既可以调动相关非政府主体主动动员农民参与培训的积极性，又可以发挥相关主体在信息人才、技术等方面的专业优势。这一模式也符合公共经济学的基本原则，即政府在多数公共产品的提供上不必直接生产，扮演提供者或安排者的角色往往会取得更好的效果。当然这一模式得以有效运行的关键是政府必须保证相当规模的投入。从农村信息化在农村社区建设中的关键性因素以及国家对农村应负的历史责任而言，加大相关投入是政府不可推卸的义务。

二、信息化进程中农村社区治理模式的转型

由于信息化改变了农村社区治理生态，已有的治理模式已不能完全适应内外环境提出的新要求，无法有效承担现代农村社区建设提出的治理任务，探索和

---

① 新华网. 广东农村信息化：在不断"纠偏"中找寻方向 [EB/OL]. （2008-03-25）[2018-02-20] http://www.gx.xinhuanet.com/misc/2008-03/25/content_12790605.htm.

建构农村社区治理新模式并形成新的治理机制，既是当下农村社区建设的需要，也是面向未来必须进行的选择。当然，无论社会的自我演进还是规划性变迁都无法割断和历史的联系。因此，既立足于当前又着眼于未来，面对信息技术及其影响下的社会所提出的逻辑要求，应在现有治理模式的基础上实现治理模式的渐进转型。笔者认为可以从以下三个维度上进行。

（一）封闭型治理转向开放型治理

封闭型治理是指某社会单元的治理过程是在没有外部主体参与下完成的治理模式，一方面，外部主体几乎没有机会了解和参与某社会单元内部的治理过程，治理进程基本不受外界因素的直接影响；另一方面，单元内部的治理主体也不需要考虑单元外部的事情。封闭型治理符合传统"蜂窝状社会结构"下的农村社会的治理特征，也契合当时的治理需要。开放型治理是指某社会单元的治理过程是在内外主体共同参与下完成的治理模式，一方面，外部主体可以比较方便的了解和参与与某社会单元内部的治理过程；另一方面，单元内部的治理主体必须考虑乃至回应外部主体可能提出的要求。开放型治理比较适应网络社会下的治理需要。①

推动农村社区的治理模式由封闭向开放转型主要是基于以下几个方面的需要：第一，信息技术自身提出的要求。阿格尼丝·赫勒（Agnes Heller）认为，现代性有三种逻辑结构，即技术的逻辑、社会地位的功能性分配的逻辑以及政治权力的逻辑（统治与支配的制度）。②在谈到技术逻辑对社会逻辑的影响时，他指出："技术的发展深刻地影响了个人的家庭、亲情关系、必需的技能、职业和教育的结构；更不用说对时间和空间距离的感知，这种感知渗透在后一种逻辑的所有机制中。"③开放性正是信息技术的逻辑特征之一。第二，信息化的社会环

---

① 上文界定的封闭型治理和开放型治理是以某个乡村社区为原点观察社区整体与外部社会之间的关系，是指社区的治理过程对外封闭抑或对外开放。如果对两种治理类型做更周延的界定，还需要有一个内向的视角，就是看治理的过程是对内部所有居民开放还是仅仅由社区体制内精英完成。相关讨论将在后面的控制型治理和合作型治理内容下展开。

② 赫勒. 现代性理论 [M]. 北京：商务印书馆，2005：85.

③ 赫勒. 现代性理论 [M]. 北京：商务印书馆，2005：122.

境提出的要求。以互联网为主体的信息化改变了农村社区内外的社会环境，打开了农村社区和外部社会之间的社会与地理阻隔，农村社区的治理主体无法屏蔽外部人员、信息以及资源的流入，也无法阻挡内部信息、人员、资源对外流出。第三，现代生活共同的建设任务提出的要求。农村自有资源不足，决定着农村社区无法独自建成现代化生活共同体，满足农民的需要，必须以开放的心态接纳外部的人员、知识、信息和资源。

（二）生产型治理转向生活型治理

这里所言的生产型治理和生活型治理主要以治理体系的标的物为分析旨趣。生产型治理是指治理主体及组织建构主要着眼于适应治理单元的生产（经济）发展需要，而不太关心治理对象其他方面的发展需要以及相关社会个体成员的发展，总体看是以物的增加为最终目的。中华人民共和国成立后直至当前所经历的几种类型的农村社区治理体制，基本上都可以看作是生产型治理。生活型治理是指治理主体及组织建构着眼于适应治理单元全面发展的需要，目的是为相关社会个体提供优良的生活和发展环境，总体看是以人的生活改善和人的自我发展为最终旨趣。生活型治理应该成为今后农村社区治理转型的方向之一。

社会主义改造完成至改革开放初期，在农村社区实行的人民公社体制既是乌托邦式的社会理想驱动下的制度建构，又主要是为了有利于组织农业生产并服从于国家工业化的战略，这一体制实现了以低成本、高效率的方式将农村、农业资源向城市与工业的转移。在人民公社治理体制下，农村经济发展缓慢，农民生活基本上也没有大的改善。改革开放后，经济上实行了家庭联产承包制，政治上实行村民自治制度。家庭联产承包制主要是为了调动农民生产积极性，取得比较好的经济发展效果。当然经济上家庭联产承包制加政治上的村民自治制度的治理模式无论从制度设计初衷还是从实践结果来看主要还是为了农村经济的发展，这样农民生活的改善也主要体现为经济生活的改善。这一治理模式也不适应农民对多元现代生活的需要。

另外，随着农村经济发展，农民家庭收入的提高，以及电视、互联网等现代信息传媒带来的生活消费主义观念的传播，农民的需求结构已由生存型需求向发展型需求转变。满足生存性需求主要依靠经济发展即可，而发展性需求意味着农民更加注重生活的品质、注重生活内容的多元性，对社会环境、自然环境等与生活息息相关的方面提出了更高的要求，仅仅靠经济的发展已难适应农民的需要，需要农村社区治理模式的转型。

（三）管控型治理转向合作型治理

管控型治理是指治理过程中的关键环节全部由政府控制，不被政府认可的体制外的民众和社会组织无法平等参与治理过程，治理过程及结果主要体现了政府的意志。管控型治理比较适合一般民众信息匮乏、权利意识淡薄的传统封闭社会环境下，治理目标单一的社会的治理。合作型治理是指治理过程除政府以外还有多元主体的参与，以平等协商与博弈为核心机制，治理结果体现了多元主体的合意。合作型治理是一种现代治理意义上的治理，比较适合复杂的社会环境及社会系统开放情况下，治理目标多样化的社会的治理。控制型治理向合作型治理转型是治理内在机制的根本性改变。

就目前而言，农村社区治理模式由管控型治理转向合作型治理主要基于几个方面的需要：第一，农村社区建设是目标多元的、复杂的农村社会系统改造工程，仅依靠政府主体是无法完成的，需要内外多元主体形成合力。特别是离不开农民主体作用的发挥，只有充分尊重农民的意愿、权利，赋予农民更多的平等参与机会才有效完成现代农村共同体的建设，实现农村经济、政治、社会、文化的全面发展，才能将农村社区改造为具有活力的现代生活共同体。第二，信息化彻底打破了农村社区的封闭，管控型治理失去了继续生存下去的社会土壤。管控型治理与封闭、狭小、保守的社会环境具有高度的一致性，当控制所需要的信息来源的唯一性和价值结构的单一性不在时，控制治理的运行成本就会变得极其高昂而导致不可行，而且也会越来越失去其合法性。信息化一个重要社会后果恰恰是带来了农村信息来源的丰富化和农民价值的多元化。第三，信息传媒的发展促进了农民权利意识的觉醒。长期以来，传统中国农民受困于温饱生存的压力及现代性知识的匮乏，基本没有生发权利意识的可能。改革开放以来，一方面，农民基本解决了温饱问题；另一方面，现代信息传媒送去了越来越丰富的现代民主权利意识。这导致了农民权利意识的觉醒，参与身边事物的要求日益高涨，那种忽视民意的管控型治理和农民权利意识之间的张力日益显现，如不及时调整势必难以为继。同时，农民权利意识的觉醒具有积极的社会价值，这是农民主体性张扬的重要表现，蕴含着推动农村社区建设的巨大力量，只有在合作型的治理模式下，实现政府、农村精英、普通村民之间平等的协商与合作，才能把其有效吸纳到现代生活共同体建设的进程中来，进而完成乡村现代化的治理使命。

第十一章　结论

自 20 世纪以来，发端于发达国家的人类社会信息化进程已历几十年，世界各种类型、各种发展水平国家或地区的信息化实践及其社会后果，证明了信息技术是一种总体积极的社会技术力量。它不但是推动经济发展的重要力量，而且起着基础性的社会变革作用。对于前者，阿尔温·托夫勒在《权力转移》一书中认为，经济发展的轨迹依次以体力—资本—知识信息为重点，目前人类社会正从第二个重点向第三个重点转移，这个过程就是信息革命；对于后者，曼纽尔·卡斯特（Manuel Castells）指出："信息和通讯是人类活动和组织中最根本的方面，其性能的物质条件上的革命会影响人类活动的整个领域。"[①]本书的立论基础就是建立在上述得到确证的关于信息化的认识之上，提出研究假设"信息化对推动我国农村社区建设有重要作用；对农村社区治理将产生重要影响"的经验与理论来源。

回顾我国历史上封建社会、民国时期与中华人民共和国成立后几个时期农村建设与治理模式的建构逻辑及社会后果，探究当前国家对农村的需要、农民的需求结构特征、农村的现状，分析社区的结构功能特征及考察各国社区建设实践，本书认为：建设社会主义新农村必须以农民为主位，以满足农民的现代性生活需要为核心价值旨趣，这是一切新农村建设方案的合法性依据之所在；同时，我国当前的经济、社会发展水平也已基本具备了"为农民建设新农村"的现实社会条

---

① 卡斯特．信息论、网络和网络社会：理论蓝图 [M]// 网络社会——跨文化的视角．北京：社会科学文献出版社，2009：3-49.

件；还有，这一价值定位也符合国家对农村的需要；最后，社区作为结构完整的基本社会单元具备承载农民与国家需要的功能潜力。基于上述分析，笔者提出重建农村社区应该成为社会主义新农村发展的方向性选择和总体性方案。当然重建的农村社区不是复归传统意义上的生活共同体而是建设现代生活共同体。

农村社区建设是一项社会系统工程。一方面，农村社区建设需要基本结构要素的完善，否则社区共同体就无所依托，本书主要在这种意义上分析社区建设。另一方面，农村社区建设需要建构合理的制度化机制以配置社区要素，形成合理的要素结构，否则，社区共同体就无法达成建设所需的秩序并最终实现要素效率与效果的优化。本书主要在这种意义上理解社区治理。需要指出的是，这里对建设与治理的相对区分是理性抽象的结果，主要服务于发展理论的需要，在现实世界，建设与治理统一于农村社会实践过程之中。为了建构研究的理论框架，在前一方面，本书界定了农村社区建设的定义与内涵，回答了"靠什么建设""由谁来建设""为了谁建设""建设什么""如何建设"等基本问题。在后一方面，本书首先对"政府管理"途径、"公民社会"途径和"合作网络"途径三种主流治理模式及社会适应性进行了比较分析；然后，对我国农村社区治理模式及其社会后果进行了历史考察、归纳与反思。在此基础上，指出"合作网络模式"对于当前的农村社区建设及其社会背景最具适应性，当然，需要中国化、地方化的解读。

社区建设与治理千头万绪，作为个体实践者只能从某一个环节入手开展工作，作为一般学术研究个体只能从某一个视角下建构理论，以服务于特定的社会实践，并分担学术共同体的理论使命。基于此，在一般性理论框架的基础上，本书进一步从信息化的维度对农村社区建设与治理进行了更具体的理论建构。一方面，总体上回答了如何利用信息技术推动农村社区建设，具体包括：农村社区信息化的定义与内涵、农村社区信息化建设的原则与内容、农村社区信息化建设的主要路径、农村社区信息化建设的应用指向。另一方面，在治理的视角下，分析了农村社区内部、外部的国家与社会信息化设施建设及其应用所蕴含的政治、社会变革意蕴，并认为直接的信息技术/系统变化及带来的间接的社会变迁都意味着农村社区内外治理生态的变化，且对建构新的农村社区治理模式提出了要求。

为了验证理论，并进一步发现农村社区信息化建设规律，以及信息化对农村经济、政治、社会、文化诸方面的影响，本书在宏观和微观两个层面对典型地区的农村社区信息化建设实践进行了考察。一是主要通过搜集、归纳、分析二手资料，考察了美国、韩国、印度三个不同发展水平国家及国内广东、宁夏、云南三个不同地区的农村信息化建设情况。通过对这些宏观先行案例的考察，一方面，看到世界各国及国内相关省区都十分重视农村信息化，把信息化建设作为推动农村、农业、农民现代化的重要突破口，信息化也确实以是一种积极的力量在多领域、多层次上变革着农村；另一方面，发现不同发展水平的国家与地区的农村信息化建设既有地方化的经验与措施，又有共同规律，在共同点上主要表现为在建设的内在机制上基本都遵循了"政府扶持、市场运作、社会参与、资源整合"的原则。二是选取苏南 J 镇农村作为本研究的核心微观考察个案。对该个案的研究路径采取了先总体上考察当地农村社区建设的基本情况、采取的措施、取得的经验及存在的问题，然后进一步聚焦于当地农村社区的信息化建设情况，信息化产生的经济、社会等方面的影响，信息化建设的经验与不足。通过深入 J 镇的乡镇政府机关、农村"两委"、普通农户、街头巷尾，一方面对上百位政府工作人员、"两委"干部、社区精英、普通村民进行了访谈，对当地农村的社区建设及信息化设施及应用情况进行了直观的观察，另一方面通过查阅文件、登录地方网站等途径收集了大量的二手资料。

对 J 镇的个案研究，笔者发现：第一，经济发展是社区发展的重要基础，但社区发展又不完全取决于经济发展，经济发展水平和社区建设水平之间并不是完全的具有正相关性。第二，基层政府和村两委在目前的社区建设中具有主导作用，其作为的合理性程度影响着各个农村社区的建设水平。但这种主导作用是以较高的政府投入为代价的，需要政府及村委具有较强的财政保障能力，且建成设施的后续维护面临困难，需要探索更具可持续性的建设与治理机制。第三，农村社区的整体发展是社区信息化建设的重要基础，而社区信息化建设则进一步提升和完善了农村社区功能。第四，自上而下的农村信息化政策规划及考核机制、政府首脑的重视程度是影响地方农村信息化建设的重要因素。第五，农户家庭的信息化主要受家庭收入水平影响，大多数农户购买电脑主要为了满足娱乐需求，但应用性需求也是一个重要的因素，从事个体经营的农户已较普遍的应用互联网等信息技术。第六，信息化基础硬件设施建设在 J 镇这样的经济发达地区的农村已不存在"最后一公里"问题，但专业信息管理服务系统却往往止步于乡镇，存在较为严重的"最后一公里"问题。

除了从社区建设角度考察了 J 镇，本书还在社区治理的视角下考察了信息化给 J 镇农村社区治理生态带来的变化。笔者发现，信息化正深刻地改变着农村社区的治理生态。从外部看，信息化正在建构着一个具有开放特质、互动功能的网络社会，而偏远的农村社区也可以融入其中，分享网络里的资源。同时，信息化推动了政府电子政务的发展，开启了网络问政，这便利了农民和政府双向交流与互动。从内部看，信息化改变着农民的观念，改变着农村的社会关系与行动结构。从农村社区内外行动者的互动方式与博弈机制看，信息系统为多元主体之间搭建起了去中介化的、扁平化的非线性连接通道，农村政治平台上的博弈结构正在由过去封闭环境下的基层政府和社区的二元博弈趋向开放环境下的多元主体博弈转变。从总体上看，信息化正在将农村社区带进一个由社区—社会—基层政府—高层政府所组成的三层四维政治空间。相对于过去封闭的、等级化的农村政治空间，这一新政治空间具有开放性、话语权的平等性、互动的多维性等新特征。当然，这一切变化还只能说是刚刚开始，信息技术对农村治理生态的影响还远未充分显现，对传统治理逻辑的改变还远不是根本性的。

通过宏观和微观案例的考察，我们发现了国内外不同地区的农村社区信息化建设模式中存在的普遍性运作机制，即政府扶持、市场运作、社会参与、资源整合。应该说这一机制是有效的，也具有可持续性。但具体到我国各地农村的信息化建设，我们又发现在这一机制下，各参与主体由于受到各种抑制因素的干扰，相应的功能并未充分发挥，甚至处于比较严重不到位状态。由此产生的问题主要有：政府投入不足、市场主体存在信息化"市场失灵"现象、社会主体社会参与不足、信息服务内容单一、信息系统应用水平低。在辨识问题的基础上，本书提出了排除抑制因素，改进农村社区信息化建设模式的路径。

　　在考察信息化对 J 镇治理生态产生影响的基础上，笔者认为，农村社区的治理机制需要因应被信息化改变着的农村社区治理生态。正如杜威在论及民主和科学的关系时，要求人们根据由科学的技术化运用而产生的情境来改进政治民主，并强调科学作为复杂机制的技术化应用已经使群体生活赖以进行的条件发生了根本性的转变。①结合新治理生态的特点及建设现代生活共同体的终极目标，本书认为农村社区治理模式需要在三个向度上进行适应性转型，即封闭型治理转向开放型治理，生产型治理转向生活型治理，管控型治理转向合作型治理。第一个向度主要指治理环境的转变，第二个向度主要是指治理标的物的转变，第三个向度主要是指核心治理机制的转变。

　　最后，总体来看，本书通过理论分析和实证考察较充分地认识到信息化是农村社区建设的重要维度，建构的理论及发现的经验、问题，给出的改进措施，对我国农村社区建设及农村社区信息化建设具有一定的借鉴和指导意义；对信息化条件下农村社区治理生态的研究及建立的分析框架具有理论创新意义，为农村治理研究开辟了一个新的分析视角并进行了初步的理论建构。当然，由于农村社区信息化进程还只是刚刚开启，普及程度和应用水平还较低，其所代表的技术逻辑力量还远未释放，对农村社会的影响还未充分显现，需要持续的关注和更深入的研究。此外，信息化作为一种总体积极的技术力量，其产生的负效应在农村社会生活中也有所体现，限于研究旨趣，本书未加以过多的探讨。

---

① 　　DEWEY.J.The Philosophy of John Deway [M]. Chicago and Lodon：The University of Chicago Press，1981：632.

主要参考文献

[1] 邓小平.邓小平文选（第三卷）[M].北京：人民出版社，1984.

[2] 阿格尼丝·赫勒.现代性理论[M].李瑞华，译.北京：商务印书馆，2005.

[3] 阿尔温·托夫勒.权力的转移[M].吴迎春，译.北京：中共中央党校出版社，1991.

[4] 阿尔佛雷德·D.钱德勒，詹姆斯·W.科塔达.信息改变了美国——驱动国家转型的力量[M].
   万岩，邱艳娟，译.上海：远东出版社，2008.

[5] 阿尔文·托夫勒.创造一个新的文明——第三次浪潮的政治[M].陈峰，译.上海：上海三联
   书店，1996.

[6] 埃弗里特·M.罗吉斯，拉伯尔·J.伯德格.乡村社会变迁[M].王晓毅，译.杭州：浙江人
   民出版社，1988.

[7] 巴雷特.赛博族状态——因特网的文化、政治和经济[M].石家庄：河北大学出版社，1998.

[8] 比尔·盖茨.未来之路[M].辜正坤，译.北京：北京大学出版社，1996.

[9] B.盖伊·彼得斯.未来政府的治理模式[M].北京：中国人民大学出版社，2001.

[10] 戴维·奥斯本，特德·盖布勒.改革政府[M].周敦仁，译.上海：上海译文出版社，1996.

[11] 巴特·范·斯廷博根.公民身份的条件[M].郭台辉，译.长春：吉林出版集团有限公司，
   2007.

[12] 查尔斯·J.福克斯，休·T.米勒.后现代公共行政：话络指向[M].楚艳红，曹沁颖，吴巧林，
   译.北京：中国人民大学出版社，2002.

[13] 戴维·A.哈德凯瑟，帕翠霞·R.鲍沃斯，斯坦利·温内科.社区工作理论与实务[M].夏建
   中，译.北京：中国人民大学出版社，2008.

[14] 道格拉斯·霍姆斯. 电子政务 [M]. 詹俊峰. 李怀璋, 译. 北京: 机械工业出版社, 2003.

[15] 丹尼尔·贝尔. 后工业社会的来临——对社会预测的一项探索 [M]. 王宏周, 译. 北京: 新华出版社, 1997.

[16] 德鲁克基金会. 未来的社区 [M]. 魏青江, 译. 北京: 人民大学出版社, 2006.

[17] 汉斯·萨克赛. 生态哲学 [M]. 北京: 东方出版社, 1991.

[18] 赫伯特·马歇尔·麦克卢汉. 理解媒介——论人的延伸 [M]. 何道赛, 译. 北京: 商务印书, 2000.

[19] 黄宗智. 中国农村的过密化与现代化: 规范认识危机及出路 [M]. 上海: 上海社会科学院出版社, 1992.

[20] 黄宗智. 华北的小农经济与社会变迁 [M]. 北京: 中华书局, 2000.

[21] 黄宗智. 中国的"公共领域"与"市民社会"——国家与社会间的第三路径 [M]. 北京: 中央编译出版社, 2002.

[22] 简·芳汀. 构建虚拟政府——信息技术与制度创新 [M]. 邵国松, 译. 北京: 中国人民大学出版社, 2004.

[23] 乔治·弗雷德里克森, 凯文·B. 史密斯. 公共管理概论 [M]. 于洪, 译. 上海: 上海财经大学出版社, 2008.

[24] 詹姆斯·S. 科尔曼. 社会理论的基础 (上) [M]. 邓方, 译. 北京: 社会科学文献出版社, 1999.

[25] 詹姆士·N. 罗西瑙. 没有政府的治理 [M]. 南昌: 江西人民出版社, 2001.

[26] 柯克·约翰. 电视与乡村社会变迁——对印度两个村庄的民族志调查 [M]. 展明辉, 张金玺, 译. 北京: 中国人民大学出版社, 2005.

[27] 罗杰·西尔佛斯通. 电视与日常生活 [M]. 陶庆梅, 译. 南京: 江苏人民出版社, 2004.

[28] 李丹. 理解农民中国 [M]. 南京: 江苏人民出版社, 2008.

[29] 利亚姆·班农, 等. 信息社会 [M]. 上海: 上海译文出版社, 1991.

[30] 罗伯特·K. 殷. 案例研究——设计与方法 [M]. 重庆: 重庆大学出版社, 2009.

[31] 曼纽尔·卡斯特. 网络社会——跨文化的视角 [M]. 北京: 社会科学文献出版社, 2009.

[32] 曼纽尔·卡斯特. 网络社会的崛起 [M]. 北京: 社会科学文献出版社, 2001.

[33] 曼纽尔·卡斯特. 千年终结 [M]. 北京: 社会科学文献出版社, 2006.

[34] 曼纽尔·卡斯特.认同的力量 [M]. 曹荣湘，译.北京：社会科学文献出版社，2006.

[35] 马歇尔·麦克卢汉.人的延伸—媒介通论 [M]. 成都：四川人民出版社，1992.

[36] 马克·桑德斯.研究方法教程 [M]. 北京：中国商务出版社，2004.

[37] 尼克·史蒂文森.文化与公民身份 [M]. 长春：吉林出版集团有限公司，2007.

[38] 尼古拉·尼葛洛庞蒂.数字化生存 [M]. 海口：海南出版社，1996.

[39] 尼科·斯特尔.知识社会 [M]. 上海：上海译文出版社，1998.

[40] 尼尔·波斯曼.技术垄断——文化向技术投降 [M]. 北京：北京大学出版社，2007.

[41] 让－皮埃尔·戈丹.何谓治理 [M]. 北京：社会科学文献出版社，2010.

[42] R. 舍普，等.技术的帝国 [M]. 北京：三联书店，1999.

[43] 瑞雪·墨菲.农民工改变中国农村 [M]. 杭州：浙江人民出版社，2009.

[44] 斯蒂芬·戈德史密斯，威廉·D. 埃格斯.网络治理——公共部门的新形态 [M]. 北京：北京
大学出版社，2008.

[45] 水越伸.数字媒介社会 [M]. 武汉：武汉大学出版社，2008.

[46] 斯各特·拉什.信息批判 [M]. 北京：北京大学出版社，2009.

[47] 施坚雅.中国的农村市场和社会结构 [M]. 北京：中国社会科学出版社，1998.

[48] 西奥多·罗扎斯克.信息崇拜——电脑神话与真正的思维艺术 [M]. 北京：中国对外翻译出
版公司，1994.

[49] 约翰·奈斯比特.大趋势 [M]. 北京：中国社会科学出版社，1984.

[50] 陈振明.公共管理学 [M]. 北京：中国人民大学出版社，2005.

[51] 陈振明.公共管理学——一种不同于传统行政学的研究途径 [M]. 北京：中国人民大学出版
社，2003.

[52] 陈良玉，卢友兵.农村信息化探索与实践 [M]. 北京：中国农业科学技术出版，2007.

[53] 曹锦清，张乐天，陈中亚.当代浙北乡村的社会文化变迁 [M]. 上海：上海远东出版社，
2001.

[54] 曹锦清.黄河边的中国 [M]. 上海：上海文艺出版社，2004.

[55] 陈锡文.中国农村公共财政制度：理论·政策·实证研究 [M]. 北京：中国发展出版社，
2005.

[56] 陈锡文.中国农村制度变迁 60 年 [M]. 北京：人民出版社，2009.

[57] 蔡文之 . 网络：21 世纪的权力与挑战 [M]. 上海：上海人民出版社，2007.

[58] 崔岩 . 农业信息化组织体系研究 [M]. 西安：西北农林科技大学出版社，2007.

[59] 成都市信息化办公室，成都市经济信息中心联合课题组 . 城乡一体化信息服务体系建设与
    发展战略研究 [M]. 成都：四川科学技术出版社，2008.

[60] 蔡大鹏 . 社区信息化 [M]. 北京：北京工业大学出版社，2009.

[61] 邓正来，郝雨凡 . 中国人文社会科学三十年：回顾与前瞻 [M]. 上海：复旦大学出版社，
    2008.

[62] 丁元竹 . 社区的基本理论与方法 [M]. 北京：北京师范大学出版社，2009.

[63] 党国英 . 中国农业、农村、农民 [M]. 北京：五洲传播出版社，2006.

[64] 费孝通 . 乡土中国·生育制度 [M]. 北京：北京大学出版社，1998.

[65] 费孝通 . 江村经济 [M]. 上海：上海人民出版社，2007.

[66] 方晓红 . 大众传媒与农村 [M]. 北京：中华书局，2002.

[67] 冯鹏志 . 伸延的世界——网络化及其限制 [M]. 北京：北京出版社，1999.

[68] 樊博 . 电子政务 [M]. 上海：上海交通大学出版社，2006.

[69] 谷中原 . 农村社会学新论 [M]. 武汉：武汉大学出版社，2010.

[70] 贺雪峰 . 乡村治理的社会基础 [M]. 北京：中国社会科学，2003.

[71] 贺雪峰 . 村治模式 [M]. 济南：山东人民出版社，2009.

[72] 贺雪峰 . 村治逻辑 [M]. 北京：中国社会科学出版社，2009.

[73] 贺雪峰 . 新乡土中国 [M]. 桂林：广西师范大学出版社，2003.

[74] 郭正林 . 中国农村权力结构 [M]. 北京：中国社会科学出版社，2005.

[75] 郭玉锦，王欢 . 网络社会学 [M]. 北京：中国人民大学出版社，2005.

[76] 何精华 . 网络空间的政府治理 [M]. 上海：上海社会科学院出版社，2006.

[77] 金太军，张方华，施从美，等 . 电子政务与政府管理 [M]. 北京：北京大学出版，2006.

[78] 金太军 . 村庄治理与权力结构 [M]. 广州：广东人民出版社，2008.

[79] 陆学艺 . 内发的村庄 [M]. 北京：社会科学文献出版社，2001.

[80] 陆秀红 . 数字变革中崛起的新信息文化 [M]. 北京：人民出版社，2007.

[81] 罗兴佐 . 治水：国家介入与农民合作 [M]. 武汉：湖北人民出版社，2006.

[82] 刘毅 . 网络舆情研究概论 [M]. 天津：天津人民出版社，2008.

[83] 刘君德 . 中国社区地理 [M]. 北京：中国科学出版社，2004.

[84] 刘文富 . 网络政治——网络社会与国家治理 [M]. 北京：商务印书馆，2002.

[85] 刘邦凡 . 电子治理引论 [M]. 北京：北京大学出版社，2005.

[86] 刘杰，彭宗政 . 社区信息化理论与实务 [M]. 北京：清华大学出版社，2005.

[87] 刘京希 . 政治生态论 [M]. 济南：山东大学出版社，2007.

[88] 李斌 . 网络政治学导论 [M]. 北京：中国社会科学出版社，2006.

[89] 李瑞芬，等 . 新时期农村财务理论与实践 [M]. 北京：中国农业出版社，2008.

[90] 李道亮 . "第一届国际电脑及电脑技术在农业中的应用研讨会"暨"第一届中国农村信息
化发展论坛"论文集 [M]. 北京：中国农业科学技术出版社，2007.

[91] 李道亮 . 中国农村信息化发展报（2007）[M]. 北京：中国农业科学技术出版社，2007.

[92] 李鼎新，张正军 . 知识经济与管理 [M]. 西安：陕西人民出版社，1999.

[93] 李红艳 . 乡村传播学 [M]. 北京：北京大学出版社，2010.

[94] 连玉明，武建忠 . 网络新政 [M]. 北京：中国时代经济出版社，2009.

[95] 卢作孚 . 卢作孚文集 [M]. 北京：北京大学出版社，1999.

[96] 马骏 . 中国的互联网治理 [M]. 北京：中国发展出版社，2011.

[97] 戚学森 . 农村社区建设 [M]. 北京：中国社会出版社，2008.

[98] 戚功，邓新民 . 网络社会学 [M]. 成都：四川人民出版社，2001.

[99] 戚功 . 社会回应机制研究 [M]. 北京：人民出版社，2009.

[100] 乔岗 . 网络化生存 [M]. 北京：中国城市出版社，1997.

[101] 孙中山 . 三民主义 [M]. 长沙：岳麓书社，2000.

[102] 孙柏瑛 . 当代地方治理：面向 21 世纪的挑战 [M]. 北京：中国人民大学出版社，2004.

[103] 孙立平 . 转型与断裂——改革以来中国社会结构的变迁 [M]. 北京：清华大学出版社，
2004.

[104] 孙兰英 . 全球化网络化语境下政治文化嬗变 [M]. 北京：中国社会科学出版社，2010.

[105] 史达 . 政府网络与网络政治 [M]. 大连：东北财经大学出版社有限责任公司，2011.

[106] 唐守廉 . 互联网及其治理 [M]. 北京：北京邮电大学出版社，2008.

[107] 温铁军 . 中国农村基本经营制度研究 [M]. 北京：中国经济出版社，2000.

[108] 温铁军 . 中国新农村建设报告 [M]. 福州：福建人民出版社，2010.

[109] 韦克难.社区管理 [M].成都：四川人民出版社，2004.

[110] 王晓毅.血缘与地缘 [M].杭州：浙江人民出版社，1993.

[111] 王铭铭.社区的历程 [M].天津：天津人民出版社，1997.

[112] 王铭铭，王斯福.乡土社会的秩序、公正与权威 [M].北京：中国政法大学出版社，1997.

[113] 王铭铭.村落视野中的文化与权力 [M].北京：生活·读书·新知三联书店，1997.

[114] 王近夏.政府上网：作用、约束及条件 [M].北京：新东方出版社，1999.

[115] 王德建.著网络治理的生成机制研究 [M].济南：山东大学出版社，2010.

[116] 王艳霞.中国农业信息服务系统建构与评价研究 [M].北京：中国农业出版社，2008.

[117] 王珂.农村信息化技术 [M].北京：中央广播电视大学出版社，2009.

[118] 王小东.信息时代的世界地图 [M].北京：中国人民大学出版社，1997.

[119] 吴毅.村治变迁中的权威与秩序——20 世纪川东双村的表达 [M].北京：中国社会科学出版社，2002.

[120] 汪向东，姜奇平.电子政务行政生态学 [M].北京：清华大学出版社，2007.

[121] 徐永祥.社区发展论 [M].上海：华东理工大学出版社，2000.

[122] 徐勇.中国农村村民自治 [M].武汉：华中师范大学出版社，1997.

[123] 徐勇，徐增阳.乡土民主的成长——村民自治 20 年研究集萃 [M].武汉：华中师范大学出版社，2007.

[124] 肖唐镖.宗族、乡村权力与选举 [M].西安：西北大学出版社，2002.

[125] 肖唐镖.当代中国农村宗族与乡村治理 [M].北京：中国社会科学出版，2008.

[126] 项继权.集体经济背景下的乡村治理 [M].武汉：华中师范大学出版社，2002.

[127] 谢泽明.网络社会学 [M].北京：中国时代经济出版社，2002.

[128] 谢振民.中华民国立法史（下册）[M].北京：中国政法大学出版社，2000.

[129] 俞可平.治理与善治 [M].北京：社会科学文献出版社，2000.

[130] 郁建兴.治理理论及其中国适应性 [M].杭州：浙江大学出版社，2009.

[131] 于建嵘.岳村政治——转型期中国乡村政治结构的变迁 [M].北京：商务印书馆，2001.

[132] 杨雄.网络时代的行为与社会管理 [M].上海：上海社会科学院出版社，2007.

[133] 严耕.终极市场——网络经济的来临 [M].北京：北京出版社，1999.

[134] 赵康.管理咨询在中国：现状、专业水准、存在问题和发展战略 [M].北京：中国社会科

学出版社，2009.

[135] 周少华，王小丰 . 管理信息系统 [M]. 长沙：湖南大学出版社，2007.

[136] 朱伟钰 . 布迪厄 "文化资本论" 研究 [M]. 北京：经济日报出版社，2007.

[137] 中国现代化战略研究课题组，中国科学院中国现代化研究中心 . 中国现代化报告（2004）
[M]. 北京：北京大学出版社，2003.

[138] 中国社会科学院近代史研究所 . 近代史资料（1962 年第 4 期）[M]. 北京：中华书局，
1962.

[139] 中国农业科学院农业信息化研究所 . 农业新技术与信息管理 [M]. 北京：中国农业出版社，
2006.

[140] 张厚安 . 中国农村基层政权 [M]. 成都：四川人民出版社，1992.

[141] 张厚安，徐勇 . 中国农村政治稳定与发展 [M]. 武汉：武汉出版社，1995.

[142] 张厚安，徐勇，项继权 . 中国农村村级治理 [M]. 武汉：华中师范大学出版社，2001.

[143] 张鸣 . 乡村社会权力和文化结构的变迁（1903—1953）[M]. 西安：陕西人民出版社，2008.

[144] 张静 . 现代公共规则与乡村社会 [M]. 上海：上海书店出版社，2006.

[145] 张继真，张润彤 . 网络社会生态学 [M]. 北京：电子工业出版社，2008.

[146] 张少明，李习文，梁春阳 . 从试点到示范的跨越——宁夏新农村信息化实践与理论探索 [M].
银川：宁夏人民出版社，2009.

[147] 赵旭东 . 否定的逻辑：反思中国乡村社会研究 [M]. 北京：民族出版社，2008.

[148] 赵莉 . 中国网络社群政治参与 [M]. 北京：中国广播电视出版社，2011.

[149] 赵春江 . 农业信息技术进展：第四届智能化农业信息技术国际学术会议文集 [M]. 北京：
中国农业科学技术出版社，2007.

[150] 朱光磊 . 当代中国政府过程 [M]. 天津：天津人民出版社，1997.

[151] 朱世达，姬红 . 美国市民社会研究 [M]. 北京：中国社会科学出版社，2005.

[152] 赵国俊 . 电子政务 [M]. 北京：电子工业出版社，2003.

[153] 詹成付 . 全国村务公开民主管理工作进展报告 [M]. 北京：中国社会出版社，2009.

[154] 周宏仁 . 信息化概论 [M]. 北京：电子工业出版社，2009.

[155] 郑红维，李颢 . 中国农村信息服务体系综合评价与发展研究 [M]. 北京：中国农业科学技
术出版社，2010.

[156] RICHED MADSEN.Morality and Power in Chinese Village[M]. Berkeley: University of California Press, 1984.

[157] ADERSON BENEDICT.The Imagined Community.London: verso, New Edition edition 2006.

[158]REBECCA BLOOD.We, ve Got Blog: How Weblogs Are Changing Our Culture[M].Perseus Publishing, 2002.

[159]I.TH.M.SNELLEN.Public Administration in an Information Age: Ahandbook[M]. IOS Press, 1998.

[160]WILLIAM H.DUTTON.Society on the Line: Information Politics in the DigitalAge[M]. Oxford : Oxford Unievsity Press, 1999.

[161]B. GUY PETERS. Institutional Theory in Political Science: The New Institutionalism[M]. London and New York: Willington House, 1999.

[162]BO ROTHSTEIN. Political Institutions: An Overview, in Robet E.Goodin and HansDieter Klingemannm edited, A New Handbook of political Science[M].Oxford : Oxford University Press, 1996.

[163]JEAN. OI, .Rural China Takes off: Institutional Foundations of Economic Reform[M].Berkeley: University of California Press, 1999.

[164]KEVIN J. O' Brien, Liangjiang Li, Selective Policy Implementation in Rural China[J]. Comparative Politics, 1999（2）.

[165]LIEBERTHAL, KENNETH G., and Lieberthal, K.G., Lampton, D. M. .Bureaucracy, Politics, and Decision Making in Post-Mao China[M]. Berkeley: University of California Press, 1992.

[166]0.ROBERT E. Goodin, Hans- Dieter Klingemann. A New Handbook of Political Science[M]. Oxford: Oxford University Press, 1996.

附录：调研提纲

关于 J 镇农村社区建设和治理情况
——主要基于信息化的视角

调查提纲

一、乡（镇）层面调查内容

（一）村庄所在乡（镇）的地理、经济、政治、社会组织与社会事业状况（调查方式：与当地政府联系获取有关文献）

（二）乡（镇）层面农村社区建设情况

1. 农村社区建设的领导协调机制

2. 农村社区建设的规划

3. 农村社区建设扶持政策情况

4. 农村社区建设资金的筹集、投入情况

5. 农村社区建设的监督、检查制度

6. 全镇农村社区建设的总体情况

（三）乡（镇）机关信息化及信息服务系统状况

1. 全镇信息化宏观情况

2. 乡（镇）机关的信息化总体情况

3. 乡镇政府有无专门的科室或人员负责信息化工、有无专门人员搜集整理网络信息

4. 电子政务系统的建设和运行情况，是否延伸到了村级社区

5. 乡（镇）政府有无门户网站、建设运行情况、辖区内网民的登录浏览情况

6. 乡（镇）是否建立面向辖区农村社区的专业信息服务系统，有哪些

7. 乡镇政府利用信息系统向辖区居民提供服务的内容，利用信息系统带来了哪些积极的效果，辖区的公共服务水平和效率是否得到提高

8. 农民对服务的满意度如何，有何进一步的要求

9. 农民对乡镇政府的满意度是否因信息系统的使用而提高，乡镇工作人员对此的判断

10. 乡镇是否有进一步建立和完善信息系统的计划

（调查方式：与乡镇信息化工作负责人联系获取有关文件、档案材料、登录相关网站）

（四）互联网对乡镇机关一般工作人员所产生的影响

1. 是否经常使用互联网，上网关注的内容有哪些

2. 是否关注网络上的涉农事件，如何看待，对工作态度、方式、方法有影响吗

3. 是否希望网络上报道本乡镇或本人的先进事迹，如报道了，您觉得会带来哪些好处，是否曾经发生过，结果如何

4. 是否担心网络上出现关于本乡镇或本人的负面报道，如出现，您认为会带来哪些不利影响，是否曾经发生过，结果如何

5. 您认为农村网民会在互联网论坛上发帖子，或通过其他方式发布言论吗，是否担心辖区村民通过互联网发表关于本乡镇工作的负面消息，对这些网民的行为如何看待

6. 是否在意村民通过新闻热线与媒体联系反映本地正面或负面情况

7. 您是否担心农村网民通过网络系统向上级机关反映情况，是否关注上级政府门户网站中诸如"区长信箱"中的内容，对这些网民的行为如何看待

8. 有人说现在已经进入互联网时代，普通网民和总书记或总理只有"一键之遥"，您认同吗，对每年网上问政您关注吗，您如何看待高层领导与网民的活动，您认为领导人的行为意味着什么

9. 互联网对您的工作带来压力吗，对改进工作有促进作用吗，如何看待

（调查方式：对有关人员进行访谈、查阅会议记录等档案材料）

（五）互联网对乡镇机关领导层所产生的影响

1. 是否经常使用互联网，上网关注的内容有哪些

2. 是否关注网络上的涉农事件，如何看待，对工作态度、方式、方法有影响吗

3. 是否希望网络上报道本乡镇或本人的先进事迹，如报道了，您觉得会带来哪些好处，是否曾经发生过，结果如何

4. 是否担心网络上出现关于本乡镇或本人的负面报道，如出现，您认为会带来哪些不利影响，是否曾经发生过，结果如何

5. 您认为农村网民会在互联网论坛上发帖子，或通过其他方式发布言论吗，是否担心辖区村民通过互联网发表关于本乡镇工作的负面消息，对这些网民的行为如何看待

6. 是否在意村民通过新闻热线与媒体联系反映本地正面或负面情况

7. 您是否担心农村网民通过网络系统向上级机关反映情况，是否关注上级政府门户网站中诸如"区市长信箱"中的内容，对这些网民的行为如何看待

8. 有人说现在已经进入互联网时代，普通网民和总书记或总理只有"一键之遥"，您认同吗，对每年网上问政您关注吗，您如何看待高层领导与网民的活动，您认为领导人的行为意味着什么

9. 互联网对您的工作带来压力吗，对改进工作有促进作用吗，如何看待

10. 互联网是否为您的决策提供了更丰富的信息参考资源

11. 您在决策时是否考虑网络可能带来的反应，是否追求网络效应

12. 与农民交往中，您及其他领导成员在的举止、言行、态度会受到可能的网络反应影响吗

（调查方式：对有关人员进行访谈、查阅会议记录等档案材料）

二、村级社区的调查内容

（一）村庄的历史沿革、文化、风土人情、社会变迁、经济、政治、社会组织、公共事业等情况

（二）农村社区建设情况

1. 村级社区建设的领导协调机制

2. 村级社区建设的规划

3. 村级社区基础设施的建设、运行情况：路、电、水、电话、有线电视、互联网等；新居民点建设；交通线路

4. 村级社区的生态环境建设情况：厨、厕、圈、柴推、粪堆、垃圾堆、污泥、路障等建设清理情况；是否有垃圾和污水处理设施

5. 村级社区服务设施的建设情况：是否建有医疗服务站、卫生防疫站、计生站、图书或电子阅览室、劳动保障和社会救助站、农技信息服务站、警务站、综合调解服务站、志愿者服务站，养老福利服务设施；是否有室内或室外文体活动健身场所、便民服务场所（日常用品商店、维修服务点等）

6. 面向村级社区的服务内容、服务水平：医疗、卫生（防疫、地方病、慢性病、传染病预防）、保健、计生、社保、养老、农技、就业、治安、文娱、体育、教育、环保、节能、科普、消防、防灾减灾

7. 村级社区党组织、村委会、群团及民间组织工作情况

8. 各类组织的人员情况

9. 社区党建、社区工作、社区自治的规章制度建设和落实情况

10. 社区商业网点商品质量

（调查方式：访谈村干部、查阅村志、档案文件）

（三）社区信息化的总体情况

1. 村级社区管理机构信息化情况

2. 各种信息设施硬件的接入社区、接入农户情况

3. 社区信息系统的建设和使用情况

4. 社区信息系统在各项建设（含上述社区建设方面 10 项）过程中是否发挥了作用、表现在哪些方面、效果如何

5. 社区有无门户网站或网页及与外网链接情况

6. 信息系统建设资金、技术的来源

7. 社区内有无专门的信息技术服务组织或人员

8. 社区内农户个人电脑拥有率、上网率，手机拥有率、手机上网、有线电视入户率

10. 社区有无专门的 QQ 群、百度贴吧、社区论坛等网络公共空间及活跃度

11. 社区内是否开展过针对农户的信息技术培训，培训资金、师资来源，培训效果

12. 关于社区内的信息化建设有无进一步的计划、规划

（调查方式：直接观察、与社区各类组织联系获取档案文件、与负责人交流了解情况）

（四）村级社区干部

村干部工作、生活中使用信息系统情况

1. 村级社区干部使用信息化设备办公情况、家庭信息产品的拥有情况、互联网使用情况

2. 村级社区干部是否接受过专门的信息技术培训

3. 村级社区干部上网时间、关注的内容有哪些

4. 通过信息办公系统和乡、县政府的联系情况

5. 是否喜欢使用信息化设备处理工作事务，对信息化办公手段有哪些进一步完善的要求

村干部对村民上网的看法

6. 您认同村民上网吗，您认为上网给村带来了好处或坏处吗，如有，有哪些

7. 您如何看待村民上网，您认为村民上网后观念、言论、行为、人际关系有变化吗，有哪些变化

8. 在村务管理中，哪些人较配合，哪些人不太配合，跟他们是否上网有关系吗，信息化对村干部管理方式带来的影响

9. 您对信息化给管理工作带来总体影响如何

10. 你认为目前社区、发展建设存在哪些问题、原因、有何解决的办法或想法

此外，包括对乡（镇）领导了解的 2~11 个方面的情况

（调查方式：对有关人员进行访谈、观察、查阅会议记录等档案材料）

（五）村民

1. 通过各种信息系统获取公共产品的情况（科技信息、市场信息、教育、医疗、卫生、社保、就业等）

2. 对现有公共服务提供方式的评价，有何进一步的要求

上网村民

3. 社区网民的总体结构特征（包括性别、年龄、职业、学历、收入、上网手段）

4. 社区网民的网络应用情况（包括：上网时间、信息获取内容、娱乐应用、网络互动）

5. 社区网民对互联网作用的认知情况（包括：生活助手、信息渠道、交往工具、社会参与、社会隔离）

6. 互联网给网民行为观念、自我评价、未来预期方面带来的变化

7. 网民之间的社会交往情况

8. 是否会在网络上发布身边发生的事情

9. 是否会通过热线电话向领导、或媒体反映情况

10. 是否会登录镇、村网站并留言

11. 是否会通过各种信息渠道向县级以上的政府反映遇到的困难

未上网村民

12. 对已接入互联网村民的看法，是否愿意和他们接触并从他们那里获取信息

13. 是否有接入使用互联网的计划

（调查方式：对有关人员进行访谈、观察）

（六）社区自治组织

1. 农村社区内有无自治组织、志愿服务组织

2. 提供服务情况

3. 信息化应用情况及其要求

（调查方式：对有关人员进行访谈、查阅会议记录等档案材）

后　记

本书是在我的博士论文及近几年发表的相关论文的基础上修改而成。

本选题源于导师的指点，导师特有的学术经历和文理兼具的知识视野，特别是对信息化领域的深刻理解和敏锐洞察力使其发现了从信息化的视角去研究农村社区建设与治理是目前研究中的薄弱环节之一，学界还鲜有涉及，这是一个新的研究视角。

信息化本来是笔者较陌生的领域，因此初次听到导师的建议时，心中不免生畏难情绪。导师为我提供了相关方面的参考资料阅读，并指出是在社会科学的视野里，特别是从组织和管理的角度去理解信息技术和系统。在阅读了一些相关文献之后，感觉经过努力，本研究所涉及的信息化相关理论知识，我还是可以理解、把握并加以运用的。

本书的关注对象是农村社区，农村是笔者再熟悉不过的世界，从小生在农村，长在农村，至20岁才离开农村到城市上大学，开始在城市学习、工作、生活，而且时至今日，我每年都有至少一个月的农村生活，因为我的父母及很多儿时的朋友还在农村，并和他们保持着频繁的联系和交往。多年的农村生活为我积累了大量关于农村的感性材料。从信息通讯技术变迁的角度，我切身经历了小喇叭时代、收音机时代、电视时代、固定电话和手机时代、处于起步中的互联网时代的农村变迁。对农村的熟悉和具有的农村社会背景将为我开展本项研究提供了不少便利，比如研究中要运用民族志式的参与性观察、调查、访谈等技术方法，这些方法的执行需要履行者熟悉农民和农村生活。

　　作为学术之路的晚行者,读博四年来虽无大成,亦感有些许小获。几年前在成就动机的驱使下开始了攻读博士学位的历程,在取得博士学位后的几年,却发现超越性的思考是一件更令自己快乐的事情。一介布衣,从终日虑于生计到思于形表之下,究国之方略,探民之欲求,这也许就是提高。

　　农村是我人生的起点,选取农村问题作为博士论文的主题,使我有机会超越个体的农村印象去做理性的思考,探究农村的过去、当下与未来。当然,农村的现代化是一个庞大的社会系统工程,非某个学术个体能全窥其堂奥,何况我等才疏学浅之辈,好在有恩师拨冗点石,引我从信息化这一现代性因素入手去探究如何建设和治理农村。回顾几年来的研究历程,我体会到好的主题下不一定能发展出好的研究成果,深感虽然下了不少工夫,亦有所悟,但由于知识结构的狭隘,如今呈现在大家面前的拙著一定还很稚嫩,与导师的期许就相去更远。还是把它作为我个人的学术开端吧。

　　值得欣慰的是,在求学期间有幸能与苏州大学多位功力深厚的学术前辈相遇,聆听诸君的讲课,常有醍醐灌顶之感。我的导师赵康教授有执教欧美大学的学术经历,视野开阔,知识贯通多个学科,于我而言,"青出于蓝,而胜于蓝"似乎无望,只能向背而学。导师的实证精神以及对研究方法论的高度重视和深刻诠释给予了我相当大的影响,也为我今后的学术研究提供了重要工具。本书出版之际,本想请赵康老师拨冗作序,但考虑到先生诸事繁杂,且已退休,不忍扰先生劳神,待出版后再向先生汇报并求指正吧。此外,读博士期间,金太军教授的深刻与随和让我体会到了学界名家风范;乔耀章教授的博学令人敬佩;钱振明教授经常单独为我授课,不仅令我深为感动,也给我很大启发,读博期间发表的第一篇论文就源自钱老师布置的作业;沈荣华教授、钮菊生教授、王俊华教授、周毅教授的讲课也都给予我很多启发。在此,向诸位老师致敬。

　　在如画般美丽的苏州,给我留下美好回忆的,还有求学期间相逢的多位学友。吴洪涛博士、孙广奇博士、王扩建博士、袁建军博士、左红娟博士、孙红军博士、岳伟博士的热情让我在异乡体会到了珍贵的友情。另外,与文学院的梁建东博士结下了深厚的友情，他的执着与聪慧令我钦佩，假以时日，我相信他在学术之路上将取得丰硕的成果。还有，同门师弟鲁先锋博士的真诚与帮助也令我难忘，几年来，与他的学术交流与合作，给了我很多帮助与启发。在此对他表示感谢。祝他们在未来更上层楼。此外，还要感谢知识产权出版社的编辑李婧在本书出版过程中给予的中肯的修改意见和其他帮助。

家人的默默支持也使我能心无旁骛的投入到写作中。近不惑之年，远赴异地求学，好在父母身体硬朗，这使我免去了许多牵挂。一个农村的孩子，从小学读到博士，成长为大学老师，每一步的成长都离不开你们的付出。你们的健康是我最大的幸福！还有，在读博期间及本书的撰写过程，我的妻子陈爱君女士做出了最多的付出：操持家务，照顾老人、孩子，……执子之手，与子偕老，慢慢回报吧！

谨以此书献给所有一直关心、支持我的师长、家人与朋友。谢谢！

当然，还要感谢学术界的同仁，正是在参考和借鉴他们的研究成果基础上，才得以完成本书的写作。

最后，需要说明的是，由于本人学术功底不足，加之教学任务繁重，投入创作的时间受限，书中难免肤浅、疏漏乃至错误之处，恳请专家学者及读者朋友不吝赐教，批评指正。

张成林

2018 年 5 月 5 日中午

于衡水广厦家园